Lucas Buchholz
KOGI

Lucas Buchholz

Kogi

Wie ein Naturvolk unsere moderne Welt inspiriert

Bücher haben feste Preise.
5. Auflage 2024

Lucas Buchholz
Kogi

Titelseite:
Foto: Lucas Buchholz
Gestaltung: Dragon Design, GB

Lektorat: Andreas Lentz

Satz und Gestaltung:
Dragon Design, GB
Gesetzt aus der Sabon

Gesamtherstellung: Appel & Klinger, Schneckenlohe
Printed in Germany

ISBN 978-3-89060-761-0

Neue Erde GmbH
Cecilienstr. 29 · 66111 Saarbrücken
Deutschland · Planet Erde
www.neue-erde.de

Widmung

Dieses Buch ist dem Volk der Kogi gewidmet, das bereit ist, uns an ihrer lebendigen Sicht auf die Welt teilhaben zu lassen. Ich danke allen Mamos dafür.

Danksagung

Von ganzem Herzen danke ich Gwendolin Kirchhoff, die mich mit vollem Engagement bei der Überarbeitung dieses Buches unterstützt hat. In vielen gemeinsamen Stunden hat sie ermöglicht, dass der Inhalt des Buches den Nährwert geistigen Vollkornbrots annehmen konnte.

Meinen Eltern möchte ich dafür danken, dass sie mir in jeglicher Hinsicht die Grundlage und den Rahmen geboten haben, ohne den ich weder hätte zu den Kogi fahren noch das Buch in dieser Art und Weise schreiben können. Ich bedanke mich für ihre Geduld und die vielen Mut machenden Worte.

Isolde danke ich für die einfühlsamen Nachfragen und ausführlichen Kommentare zu den jeweiligen Kapiteln. Bei allen anderen Freundinnen und Freunden, Teilnehmerinnen und Teilnehmern an meinen Seminaren und Vorträgen bedanke ich mich für die vielen hilfreichen Anmerkungen und ihren Zuspruch, dieses Buch zu schreiben.

Inhalt

Geleitwort

von Little Grandmother Kiesha

Auf einer der Treppen in der uralten Stadt Machu Picchu hat Lucas mir davon berichtet, dass die Kogi ihn gebeten haben, ein Buch für sie zu schreiben. Ich war darüber sehr glücklich, denn ich wusste, dass viele Menschen sehr von ihren Worten und ihrer Botschaft profitieren würden.

Unter den verschiedenen Stämmen in Nord- und Südamerika erzählt man sich, dass die Kogi noch die innigste Beziehung zu unserer lebendigen Mutter Erde haben. Diese Menschen sind tief in ihrem Land und mit dem Planeten verwurzelt und erlaufen barfuß die schlammigen Wege des kolumbianischen Küstengebirges. Dabei nähren sie die Natur mit ihren Gedanken und Gebeten. Für die Kogi bedeutet laufen, sich zu erinnern, und die Erinnerung ist die Verbindung zu den eigenen Vorfahren, die uns lebendig hält. Sie gehen sogar soweit zu sagen, dass ein Volk ohne Erinnerung ein totes Volk sei. Die kleinen in weiß gekleideten Männer und Frauen leben gemeinsam, nicht nur als Gemeinschaft, sondern mit allem Leben. Die Weisen der Kogi, die *Mamos*, sind von einer Atmosphäre der Ruhe, großer Weisheit und kindlicher Freude umgeben, die so tiefgehend ist, dass sie einen sofort berührt.

Alles Lebendige ist verbunden, und nur wir Nicht-Indianer haben diese Verbindung unterbrochen, da wir unsere Wahrnehmung von ihr abgezogen haben. Wenn wir zu den indigenen Kulturen dieser Welt schauen, können wir wieder lernen, diese Verbindung zu allem Leben neu zuzulassen, die bei dem Versuch unserer Welt, zivilisiert zu sein, verlorengegangen ist. Diese Menschen haben das Verständnis davon erhalten, dass Gleichgewicht, Freude und sogar Lebendigkeit nur (wieder)hergestellt werden können, wenn sie in uns, zwischen uns und mit allem Leben auf dem Planeten vorhanden sind.

Die Kogi nennen uns die Jüngeren Brüder, und wie jüngere Brüder das manchmal tun, haben wir den Pfad verlassen und uns unseren eigenen erfunden. Deshalb bitten uns die Älteren Brüder, wie die Kogi sich selbst nennen, sanft wieder auf unseren Weg zu kommen. Die Kogi sagen dabei nicht, dass wir uns vollständig verändern müssen, da es unsere Aufgabe ist, mit Materie und Technologie zu arbeiten. Jedoch bitten sie uns, wieder anzufangen zu denken. Um wieder die Konsequenzen unseres Handelns zu bedenken, sollten wir uns stets eine Frage stellen: Ist das, was ich tue, dem Leben zugewandt? Wenn wir wieder in einer natürlichen Art und Weise zu denken beginnen, werden unsere Gedanken wieder unterstützt, sodass wir bessere Lösungen für viele unserer globalen Herausforderungen finden werden. Wir werden damit aufhören, nur Symptombehandlung zu betreiben und stattdessen Wege finden, die alles Leben stärken.

Ich bin in den letzten Jahren viel durch die Welt gereist und habe überall die Ältesten verschiedener Völker getroffen. Alle teilen uns die gleiche Botschaft mit, die wir auch von den Kogi hören. Es ist so einfach, aber wir sind es, die die Dinge oft viel zu sehr verkomplizieren. Und alles, was den Kogi etwas wert ist, ist ebenfalls einfach. Sie lieben das Leben und den Planeten wirklich. Spiritualität ist nichts, was sie an einem Freitagabend im Yoga machen, sondern Bestandteil ihres alltäglichen Lebens. Die Kogi beten und tanzen und fühlen und geben dabei ihr bestes, uns zu unterstützen. Sie geben uns so viel und das, obwohl wir es nicht wissen. Es ist also an der Zeit, etwas zurückzugeben und ihnen zuzuhören. Wir sind sehr gut darin zu reden, aber manchmal scheint es, als hätten wir vergessen, wie man wirklich zuhört. Die Kogi sagen »zuhören ist denken«. Also lasst uns den Ältesten zuhören, wie sie ihre Worte voller Weisheit sprechen, die sie an ihrem Rückzugsort, hoch oben in den Bergen, bewahrt haben, damit sie nun in diesen Zeiten wieder zu uns finden können. Sie wissen so viel, über jedes kleine Detail in der Natur, dass wir uns das gar nicht vorstellen können. Ihr Wissen kommt nicht davon, dass sie auf die Natur schauen, sondern davon, dass sie direkt mit ihr sprechen. In den nächsten Jahren werden unsere Wissenschaftler Dinge wiederentdecken, die die Kogi über Tausende von Jahren nicht vergessen haben und die sie nun beginnen, uns in diesem Buch mitzuteilen.

Die Kogi in diesem Buch

Mama José Gabriel Alimaku

Mama Bernardo Mascote-Zarabata

Mama Jacinto Zarabata

Mama José Zarabata

Mama Pedro Juan Noevita

Mama Luis Noevita

Mama Shibulata

Mama Ramon Gil Barros (Wiwa)

Mama Wintukua Kunchanawingumu (Arhuaco)

Mama Bernardo Simungama-Mamatacan

Juan Mamatacan

Santiago Mamatacan

Arregoces Conchacala

Arregoces Coronado-Zarabata

Juan Carlos Mamatacan *(als Übersetzer seines Großvaters)*

Einleitung

Das höchste, was man erwarten kann, ist,
Menschen an das zu erinnern,
was sie schon immer wussten.
Platon

Ich werde nie den Ausdruck in den Augen des alten Indianers vergessen. Er stand da und sah mich einfach nur an. Seine Präsenz nahm den ganzen Raum ein. Nie zuvor hatte ich das Gefühl, so durchschaut und maskenlos vor jemandem zu stehen. Er sprach nicht, und doch sagte sein Blick alles: »Du bist unserer Einladung gefolgt und zu uns gekommen. Du wirst unsere Gedanken in die Welt bringen und darüber sprechen. Das ist gut.«

* * *

Herzlich Willkommen liebe Leserinnen und Leser!
Die Kogi-Indianer,[1] Hüter des Gebirges der Sierra Nevada de Santa Marta, laden uns ein. Bei diesem Besuch bei ihnen geht es jedoch weniger um die tropischen Berge der kolumbianischen Karibikküste mit ihrem dichten Dschungel und kristallklaren Flüssen, sondern vielmehr um ein Kennenlernen ihrer Weltsicht. Die Kogi geben dabei ihr Bestes, damit wir weitreichende Einsichten und Erkenntnisse aus unserem Aufenthalt in ihren Sphären ziehen. Ihr Bestes geben sie dabei im wortwörtlichen Sinne: ihre Gedanken.

Bei den Kogi handelt es sich nicht um ein farbenfrohes und zeitweise verschollenes Relikt der Geschichte, sondern um inspirierende Menschen des 21. Jahrhunderts. Diese kleine, vielleicht etwas banal anmutende Feststellung ist enorm wichtig, da dieses Buch zu einem Dialog zwischen Menschen einlädt, denen es letztendlich – genau wie uns auch – um ein gutes Leben geht. Daher danke ich Ihnen von ganzem Herzen, dass Sie dieses Buch geöffnet haben und Ihr Privileg wahrnehmen, sich auf diese Bekanntschaft einzulassen.

Ein Privileg ist es wahrlich, denn das Volk der Kogi hat es als die vermutlich letzte indigene Gesellschaft Lateinamerikas geschafft, ihre ursprüngliche Hochkultur auf fast präkolumbianischem Niveau zu erhalten. Das Schicksal der Menschen der anderen großen Kulturen des Kontinentes, der Maya, der Inka, der Azteken, ist weithin bekannt: Sie sind fast vollständig kulturell und genetisch in den kreolischen Mehrheitsgesellschaften der jeweiligen Länder im doppelten Wortsinne eingegangen. Mit den Kogi liegt jedoch vor uns die einmalige Chance des Zugangs zu einem Mentalitätstresor. Dieser Mentalitätstresor besteht aus den Ideen, Gedanken und Sichtweisen der Kogi, die ihre Ursprünglichkeit abseits der globalisierten kolumbianischen Gesellschaft erhalten konnten. Ein Blick in diesen Tresor hält für uns nun einen ganzen Kosmos an Denkanstößen bereit.

Die Kogi haben sich entschieden, zu uns zu sprechen und uns ihre Botschaft zu übermitteln. Doch was bewegt sie zu dieser Kontaktaufnahme? Zwar haben die Kogi die letzten Jahrhunderte in ihren Bergen in Abgeschiedenheit gelebt, doch haben sie uns und unsere Entwicklung von ihren Gipfeln aus genau beobachtet. Der Grund für sie, zu uns zu sprechen, sind die enormen ökologischen, gesellschaftlichen, wirtschaftlichen und individuellen Herausforderungen, vor denen wir alle derzeit stehen. Wir befinden uns in einer Zeit eines immer schnelleren Wandels voller Umwälzungen, der eine immer volatilere, störungsanfälligere Welt zur Folge hat. Regeln, die vor dreißig Jahren noch galten, und Lösungen, die vor zwanzig Jahren funktionierten, tun es heute nicht mehr.

Wir erleben derzeit ein ungeheures Artensterben. Die Umwelt verändert sich rasant und so auch Gesellschaft, Technologie und Arbeitsmarkt. Wir stoßen mit unserem klassischen Denken an Grenzen und stehen vor Herausforderungen in völlig neuen Dimensionen. Immer öfter wird die Frage nach dem Sinn oder Unsinn von Prozessen, Regeln, Hierarchien und Aufgaben gestellt. Das schiere Ausmaß des Verschleißes und die teilweise starke Begrenztheit unserer bisherigen Lösungsansätze hat die Kogi dazu veranlasst, zu uns zu sprechen, denn sie sehen den Grund für die allermeisten Probleme in unserer Art zu denken, die unserem Handeln zugrunde liegt. Dabei ist der Kern ihrer Beobachtung, dass wir nicht mehr in der Lage sind, Lebendiges von Nicht-Lebendigem zu unterscheiden. Vieles von dem, was wir für lebendig halten, ist es für die Kogi nicht. Von den Kogi lernen heißt, eine Zunahme an Lebendigkeit zuzulassen.

Die Kogi verstehen sich als die Hüter des *Herzens der Welt*, wie sie ihre Heimat, die Sierra Nevada de Santa Marta, nennen. Ihre Aufgabe sehen sie im Erhalt der subtilen Grundbedingungen des Lebens auf der Erde, dem ihre ganze Kultur gewidmet ist. Sie nennen sich selbst die Älteren Brüder und uns die Jüngeren Brüder. Lange Zeit haben sie den Kontakt mit uns weitestgehend vermieden. Um so dankbarer bin ich, dass mich die Kogi in den kleinen Kreis der Menschen aufgenommen haben, mit denen sie sprechen (wie zum Beispiel Gerardo Reichel-Dolmatoff, Éric Julien oder Alan Ereira). Sie möchten Ihnen, liebe Leserinnen und Leser, dieses Buch in der Zuversicht übermitteln , dass Sie mitdenken und sich erinnern.

Das, was die Kogi uns anbieten, ist ihr ungebrochenes kulturelles Gedächtnis. Es sind die ursprünglichen Gedanken ihres Volkes und die ihrer Vorfahren, der *Tairona*.[2] Um uns zu verdeutlichen, was das bedeutet: Die hölzernen Zeremonialhäuser der Kogi stehen an Orten, an denen bereits seit über 4000 Jahren solche Bauten stehen. Ihre Weisheitskultur ist so tragend und nährend, dass sie seit Tausenden von Jahren das Leben der Kogi bestimmt, ohne sie zu langweilen oder zu ermüden. Menschen, die es geschafft haben, über derartige Zeiträume hinweg in einer in jeder Hinsicht nachhaltigen und friedlichen Zivilisation zu leben, haben offensichtlich etwas über das Leben verstanden.

Ganz gleich, ob Sie dieses Buch lesen, weil Sie an der Erweiterung Ihres Horizontes interessiert sind, Ihrem kulturellen Interesse an einem indigenen Volk nachgehen, nach Inspiration für Ihr Unternehmen suchen oder sich spirituell weiterentwickeln möchten: Die feine und durchaus humorvolle Art der Kogi wird Sie bereichern. Voraussetzung ist allein, sich auf die Erzählweise der Kogi einzustimmen und die dahinterliegenden Überlegungen und Prinzipien nachzuvollziehen. Wenn wir es schaffen, den Filter unserer Weltsicht – und sei es nur für einen Moment – durchlässig werden zu lassen, können wir uns von ihren Gedanken die blinden Flecken in unseren Sichtweisen zeigen lassen. Genau das ist es, was Sie von diesem Buch erwarten können: Einblicke in ein grundlegend anderes Denken.

Die nigerianische Schriftstellerin Chimamanda Ngozi Adichie spricht in ihrem berühmten Vortrag *The danger of a single story** darüber, wie trügerisch und irreführend eine Geschichte sein kann, deren Ursprung und Zusammenhang vergessen worden ist. In unserem Fall geht es um die Geschichte, die wir uns über uns selbst erzählen, über das Leben und über die Welt. Diese Geschichte handelt von entgeltlicher Arbeit, von Wirtschaftswachstum, von »Wohlstand«, aber auch vom Strampeln vieler Unternehmen in überfüllten Märkten, von Deadlines, vollen U-Bahnen und langen Gesichtern am Montagmorgen, von auf das Smartphone gesenkten Blicken, vom Coffee to go... kurz: von der urbanen Moderne.

Ganz gleich, ob wir diese unsere Geschichte über das Leben mögen oder nicht, sie ist das, was den Platz des Realen vollständig eingenommen hat. Sie ist unsere einzige Geschichte, und wir halten sie für alternativlos. Nur durch eine wesenhaft andere Geschichte haben wir die Möglichkeit, die Ränder dieser Weltsicht zu ertasten, und zwar jenseits der internen Kategorien der Kritik an unserer Lebensweise. So mag einer die Umwelt schützen wollen, dem anderen ist ein wirtschaftliches Vorhaben wichtiger, doch für beide ist die Natur letztlich eine Umwelt, und damit bewegen sich beide in der gleichen Grundannahme. Durch die Meinungsverschiedenheit wird diese jedoch nicht in Frage gestellt.

Natürlich hat unsere Geschichte beachtliche technische Erfolge hervorgebracht, allerdings auch entsprechende Probleme. Jedenfalls

* »Die Gefahr einer einzigen Geschichte«

empfinden wir uns in einem linearen Fortschritt begriffen, weit jenseits so konservativer Kulturen wie die der Kogi. Was soll uns ein Naturvolk angesichts der heutigen Herausforderungen denn allen ernstes noch zu sagen haben?

Die Kogi bieten uns keine fertigen Lösungen für unsere Probleme. Vielmehr eröffnen sie uns einen Blick auf die Welt, der nicht auf unseren Grundannahmen und Anschauungen beruht. Durch diesen Blick wird etwas sichtbar, das geeignet ist, einen Ausweg aus festgefahrenen Mustern zu weisen. Der Schleier der einzigen Geschichte, der Alternativlosigkeit auf Gedeih und Verderb, wird löchrig.

Die Worte der Kogi sind als Symptombekämpfung denkbar ungeeignet. Sie bieten keine Tools, Methoden, Techniken, 7-Schritte-Pläne oder smarte Zielerreichungsmodelle, sondern etwas viel Wertvolleres: wirklich durchdachte Prinzipien. Prinzipien sind das Fundament jedweden In-der-Welt-Seins. Sie zeigen verdeckte Potentiale, Chancen und Lösungen auf, ohne diese vorzugeben. Angesichts unseres inflationären Gebrauchs des Wortes *Mindset* könnte man meinen, wir hätten diesen zentralen Punkt verstanden. Doch die Kogi zeigen uns, dass die wirkliche Bedeutung und Reichweite dessen noch nicht ansatzweise erfasst ist – trotz Tausender Bücher und Workshops zu den Themen Umsetzung, Motivation und Innovation. Doch nicht nur Unternehmen sind von diesen Fragen betroffen. Jeder Mensch ist es, der in der Welt handelt.

* * *

Dieses Buch ist aber noch weit mehr als ein Lernen von den Kogi. Es ist ihre Botschaft an uns, den Jüngeren Bruder. Die Kogi baten mich, diese Botschaft in unsere Sprache und unseren Kontext zu übersetzen und aus unserer Lebenswelt heraus verständlich zu machen. Es ist damit ihr Buch, und ich habe es für sie geschrieben. Konkret sah das so aus, dass mich die Kogi an ihren stundenlangen Gesprächen teilhaben ließen und ich aufschrieb, was ich gehört hatte. Was sie unter dem Avocadobaum, in ihren Hütten, beim Arbeiten auf den Feldern oder im *nuhué*, dem Zeremonialhaus sagten, habe ich mit meinem Diktiergerät aufgenommen, transkribiert, übersetzt, geordnet, ausgewählt und mit Erläuterungen versehen.[3] Da ich kein Buch über die Kogi, sondern eines *mit* ihnen geschrieben habe, kommen sie auch selbst zu Wort. Dies ist eine Besonderheit, denn die Zitate, Gespräche, Geschichten und Sagen der Kogi lassen Sie erahnen, wie es ist, nach Einbruch der Dunkelheit in der Hängematte liegend oder auf einem der niedrigen vierfüßigen hölzernen Hocker sitzend, unmittelbar den Worten der Ältesten zu lauschen. Lange Monologe wechseln sich mit Phasen der Reflektion und des Spürens ab, die nur vom Knistern des Feuers, den Grillen in der Nacht und dem rhythmischen Klacken der *poporros*[4] unterbrochen wird.

Die Abschnitte, in denen die Kogi sprechen, sind nicht redigiert, die Sprache ist ursprünglich, manchmal sehr direkt. So können Sie, liebe Leserin, lieber Leser, an meiner Erfahrung mit den Ältesten teilhaben. Die Reden der Kogi ziehen in ihre Welt hinein, sind authentisch und ganz unmittelbar. Sie werden von mir eingebettet durch einen Rückbezug auf unsere Welt. Vieles kann einfach für sich stehen, anderes benötigt Erklärungen, die erkunden, was das Gesagte für unsere Lebenswirklichkeit bedeutet. Meine Gedanken habe ich um die Kogi-Texte herum angeordnet.

Die Art der Kogi zu sprechen unterscheidet sich sehr von der unsrigen. Es werden große Bögen und weite Zusammenhänge aufgespannt. Das hat damit zu tun hat, dass sie als bewusst nicht verschriftlichte Kultur dadurch ihre Erinnerung kultivieren. Das Wort ist kostbar für die Kogi und wird durch Sprechen am Leben gehalten. Sie nehmen sich die Zeit, ihren Gedankenfaden mit dem Ursprung, mit den ersten Gedanken beginnen zu lassen. Sie wiederholen und verknüpfen Zusammenhänge, denn alle Dinge, sichtbar und unsichtbar, sind für die Kogi miteinander verbunden. Diese Verbindungen und Zusammenhänge sind so mannigfaltig, so vielschichtig und zuweilen auch so subtil, dass sie immer wieder neu aufgezeigt werden wollen. Dabei entsteht ein Gefühl von Gleichzeitigkeit und Offenheit.

Die Kogi sprechen nicht in unserem Sinne in linear aufgebauten Schlussfolgerungen oder Botschaften, sondern in größeren Zusammenhängen. Unsere Vorstellung des Auf-den-Punkt-Kommens existiert bei ihnen nicht. Das empfinden sie als unlebendig, denn es schließt den Raum und begrenzt den Fluss der Gedanken. Für die Kogi sind Worte und Gedanken lebendige Wirkgrößen, die im und durch das Gespräch leben; sie sind in diesem Sinne niemals rein zweckgebunden. Trotz dieser grundlegend anderen Herangehensweise sind die Worte der Kogi nicht beliebig assoziativ oder unorganisiert, sondern laden dazu ein, einem Gedanken wie einem Lebewesen in seiner Bewegung zu folgen. In diesem für uns ungewohnten Zugang liegt die Chance einer Kontaktaufnahme mit dem wirklich Anderen. Der webende Charakter der Ausführungen der Kogi bedingt, dass die darin anklingenden Grundthemen und Aspekte in verschiedenen Kapiteln und unterschiedlichen Zusammenhängen auftauchen. Es würde den Kogi nicht gerecht werden, ihre Worte in unsere Strukturen und Konzepte zu pressen, zumal es langweilig wäre. Anfangs erschien meinem ergebnisorientierten Verstand einiges langatmig, doch bald begriff ich: Hier verhält es sich wie beim Tauchen. Wir brauchen einen langen Atem, um in die Tiefe vorzudringen. Sonst bleibt man oft nur im Nichtschwimmerbereich.

Die Worte der Kogi sind durch zwei Übersetzungen gegangen. Vom *kággaba* ins Spanische und vom Spanischen ins Deutsche. Viele Kogi sprechen überhaupt kein Spanisch, so dass sie mir von anderen Kogi, die ein paar Brocken Spanisch sprechen, übersetzt wurden. Auch wenn ich nur wenige Worte *kággaba* verstehe, habe ich mit der Zeit ein Gefühl für das Gesagte entwickelt und in meinen Übersetzungen soweit wie möglich darauf geachtet, dieses Gefühl zu erhalten.

Die dritte Textart dieses Buches beschreibt meine lebendige Erfahrung. Deshalb gibt es neben den Worten der Kogi und meinen entsprechenden Ausführungen die Erlebnisberichte von meinen Eindrücken und Empfindungen in ihren Dörfern. Diese Berichte sind passend zu den Themen der Kapitel ausgewählt; sie folgen keiner zeitlichen Abfolge, sondern einer inhaltlichen.

Mit jedem Kapitel des Buches tauchen wir tiefer in die Welt der Kogi ein. Und im letzten Kapitel übertragen wir die Quintessenz dessen, was die Kogi uns sagen, auf unsere Welt. Obwohl es sich nicht um ein anthropologisches oder ethnologisches Buch handelt, sind an vielen Stellen Ausführungen über die Kultur der Kogi eingeflossen. Dies soll nicht dazu anregen, ihre Lebensweise nachzuahmen. Das würden sie nicht wollen, da das Eigene für sie einen hohen Stellenwert hat und sie uns in *unserem* Eigenen bestärken wollen. Nichtsdestotrotz sind die ihrer Kultur zugrundeliegenden Gedanken eine tiefe Quelle der Inspiration und geeignet, einen Erkenntnis- und Erinnerungsprozess in Gang zu setzen. So zumindest ist es für mich persönlich gewesen. Ihnen wird auffallen, dass ausschließlich die männlichen Weisheitsträger der Kogi, die *Mamos*, zu Wort kommen. Dies liegt schlicht und einfach daran, dass ich ein Mann bin und also nach Anbruch der Dunkelheit im Zeremonialhaus der Männer meine Abende und Nächte verbrachte. Bei den Kogi werden die Männer von den Männern und die Frauen von den Frauen unterrichtet.

* * *

September, bei Berlin. Mama José Gabriel war wieder einmal nach Deutschland gekommen, um über sein Volk und den Kaffee, den es verkauft, zu sprechen.[5]

Es war das zweite Mal, dass wir uns sahen. Es war Mittagspause, und wir schritten gemeinsam einen Weg unter den Bäumen des Botanischen Gartens entlang. Wir unterhielten uns, und Mama José Gabriel erwähnte, dass er bemerkt habe, dass wir Jüngeren Brüder hauptsächlich durch Bücher und Filme lernen würden.

»Warum haben die Kogi selbst noch kein Buch in Auftrag gegeben?« wollte ich wissen.

»Wir haben es uns bereits überlegt, haben jedoch bisher davon Abstand genommen, da unsere Worte und unsere Sicht auf die Welt in der Vergangenheit oft verfälscht worden sind.«

Der Mamo schwieg kurz. Dann sagte er: »Jetzt, nachdem ich wieder gesehen habe, welche große Bedeutung Bücher für euch haben, glaube ich, dass ein Buch doch wichtig für die Kogi und für euch ist. Würdest du uns in Kolumbien in unseren Dörfern besuchen? Wir werden dort über ein Buch sprechen.«

Spontan sagte ich zu. Das war der Beginn meiner monatelangen Gespräche bei und mit den Kogi, die die Grundlage dieses Buches bilden sollten. Es liegt mir am Herzen, Ihnen meine Erfahrungen mit diesen wunderbaren und inspirierenden Menschen weiterzugeben und Ihnen, liebe Leserinnen und Leser, in diesem Buch ihr geistiges Geschenk zur Verfügung zu stellen, denn: »Nicht von außen wird die Welt umgestaltet, sondern von innen.«[6]

Kapitel 1

Die Erstgeborenen

Tradition ist die Bewahrung des Feuers,
nicht die Anbetung der Asche.
Gustav Mahler

Die Kogi sind wertvoll

Beginnen wir am Anfang. Die Gespräche im Saal verstummten. Der Mamo fing an zu sprechen:

Ich heiße Mama José Gabriel Alimaco, und ich komme aus der Sierra Nevada de Santa Marta. Die Sierra Nevada ist das Herz der Welt. Dort leben wir vier Stämme gemeinsam: wir Kogi, die Arhuaco, die Wiwa und die Kankuamo. Wir sind die Hüter der Sierra Nevada, des Herzens der Welt.

Am Anfang war alles dunkel, und es gab nur Gedanken. Es gab keine Erde, keine Bäume, keine Tiere und keine Steine. Alles war dunkel, und es gab nur Gedanken, nichts weiter. Dann hat Jaba Sé[7] *in Aluna, der Welt der Gedanken, Sezhankua*[8] *geschaffen. Sie selbst konnte sich nicht bewegen. Sezhankua erschuf dann die Erde als kleinen schwarzen Stein. Am Anfang war die Erde sehr, sehr klein und bestand nur aus Stein, aus nichts weiter. Dann hat er das Wasser geschaffen und dann irgendwann die Sierra Nevada mit ihren Tieren, Bäumen, Bergen, Flüssen, Wäldern und ihren Menschen, zuerst die Kogi, dann die Arhuaco, dann die Wiwa und zuletzt die Kankuamo. Die vier Stämme der Sierra Nevada sind die Älteren Brüder, sie wurden zuerst geschaffen. Und Sezhankua hat ihnen die Sierra Nevada gegeben, damit sie sie hüten. Dann wurde die Erde immer größer, sie wuchs immer weiter und wurde irgendwann sehr groß. Sezhankua hat den Kogi ein kleines Territorium gegeben, damit wir auf es aufpassen. Er hat auch den Jüngeren Brüdern*[9] *ein Territorium gegeben, damit sie dort leben können und es bewahren.*

Als Sezhankua jedoch die Aufgaben an alle Völker verteilt hatte, was sie tun sollten, wofür sie zuständig sind und wie sie sich um die Erde kümmern sollten, sind die Jüngeren Brüder irgendwann nachts um drei oder vier eingeschlafen. Die Jüngeren Brüder können bis heute nicht sehr lange reden. Nach spätestens acht Stunden sind sie müde. Bei den Kogi sprechen wir manchmal neun Tage und neun Nächte ohne Pause.

Sezhankua hatte den Jüngeren Brüdern ihr Territorium zum Leben gegeben mit heiligen Orten, auf die es aufzupassen gilt. Uns hat er die Sierra Nevada gegeben, ein sehr kleines Territorium, damit wir das Herz der Erde hüten. Aber der Jüngere Bruder hat vergessen, was Sezhankua ihm aufgetragen hat. Christoph Kolumbus ist nach Kolumbien gekommen. Die Jüngeren Brüder hatten ihre Erde zum Leben, doch sie sind zu uns gekommen. Viele von uns wurden getötet. Sie haben viele Krankheiten mitgebracht und viele von uns sind gestorben. Sie wollten unser Gold und haben es sich genommen. Wir hatten kein Geld und keine Autos, aber wir hatten Gold in jedem Haus. In jedem Haus gab es Gold und es hing an den Bäumen. Es war lebendig, es war ein pagamiento[10] *an die Erde. Die Jüngeren Brüder haben es weggenommen, weil sie nicht verstanden haben. Nun ist das Gold tot und liegt nutzlos in euren Museen. Es hat keine Aufgabe mehr. Wir Älteren Brüder haben dennoch gesagt: »Gut, wir werden mit den Jüngeren Brüdern zusammenleben, denn es sind unsere Brüder, und sie sind zu uns gekommen.«*

Dann haben die Jüngeren Brüder angefangen immer mehr Land zu nehmen. Wir sind also hoch in die Berge aufgestiegen und haben uns dort in Höhlen zurückgezogen. Die Jüngeren Brüder haben begonnen, auf dem Land am Fuß der Sierra zu leben, aber sie haben die Dinge nicht geachtet. Sie haben die Tiere nicht geachtet, sie haben die Bäume nicht geachtet, sie haben die Steine nicht geachtet, sie haben die Flüsse und die Quellen nicht geachtet und sie haben die heiligen Orte nicht geachtet und sich nicht um sie gekümmert und sie nicht genährt. Das hat sich in den letzten 500 Jahren nicht geändert.

Wir haben gewartet. Vor einiger Zeit haben wir Mamos[11] *jedoch gesehen, dass es so nicht weitergehen kann. Sezhankua hat uns das Herz der Welt gegeben, damit wir uns darum kümmern. Aber wir haben uns gefragt, wie können wir uns darum kümmern, wenn wir zu vielen heiligen Orten gar keinen Zugang mehr haben? Wie können wir uns darum kümmern, wenn die Jüngeren Brüder unsere heiligen Orte missachten und wir hoch oben in den Bergen wohnen und gar nicht mehr an diese Orte gelangen?*

Wenn wir uns nicht um die Sierra, das Herz der Welt kümmern, dann wird es sterben. Es wird sterben, und da es das Herz ist, wird die ganze Welt sterben. Vom Herz nach unten ist die Welt bereits tot, vom Herz nach oben ist die Welt noch lebendig. Die Sierra kann nur leben, wenn wir wieder an unsere heiligen Stätten gelangen und wenn wir uns durch sie mit dem Leben verbinden. Wenn wir an den heiligen Orten pagamiento *machen, achten wir so die Erde. Wir geben etwas von uns für das, was wir erhalten, damit die Erde im Gleichgewicht bleibt. Wenn ihr im Laden etwas kauft, bezahlt ihr auch viel Geld, aber was die Erde euch gibt, dafür bezahlt ihr nichts. Wenn wir uns jedoch nicht um die Erde kümmern und sie nähren, kommt alles noch mehr aus dem Gleichgewicht, und sie wird sterben und wir dann auch…*

Mama José Gabriel sprach immer weiter und nach etwa zwanzig Minuten wurde mir klar, dass ich mitschreiben musste, um nur ansatzweise in der Lage zu sein, das Gesagte zu behalten und es dann dem Publikum zu übersetzen. Ich hatte erwartet, dass er irgendwann einmal einen Punkt macht, aber so war es nicht. Ich begann fieberhaft, alles zu notieren. Der Veranstaltungssaal in Frankfurt war so voll, dass hinter den letzten Reihen noch manche standen, und alle warteten mit gespanntem Schweigen auf meine Übersetzung aus dem Spanischen.

Der Mamo sprach etwa 45 Minuten ununterbrochen. Ich hatte versucht, alles mitzuschreiben, und hatte auch das meiste erfasst. Viele Begriffe und Konzepte, die Mama José Gabriel erwähnte, nannte er auf *kággaba*, der Sprache der Kogi, und nicht auf Spanisch, und so hatte ich keine Vorstellung, was sie bedeuten könnten, da ich damals noch kein einziges Wort dieser Sprache verstand. Ich fragte des öfteren den Begleiter von Mama José: »Wer ist *Sezhankua*? Wer ist *Jaba Sé*? Was bedeutet *pagamiento*?« Ich bekam einige Antworten, notierte sie schnell und versuchte, meine Notizen im Kopf so zu ordnen, dass ich eine halbwegs zusammenhängende und strukturierte Übersetzung der langen Rede wiedergeben konnte. Sein Begleiter half mir über die ersten Verständnishürden hinweg. Nachdem ich dann gesprochen hatte, setzte der Mamo seine Rede fort. So ging es den ganzen Abend. In den nächsten zwei Wochen sollte ich diese oder ähnliche Worte noch sehr oft zu hören bekommen.

Mama José Gabriel war nach Deutschland gereist, um die Botschaft der Kogi an uns, die Jüngeren Brüder, zu übermitteln. Vor Wochen hatte ich irgendwo gelesen, dass ein Ältester der Kogi nach Frankfurt kommen würde, und sofort war mein Interesse geweckt. Ich konnte gar nicht genau sagen, warum, doch ich hatte dieses eigentümliche Gefühl, das mich nicht mehr losließ. Kurzerhand schrieb ich eine Email und bot an, die Vorträge und Seminare aus dem Spanischen zu übersetzen. Und falls die Kogi noch einen Schlafplatz in Frankfurt bräuchten, könnten sie gerne bei meiner Familie übernachten. Beides wurde dankend angenommen. Damit war der Grundstein für meinen Aufenthalt anderthalb Jahre später in der Sierra Nevada de Santa Marta gelegt.

Der alte Mamo und sein Begleiter fuhren durch Deutschland und sprachen in vielen großen Städten: München, Berlin, Frankfurt, Hamburg, Köln. Manchmal waren es Vorträge, manchmal ganze Seminartage. Jedes Mal begann der Mamo mit einer kleinen

Vorstellung und erzählte, woher er kommt, zu welchem Volk er gehört und was die Aufgabe des Volkes der Kogi ist: die Erde zu hüten und die Welt in den Fugen zu halten. Dann folgte immer eine Kurzversion der Schöpfungsgeschichte. Er erzählte vom Anfang der Welt und vom Ursprung der Dinge. Er sprach darüber, was zuerst war und was dann folgte. Er erklärte, dass es unerlässlich sei, zum Ursprung zurückzukehren, wenn wir verstehen wollten, wer wir sind, was in der heutigen Zeit geschieht, wovon wir fort-schreiten und warum wir die Dinge so tun, wie wir sie tun. Auch sprach er immer darüber, wie die Geschichte des Jüngeren Bruders mit dem Älteren Bruder bis dato verlaufen war und dass nun der Zeitpunkt gekommen sei, zusammenzuarbeiten und voneinander zu lernen. Seine aufrüttelnden, weisen, erkenntnisreichen und manchmal auch bedrückenden Worte sollte ich erst in Kolumbien und dann noch viel später beim Schreiben dieses Buches wirklich begreifen.

Mama José Gabriel war nach Deutschland gekommen, um uns zu einem Dialog einzuladen. Er kam als Vertreter seines Volkes, und für diese Aufgabe ist er von Kindesbeinen an ausgebildet worden. Die Kogi knüpfen mit ihrem Besuch an eine Tradition von Dialogangeboten an, die die Indianer des amerikanischen Doppelkontinents auf den Stränden der Insel Hispaniola Ende des 15. Jahrhunderts mit der Schiffsbesatzung der drei kleinen Karavellen des Mannes aus Genua begonnen hatten. Aufgegeben haben sie, trotz außerordentlich mäßigen Erfolges, seitdem nie, denn sie haben keine Wahl. Ihrem Gegenüber, uns, den Vertretern der Moderne, ist jedoch nicht klar, dass auch wir keine Wahl haben: Ein Dialog ist auch für uns notwendig. Der Fortbestand und das (kulturelle) Leben der Naturvölker ist mittelfristig untrennbar mit unserem Überleben verknüpft. Dieses Wissen ist seit Jahrhunderten die Grundlage der Dialogangebote.

Worauf fußt diese These? Inwieweit sollte die technische Moderne die Naturvölker jenseits einer anthropologischen, letztlich musealen Schonung als Relikt einer vergangenen Zeit brauchen? Schließlich kennt die Weltgeschichte viele Völker und Kulturen, die auf der Bildfläche erschienen und wieder verschwanden, ohne dass uns das zu beeinträchtigen scheint. Symptomatisch für diesen musealen Zugang ist etwa der kaffeetischgroße Bildband *Before they pass away** des Fotografen Jimmy Nelson, in dem eine Sammlung von Fotoportraits verschiedenster Naturvölker präsentiert wird. Dieser Band dient, wie der Titel darlegt, als eine Art Vorab-Andenken für eine Zukunft, in der sie ausgestorben sein werden. Das wird als unausweichlich dargestellt, doch sollten wir nicht aus den Augen verlieren, dass dies durchaus unsere Entscheidung ist.

Diese Entscheidung ist letztlich eine Entscheidung über ihren Wert für uns, und zwar über ihren *wirtschaftlichen* Wert. Das mag hart und unmenschlich klingen, entspricht jedoch den Tatsachen. Zahlreiche Beispiele großer Infrastrukturprojekte in einem beliebigen Regenwald, bei dem nebenbei die angestammte Heimat irgendeines Naturvolks für immer überflutet, zugeschüttet, verseucht oder untergraben wird, zeigen dies eindrücklich. Ästhetische Bildbände oder humanitäre Unterschriftenaktionen sind das eine, den wirklichen Stellenwert des Gedankenguts der Naturvölker als Geheimtipp in der globalen Wissensökonomie zu erkennen das andere, wenn die Naturvölker nicht nur an bunten Taschen oder ihrem Tourismuspotential gemessen werden sollen. Dann erst begreifen wir ihren wahren Wert. Doch worin besteht dieser Wert? Auf welche unserer Fragen sind die Kogi die Antwort?

Die Moderne krankt vor allem an einem Problem des (menschlichen) Miteinanders, der psychischen Zerrüttung, ökologischen Zerstörung und einer zunehmenden globalen Sinnkrise, die nicht nur im Privatem, sondern gerade auch in vielen Unternehmen und ganzen Staaten schwächend zutage tritt. Trotz unseres großen technischen Fortschritts haben wir auf diese drängenden Missstände kaum mehr als oberflächliche Antworten. Gerade hier liegt die entscheidende Kernkompetenz der Kogi. Sie haben die Pflege, die Wachstumsbedingungen, Prinzipien und Grundlagen einer erfüll-

* »Bevor sie aussterben.«

ten Lebendigkeit erstaunlich intelligent und weitblickend erfasst. Die Anwendung dieser intelligenten Prinzipien ermöglicht nicht nur ein anderes In-der-Welt-Sein, sondern auch andere Technologien und Organisationsformen. Und genau darin liegt der enorme Wert der Kogi als Mentalitätstresor.

Was sehen die Kogi?

Die Kogi sprechen als Naturvolk hauptsächlich über ihren Bezugsrahmen: die Natur und ihre Zerstörung. Als ich dies zum ersten Mal hörte, öffnete sich in meinem Kopf eine Schublade. Es war die »Ich weiß, ich weiß, kenne ich schon, habe ich alles schon gehört«-Schublade mit dem Unterfach »Greenpeace, Hippies und Ökofreaks«. Wie oft haben wir irgendwo gehört oder gelesen oder in einer Arte-Dokumentation gesehen, dass wir die Natur zerstören, dass momentan das größte Artensterben seit Beginn der geschichtlichen Aufzeichnung geschieht, dass sich das Klima radikal verändert und dass der Mensch – und zwar konkret der moderne Mensch – mit seiner Art zu wirtschaften und zu leben daran schuld ist. Wir hören von Umweltkonferenzen, bei denen keine Einigung auf Minimalstandards geschieht und wo manche große Länder gar keine Vertreter hinschicken.

Dies ist alles sehr bedenklich, aber als moderner, urbaner Mensch kann man nicht viel tun; vielleicht Fahrrad fahren, Bio-Lebensmittel essen oder im Supermarkt auf die Plastiktüte verzichten. Es sei denn, man ist bereit, seinen Lebensstil vollständig zu ändern und als Selbstversorger aufs Land zu ziehen. Doch das wollen die wenigsten. Inwiefern sind die Lebenswirklichkeit der Kogi und die ihr zugrundeliegenden Ideen also überhaupt übertragbar?

Relativ schnell wurde mir bewusst, dass diese Frage eine sehr tiefgehende ist und viele Bereiche berührt. Um einer Antwort näherzukommen, ist es unumgänglich, in die Gedankenwelt der Kogi einzutauchen und ihre Prinzipien und Handlungsmaxime zu verstehen, um ihren Kern herauszuarbeiten und Schritt für Schritt auf eine Übertragbarkeit in unser Leben zu prüfen. Beginnen wir also, uns auf die Kogi und ihre Sicht auf uns und die Welt einzulassen.

Mama José Gabriel spricht:

Wir sind die Kogi, wir sind die Erstgeborenen und wir denken noch die ersten Gedanken. Ich spreche heute über Dinge, die wir in den Bergen, in den Flüssen, auf den Höhen und in den Wäldern in der Sierra erleben. Dieses ist jedoch nicht nur etwas, was in der Sierra Nevada de Santa Marta geschieht, sondern auf dem Planeten, ja sogar im ganzen Universum. Jaba Senekun, der Mutter Erde, geht es immer schlechter.

Sezhankua hat alles geordnet, ausnahmslos. Alles hat seine Ordnung. Die Linien auf meinem Hut zeigen genau, wo Schnee fallen kann, wo wir wohnen, wie alles zusammenhängt.[12] *In Kolumbien leben wir ganz oben, der Jüngere Bruder lebt weiter unten. Das Wasser fließt von oben nach unten, dann kommt es von unten wieder hoch. Die Leute unten verschmutzen das Wasser stark, obwohl es das Blut der Erde ist.*[13] *Deswegen gibt es so viel Trockenheit. Die Mutter des Wassers Jaba Nikuitzi ist krank. Das Wasser kommt aus den Seen oben aus den Bergen. Mein Hut stellt das alles dar. Auf ihm sieht alles klein aus, wie Sezhankua die Dinge sieht, für uns ist es jedoch sehr groß. Wenn die Ältesten sagen, dass etwas geschehen wird, dann hören wir auf sie.*

Krankheiten entstehen, weil etwas im Ungleichgewicht ist. Menschen werden krank, weil sie im Ungleichgewicht mit sich selbst und mit der Welt sind. Die Erde befindet sich in einem starken Ungleichgewicht, weil wir die Heiligen Orte misshandeln. Wir alle sind Kinder der Heiligen Orte der Erde. Wir alle sind Kinder des Wassers, des Windes, der Bäume, der Tiere, der Sonne und der Berge. Ohne sie könnten wir nicht leben. Was würden wir trinken, wenn es kein Wasser gäbe? Was würden wir essen, wenn die Sonne nicht die Pflanzen zum Wachsen bringen würde? Wie könnten die Pflanzen wachsen, wenn der Wind nicht die Samen verteilen würde?

Woher kämen die Flüsse, wenn sie nicht in den schneebedeckten Gipfeln entsprängen? Alles ist verbunden und alles ist lebendig.

Die Große Mutter hat gesagt, dass wir nichts aus ihrem Bauch oder ihren Gedärmen entnehmen dürfen, aber wir Menschen halten uns nicht daran, wir fördern alles zutage, was wir finden. Wenn man einen Menschen operiert, wird er nie wieder genau so sein, wie er vorher war, es wird immer ein Unterschied bleiben. Die Unterschiede sind zuerst nur sehr klein, aber sie summieren sich. Und es kommen fremde Dinge zu uns. Was ist es, was die Menschen so zerstörerisch handeln lässt? Es sind künstliche Gedanken wie Habsucht oder Neid. Diese künstlichen Gedanken haben überhandgenommen, und wir nähren sie jeden Tag. Ihr sagt, dass alle Menschen so denken, aber das stimmt nicht. Früher gab es diese Gedanken und Gefühle nicht. Wir wussten immer, dass es genug für einen jeden gibt und dass für alle gesorgt ist. Das habt ihr vergessen, ihr denkt, dass ihr immer und immer mehr braucht.

Das sich vergrößernde Ungleichgewicht in der Natur zeigt, dass das Ungleichgewicht unserer Gedanken immer größer wird. Es kommen unbekannte Krankheiten. Der Natur ist es gleich, ob wir einen Doktortitel haben und sagen, dass wir Wissenschaftler seien und diese Dinge sehr genau kennen. Es ist ihr gleich. Statt sie zu erforschen, müssen wir mit ihr sprechen, denn ihr erforscht nur das Sichtbare! Das Leben funktioniert jedoch so gut, weil es unsichtbaren Gesetzen folgt. Alle Indianer, nicht nur wir Kogi, fragen um Erlaubnis, bevor wir ein Haus bauen. Aber wer von euch hat um Erlaubnis gebeten, die Eisenbahnstrecken und Straßen zu bauen?

Die Leute denken, dass es nur darum geht, sich technisch fortzuentwickeln. Sie denken, die Zukunft bestünde aus noch mehr Maschinen. Sie denken, dass man ein Feld nur richtig düngen müsse, damit alles gut wächst. Aber sie sagen das, weil sie nicht mit dem Herzen denken. Wenn sie das täten, dann wüssten sie, dass sie damit der Erde schaden. Aber alle, selbst manche von uns Indianern, die heute mit viel Künstlichem in Kontakt treten, werden immer schwächer. Die Lösung sind die ursprünglichen Prinzipien, das

Wissen um den Ersten Gedanken wiederzufinden, wertzuschätzen und auszuüben.

Wenn die Kogi auf unsere Welt blicken, sehen sie zunächst einmal eine für sie unfassbare Naturzerstörung, die sie beendet sehen möchten. Sie sind darüber traurig und tief betroffen, jedoch geht ihre Sicht über Trauer und Betroffenheit hinaus zu einer Diagnose: Die Grundlage all dessen ist das darunterliegende Gedankengut. Die Kogi unterscheiden zwischen »Erstem« (ursprünglichem) Denken, beziehungsweise dem »Einen Gedanken« und »künstlichen Gedanken«. Während sie noch mit dem Einen Gedanken in Verbindung stehen, habe der Jüngere Bruder sich in künstlichen Gedanken verstrickt. Die Umweltzerstörung sei ein klares Symptom dafür. Ihnen ist jedoch wichtig, dass es sich dabei um ein Symptom handelt, nicht um ein eigenständiges Problem oder eine unausweichliche Nebenwirkung von wirtschaftlichem oder technologischem Fortschritt. Es ist das Ergebnis unserer Weltsicht. Das bedeutet, dass alle mit eingeschlossen sind, auch die, die vordergründig nicht im großen Stil am Werk der Zerstörung beteiligt sind.

Arregoces Coronado-Zarabata spricht:

Das Gleichgewicht der Natur und des Menschen ist gestört. Wir selbst sind es, die der Natur schaden. Wir Indianer, besonders hier aus der Sierra, sprechen so viel und immer wieder über dieses Thema, damit die Leute in der ganzen Welt begreifen. Heutzutage gibt es solche Mengen an fortgeschrittenen Technologien, bei deren Produktion oder Anwendung die Natur zerstört wird. Es gibt auch Technologien, die der Natur nichts rauben oder ihr schaden, sondern sanft und freundlich zu ihr sind. Es gibt ein Prinzip, nach dem die Natur und auch wir Menschen geschaffen wurden. Wenn wir Technologien erschaffen, müssen sie dem gleichen Prinzip folgen, dann sind sie lebendig, sonst können sie sehr schädlich sein. Das gleiche gilt für unsere Organisationen. Wenn die Regierung glaubt, dass sie eine gute Zukunft schaffen kann, indem sie Bodenschätze abbaut und exportiert, wenn sie glaubt, dass es allen damit besser ginge, dann irrt sie sich sehr. Denn sie schadet damit der Natur, und wir alle sind Teil der Natur. Bodenschätze sind die Lungen der Mutter, sie atmet durch sie. Diese Organe sind sehr wichtig.

Heutzutage ist eines der größten Probleme, dass wir Technologien benutzen, die der Natur schaden. Ich habe gehört, dass es Schiffe gibt, die unter dem Wasser fahren. Kein Wal und kein Delfin wird anfangen, bei uns auf dem Land zu leben. Warum nicht? Sie bewahren noch die Gesetze, die am Anfang von der Mutter aufgestellt wurden. Die ganze Umweltverschmutzung, der Abbau von Bodenschätzen, Grabräubereien führt zu Trockenheit. Im Moment denken wir, dass das nur hier geschieht, aber es wird sich auf die ganze Welt ausdehnen. Naturkatastrophen sind die Mutter, wenn sie Ungleichgewichte bereinigt. Andere Gedanken, der Eine Gedanke, kann diese Entwicklung umkehren. Wir werden gemeinsam der Mutter helfen, wir werden in harmonischer Weise mit ihr zusammenarbeiten, dann wird uns auch die Mutter wieder helfen. Die Mamos sind sehr besorgt wegen der ganzen Zerstörung. Die Veränderung des Klimas ist ein Zeichen der spirituellen Unterernährung der Mutter. Wenn die Erde gesund ist, sind auch wir Menschen gesund.

»Künstlich« sind für die Kogi all die Gedanken, die verschiedene Bereiche des Lebens voneinander isolieren und getrennt betrachten und somit aus dem Zusammenhang reißen. Ohne den Zusammenhang der Dinge gibt es keine Grundlage für einvernehmliches Handeln. Daher sehen die Kogi bereits in der bloßen Existenz von widerstreitenden Gedanken und Entscheidungskonflikten ein klares Zeichen für die Abwegigkeit einer Sichtweise. Eine andere Art dies auszudrücken wäre, dass sich aus der jeweiligen Sache selbst eine klare, für alle Beteiligten förderliche Herangehensweise ergibt, die in diesem Sinne keiner Entscheidung, keines Zweifels bedarf. Vorbedingung eines jeden Handelns bei den Kogi ist daher die Klärung von Verstrickungen in Bezug auf eine Situation, die sie als inneres Ordnen bezeichnen.

Merkmale künstlicher Gedanken hingegen sind die Abwesenheit vom Kontakt zur Ordnung des Lebendigen und die Systematisierung von sich selbst genügenden (ideologischen) Gedankengebäuden ohne Berücksichtigung des konkreten lebendigen Einzelfalls. Jede politische Ideologie fällt darunter, jedoch auch viele alltägliche Lebenssituationen, in denen wir automatisch handeln, können auf solchen Gedanken beruhen. Oft halten wir etwas für unsere Meinung, was eigentlich ein Ausdruck kollektiver Ansichten ist. Gedankengebäude, die auf anderen Wirkungsweisen und Grundannahmen beruhen als der Rest des Lebendigen, geraten mit der Wirklichkeit zwangsläufig früher oder später in Konflikt, so dass Zerstörungsvorgänge entstehen. Künstliche, abgeschlossene Systeme müssen von außen mit Energie versorgt werden, um sich aufrecht zu erhalten. Sie sind nicht an die universelle Energie des Lebens angebunden. Dies kann sich zum Beispiel in Beziehungskonzepten äußern, wird aber in unserer gesamten modernen Zivilisation sichtbar, die auf Elektrizität und ihrer Gewinnung durch größtenteils endliche Brennstoffe beruht. Ohne Strom würde alles in sich zusammenfallen. Aus Sicht der Kogi sind künstliche Gedanken nicht langfristig zu erhalten, da sie in einer auf Ausgleich beruhenden Welt ihren Tribut fordern.

Im übrigen sehen die Kogi unsere Gewohnheit, die Beine beim Sitzen zu überschlagen, als Anzeichen einer verqueren Verschaltung und inneren Verwirrung des Denkens.[14]

Das Prinzip des Einen Gedankens

*»Zhigoneshi, es una palabra de nosotros«, sagte Mama José Gabriel, »zhigoneshi quiere decir un solo pensamiento. Así pensamos, en un solo pensamiento.«** Dass die Kogi ihr Denken als anders sehen als das unsere und dass sie es den Einen Gedanken nennen, war inzwischen offensichtlich. Doch nun wollte ich genau wissen, was denn dieser Eine Gedanke ist.

---

* »Zhigoneshi ist ein Wort von uns. Zhigoneshi bedeutet ein einziger Gedanke. So denken wir, in einem Gedanken.«

Arregoces Coronado-Zarabata spricht:

Am Anfang wurde uns überlassen, dass wir uns mit nur einem einzigen Gedanken um diese Erde kümmern müssen. Wir sagen dazu zhigoneshi. Es gibt so viele verschiedene Völker auf der Welt, manche sind Indianer, andere nicht. Der Gedanke, der hinterlassen wurde, dass alles gehütet werden muss, ist ein einziger. Das Prinzip, wie alles zusammenlebt, ist ein einziges. Unsere Heimat ist die Sierra Nevada de Santa Marta, hier leben wir vier Stämme und hüten sie. Wir brauchen alle vier Stämme, um mit einem einzigen Gedanken arbeiten zu können, denn wir ergänzen uns. Wir unterscheiden uns durch die Sprache und die Kleidung, aber nicht durch die Gedanken. Wir schützen alles, von den Schneebergen bis zu den Stränden. Die Linea Negra[15] *begrenzt unser Territorium. Sie ist wie ein Spinnennetz für uns. Deswegen spinnen die Spinnen übrigens ihre Netze, um zu zeigen, dass unser Planet eine Struktur hat.*

So hat die Mutter am Anfang die Welt geschaffen, zuerst gab es diese Linien aus Gedanken und Energie. Darum herum wurde alles andere angeordnet. Die Linea Negra ist für uns sehr, sehr wichtig. Sie verläuft dort, wo die Heiligen Orte liegen, wo die Bäche sind, wo die Berggipfel sich befinden, wo die Seen sind. All dies ist Teil der Linea Negra. Die Sierra haben wir nur bekommen, um sie zu hüten. Wir müssen alles hüten, was sich auf der Erde befindet. Am Anfang hat Jate Teikú[16] *die Objekte, die sich in der Erde befinden, in einer ganz speziellen Form und in einer ganz speziellen Funktion in die Erde getan. Alle unsere Tänze und Gesänge sind nur dazu da, uns mit der Mutter Natur zu verbinden. So leben wir mit der Natur zusammen. Wir sind alle gleich, die Tiere, die Pflanzen, der Fluss – wir sind alle Natur. Wir kommen aus der Natur. Wenn wir denken, dass alle Mineralien, Metalle und Bodenschätze uns gehören, dann haben wir uns gewaltig geirrt. In Wahrheit sind wir es, die ihnen gehören.*

Der Eine Gedanke im Sinne der Kogi ist die intelligente systemische Gegebenheit in der Natur, in die ich mich gedanklich und mit meinem Handeln integrieren kann oder nicht. In dieser Gegebenheit haben alle Dinge ihren Ort und ihre Aufgabe, unabhängig von den oft fiktiven Wunschvorstellungen des Eigenwillens. Aus dem Zusammenspiel dieser Orte und Aufgaben entsteht ein lebendiges Fließen, das die Grundlage für die Entfaltung und das Aufblühen des Lebens darstellt. Dabei ist es wichtig anzumerken, dass sich die Frage nach dem Einen Gedanken nur dem Menschen stellt, da die übrige Natur ihn gar nicht verlassen kann. Mit der Präsenz des Menschen jedoch kann diese Ordnung erfüllt und belebt (gehütet) oder blockiert und durcheinander gebracht werden. Das Schlüsselwort ist hier der Ausgleich von Ungleichgewichten durch das Ausfüllen des eigenen dynamischen Platzes in der Welt. Dem Einen Gedanken liegt also eine lebendige Intelligenz und Genialität zugrunde, die sich im Menschlichen zuweilen als Weisheit äußert.

Trotz der sehr auf ihren Lebensraum bezogenen Ausdrucksweise der Kogi, beruhen ihre Ausführungen auf klaren Prinzipien. Das Wort Prinzip leitet sich vom lateinischen *principium* ab und bedeutet nichts anderes als Anfang, Beginn oder Ursprung. Ein Prinzip ist der Ursprung für etwas und stellt eine immer geltende Gesetzmäßigkeit dar, die anderen Gesetzmäßigkeiten zugrunde liegt. Wenn die Kogi also über den Einen Gedanken als Prinzip sprechen, handelt es sich dabei nicht um ein kulturspezifisches Konzept, sondern um eine für alle Menschen und für alles Leben geltende universelle Gesetzmäßigkeit. Die Kogi sagen, dass diese Gesetzmäßigkeit seit dem Ursprung gilt und die ursprüngliche Ordnung der Welt darstellt. Diese verstünden wir nur oft nicht, so dass wir uns häufig gegen sie stellen und uns und anderen das Leben schwer machten. Der einzige Sinn des Einen Gedankens ist, allen Lebewesen ein gutes (und gelingendes) Leben zu ermöglichen.

Die Kogi erklärten mir, dass sie die Zusammenhänge in der Welt anders begreifen als wir. Alles hängt mit allem zusammen, und der »Klebstoff« dieses Zusammenhalts ist die Lebendigkeit. Schön und gut, dachte ich mir, doch was heißt das genau? Und vor allem, was hilft uns das? Die Mamos sahen mich einfach nur belustigt an und kicherten. Ich hätte zu gern gewusst, was sie in diesem Moment dachten. »Alles, was wir dir sagen und worüber du in dem Buch schreiben wirst, ist dazu da, dass ihr wieder zhigoneshi begreift und danach handelt. Zu nichts sonst. Wir werden noch viel darüber sprechen, und du wirst es verstehen«, sagte einer von ihnen. Die Antworten zu meinen Fragen sollte ich jedoch erst später erhalten.

Die Kogi übersetzen das Wort »zhigoneshi« mit *un solo pensamiento*, wenn sie Spanisch sprechen. Auf Deutsch könnte man neben dem »Einen Gedanken« unter anderem noch »das Eine Denken«, »der Erste Gedanke«, »alles fügt sich«, »wir arbeiten zusammen«, »wir sind verbunden« oder »du hilfst mir, ich helfe dir« sagen. Dieses Buch verwendet »der Eine Gedanke« als Übersetzung. Um der Fülle des darin Ausgesagten nahezukommen, müssen wir berücksichtigen, dass die Kogi die Worte »Gedanken« und »Denken« nicht abstrakt und theoretisch verstehen, sondern damit auch Gefühle und Empfindungen meinen. Mehr dazu im siebten Kapitel. Gefühle und Empfindungen bedürfen eines lebendigen Trägers, und somit versteht sich von selbst, dass Denken im Sinne der Kogi auf Lebendigkeit beruht. Eine nur abstrakte Prozesse verarbeitende Maschine denkt nicht, weil sie nicht fühlen kann, auch dann nicht, wenn sie mit sogenannter künstlicher Intelligenz ausgestattet ist. Dies ist ein wichtiger Punkt, da die Kogi, wie wir noch sehen werden, zwischen lebendigen und toten Gedanken unterscheiden, also solchen, denen ein lebendiges Empfinden zugrunde liegt, und solchen, denen dies fehlt.

Der Eine Gedanken hat also mit einem gemeinsamen lebendigen Empfinden zu tun. Alles in der Natur ist nur lebendig, weil es gemeinsam lebendig ist: Wenn es nur Bienen gäbe, hätten diese nichts, woher sie ihren Nektar bekämen. Wenn es nur Blumen gäbe, würden ihnen die Bienen fehlen. Und wenn es weder Bienen noch Wind gäbe, käme nach nur einem Sommer das Ökosystem ins Wanken.[17] Das gleiche gilt auch für den Menschen: Wir sind zwar selbständige Wesen, aber eben nur im Gefüge des Lebens um uns herum.

Mama Jose Gabriel spricht:

Die Erde ist nicht nur krank wegen der Autos, der Verschmutzung der Luft oder der Verschmutzung durch Plastik, sondern auch, wenn wir unsere Prinzipien verlassen. Wir werden alle zurück zu zhigoneshi kommen, auch der Jüngere Bruder. Wenn er das Buch hier liest, wird er einen Teil beitragen wollen. Er wird verstehen, wie er handelt und wie besser nicht. Denn die Prinzipien gelten für alles Leben. Wir gehen in einem einzigen Gedanken weiter. Es gibt nur einen einzigen Gedanken des Lebens. Der Ältere Bruder und der Jüngere helfen beide. Wenn wir viele verschiedene Gedanken haben, dann macht jeder, was er will, und dann schaden wir der Erde weiter und dann schaden wir dem Wasser weiter, und Mukuakukui, der Sonne, und Saka, dem Mond. Das ist nicht gut! Wir machen noch unsere Arbeit, und wir werden uns alle gut ordnen. Wir werden alle gut zusammen denken. Die Gedanken arbeiten immer noch gut.

Der Eine Gedanke ist keine abstrakte Synthese aus vielen Einzelgedanken und entspringt nicht dem Versuch, etwas zu vereinen. Es geht also nicht darum, eine synthetische Einheit durch mehr oder minder subtile Gleichschaltung willentlich herzustellen – sei es in einem ideologischen oder religiösen Rahmen –, sondern darum die Einheit wahrzunehmen, die bereits besteht und alles verbindet. In dieser Einheit folgen die Dinge einer dynamischen Ordnung. Ein praktisches Beispiel für die Anwendung dieser Sichtweise, etwa auf ein Unternehmen übertragen, wäre, nicht krampfhaft zu versuchen, wie das derzeit zuweilen geschieht, das Unternehmen von einer Maschine in einen Organismus zu verwandeln, sondern zu begreifen, dass es immer schon ein lebendiger Organismus war. Man hört stattdessen einfach auf, es als Maschine zu betrachten. Selbiges gilt im übrigen überhaupt für die Natur, die regelmäßig mit Maschinenmetaphern bezeichnet wird. Heutzutage ist es in aller Regel der Computer, zur Zeit der Aufklärung war es das Uhrwerk oder der Automat.

Der Eine Gedanke im Sinne der Kogi ist nicht getrennt von mir, sondern ich trenne mich durch eine Künstlichkeit. Er ist das Verbindende, nicht aber ein Anspruch auf Einigkeit. Einen solchen normativen Anspruch aufzustellen, wie das in der Geschichte so oft geschehen ist, hieße, den verbindenden Raum zu leugnen und eine ideologische Gleichschaltung betreiben zu wollen. Dies ist wichtig, um die Kogi nicht im Sinne einer platten »Licht und Liebe«-Utopie misszuverstehen.

Obwohl es sich nicht um ein Lehrgebäude handelt, unterscheiden die Kogi innerhalb des Einen Gedankens konkrete Prinzipien, die für alle Lebensbereiche gelten. Wir hingegen betrachten die verschiedenen Lebensbereiche getrennt voneinander und versuchen unterschiedliche Herangehensweisen in Form von Tools, Techniken oder Methoden für jeden dieser Bereiche zu entwickeln, ganz gleich ob Gesundheit, Management, Familie, Sport, Ernährung usw.

Dieses tiefere Verständnis vereint im übrigen viele Naturvölker, und das trotz ihrer zum Teil enorm unterschiedlichen Lebenszusammenhänge und mythologischen Verortungen. Gemeinsam ist ihnen allen außerdem die unbedingte Heiligkeit der Erde als Mutter. Das Denken im Einen Gedanken ist zugleich integral mit Gesundheit, Freude und Erfüllung verbunden. Im Wesen der Welt ist kein Konflikt zwischen meinem Wohl und dem Wohl aller anderen. Im Gegenteil fallen sie in eins und mehren sich durch ihre Gegenseitigkeit.

Mama Wintukua Kunchanawingumu spricht:

Gesund zu sein bedeutet, Ruhe zu haben, fröhlich zu sein, gut in den Gedanken zu sein, im Körper, in der Harmonie mit dem Territorium. Leben hat ein natürliches Gesetz. Wir leben nicht, um zu leben, wie wir wollen; wir leben, um den Auftrag zu erfüllen, der uns Menschen als Gemeinschaft wie auch jedem einzelnen von uns überlassen worden ist. Das ist Leben. Gesundheit bedeutet, gut zu leben. Das ist die beste Medizin für deinen Körper. Auf dem Weg des Lebens geht es nicht darum zu laufen, um zu laufen. Es ist wichtig zu wissen, wohin wir gehen. Wir selbst wissen, wohin wir gehen und warum wir dies tun. Auch wenn wir wissen, wohin wir gehen, müssen wir zusammenhalten und zurückschauen, um darüber nachzudenken, ob wir in die richtige Richtung gehen.

Im Gegenzug scheint der Jüngere Bruder nie innezuhalten. Er schaut nie zurück, nur nach vorne, ohne darauf zu achten, was ihm passiert. Auch wenn es nicht der richtige Weg ist, geht er ihn zu Ende, und so kann der Weg zu seiner eigenen Zerstörung führen. Innehalten, um zu berichtigen und zu korrigieren und die Richtung neu auszuloten, ist sehr wichtig. Beginnen wir also, darüber nachzudenken, wie unsere Vorfahren dachten, deswegen nehmen wir Kontakt zu diesen Gedanken auf. Es reicht jedoch nicht aus, nur zu schauen, die Gedanken zu ordnen und nach dem richtigen Weg zu fragen. Wir müssen ihm auch folgen. Auch zeigen die Gedanken die verschiedenen Aufgaben und Handlungen, die wir realisieren werden. Sie bestimmen, wie du lebst, wie du dich verhältst, wie gesund du bist, wie deine Gedanken und dein Leben sind, wie du dein Verhältnis mit der Welt gestaltest.

Lebendigkeit

Wieso ist es gerade die Lebendigkeit, die das Denken der Kogi und vieler anderer Naturvölker maßgeblich bestimmt und unserem Denken größtenteils abhandengekommen zu sein scheint? Die Lebendigkeit als solche wird tatsächlich selten berücksichtigt. Für die Kogi aber ist sie eine alltägliche Selbstverständlichkeit, etwas, das um seiner selbst willen gepflegt und berücksichtigt wird. Dabei geht es nicht nur darum, sich selbst lebendig zu fühlen, sondern um einen dialogischen Umgang mit der Lebendigkeit von allem, insbesondere der Erde. Die Kogi sagten mir häufig unverblümt ins Gesicht, dass sie uns angesichts unserer Lebensweise für so gut wie tot halten. Als ich versuchte, ihnen zu erklären, wie wir im Westen die Erde im allgemeinen sehen, stieß ich durchweg auf ablehnendes Unverständnis. Sie halten es einfach für sachlich falsch, die Welt so zu sehen.

Es ist eine Eigenart der Kogi, die mir immer wieder aufgefallen ist, dass sie längere Gespräche oft mit dem Ursprung der Welt beginnen und von da aus entwickeln. So war es mir vergönnt, die

Geschichte, die sich die Kogi vom Wesen der Erde erzählen, dutzendfach zu hören.

Sie lautet in den Worten von Mama Ramon Gil Barros wie folgt:

Am Anfang war nur Sé. Es gab keine Erde, keine Zeit, keine Luft, es gab nichts, nur Sé. Und es schien, dass es besser wäre, wenn es Materie gäbe. In Aluna hat Sé Sezhankua und Seinekʉn geschaffen, damit diese die physische Erde erschaffen würden. Denn Sé selbst kann sich nicht regen oder handeln, es ist einfach nur. Also hat Jaba Sé den beiden einen Faden des Gedankens gegeben, um erst die Begrenzungen des Territoriums an den Berggipfeln abzustecken, dann die mittleren Lagen der Sierra und am Schluss einen dritten Faden, um das Gebirge an seinem Fuß zu begrenzen. Diese letzte Linie wurde die Linea Negra genannt.

In jeder der drei Zonen sollten unterschiedliche Pflanzen und Tiere leben. Das Zentrum der Sierra wurde Gonawindua genannt. »Gon« bedeutet geboren werden oder bauen und »Gonawin« bezeichnet die Bewegungen eines Kindes im Bauch seiner Mutter. »Du« wird das Leben für viele Tausende oder Millionen Jahren genannt, »Dua« bedeutet der erste Samen der Materie. Auf Gonawindua haben Sezhankua und Seinekʉn gesessen und auf die Sierra Nevada geblickt und viele Tiere und Pflanzen als Samen des Lebens entdeckt. Dann jedoch stellten sie fest, dass ein Platz für das Meer und ein anderer für die Erde *erforderlich war. Die Sierra war da noch kahl, es fehlte physische Erde.*

Jaba Sé sagte Sezhankua, dass er die schwarze Erde zur Frau nehmen solle. Aber Sezhankua fand sie zu schwarz, und sie gefiel ihm nicht, er wollte eine weißere Frau. Zuerst heiratete er die weiße Erde, aber sie war nicht fruchtbar. Danach folgte die braune, dann die ockerfarbene, dann die rote, aber alle waren nicht fruchtbar und gebaren keine Nachkommen, genauso wenig wie die sandige Erde dies tat. Dann vermählte Sezhankua sich mit der Erde aus schwarzem Sand, danach mit der grünen und dann mit der gelben. So hatte er nacheinander acht verschiedene Frauen. Es blieb nur noch eine zurück, die schwarze, denn es waren neun Schwestern.

Sezhankua sagte, dass er die schwarze Erde zur Frau nehmen werde, aber alle seine Brüder waren erbost. Sie sagten: »Er hat bereits acht Schwestern geheiratet, und jetzt möchte er auch noch die neunte. Das werden wir nicht zulassen. Er wird Probleme mit uns bekommen.« Also nahmen die Brüder die schwarze Frau und schlossen sie hinter sieben Türen mit sieben Schlössern ein. Sezhankua kam an jeder Türe an und spielte auf seiner Flöte und sang sieben verschiedene Lieder. Jedoch konnte er die Türen nicht öffnen. Dann kam Aluawikʉʉ und sagte zu ihm: »Bruder, was machst du hier?« Sezhankua antwortete: »Ich werde die schwarze Frau befreien und sie heiraten. Bisher ist es mir noch nicht gelungen, denn ich habe nicht die Macht dazu.« Aluawikʉʉ fragte ihn daraufhin, warum er sie denn überhaupt heiraten wolle? Sezhankua antwortete: »Wenn ich nicht mit der schwarzen Frau zusammen bin, wird es keine Fruchtbarkeit in der Sierra und der Welt geben.« Aluawikʉʉ sah, dass Sezhankua recht hatte. Er sagte daraufhin: »Leih mir deine Flöte.« Und er begann zu spielen. Er spielte sehr hässlich und kreischend. Sezhankua sah dies und dachte, dass er selbst viel schöner und besser spielen könne als Aluawikʉʉ. Jedoch war es so, dass, nachdem Aluawikʉʉ die sieben Lieder gespielt hatte, sich die Pforte öffnete. Er nahm die Hand der schwarzen Frau und übergab sie Sezhankua.

Seitdem ist sie unsere Mutter, die Erde. Wir nennen sie Jaba Seinekʉn. Deswegen müssen wir uns um sie kümmern und den Verantwortungen gerecht werden, die uns unsere spirituellen Väter und Mütter hinterlassen haben. Wenig später gab es Ärger. Die Brüder gingen zu Jaba Sé und sagten: »Sezhankua hat die schwarze Frau mitgenommen. Wir werden ihn verfolgen und dies wieder berichtigen. Jaba Sé sagte: »Gut, weist ihn zurecht.« Währenddessen bewässerte Sezhankua die schwarze Erde. Dies ist der Grund dafür, dass heute an den Orten, wo es schwarze Erde gibt, Yucca, Bananen und andere Feldfrüchte sehr gut wachsen. Nun verhält es sich jedoch auch so, dass an den Orten, wo die Erde nicht in Ruhe gelassen wird, viele Probleme wie Erdrutsche oder Missernten auftauchen. Deswegen sagen die alten und weisen Mamos, dass die Konflikte zwischen den Menschen aus dieser Zeit stammten. Sie sagen auch, dass wir keinen Streit mit unseren Brüdern suchen sollen.

Wenn wir durch unsere Augen auf die Erde schauen, sehen wir ein ausgedehntes Gebiet voller natürlicher Ressourcen oder im besten Fall einen Ort, an dem wir die Freizeit verbringen und uns bei einem schönen Spaziergang oder einer sportlichen Aktivität erholen können. Diese Sichtweise ist in der Geschichte begründet, die wir uns selbst über die Erde erzählen, nämlich, dass die Erde ein berechenbarer Kräftezusammenhang und nur in Teilen belebt und nur in noch geringeren auch bewusst ist. In den abrahamitischen Religionen kommt zudem das Gebot, sich die Erde untertan zu machen hinzu, das unsere Sichtweise historisch geprägt hat.

Dennoch gab es einige wissenschaftliche Versuche, diese Sichtweise kritisch zu beleuchten und ihr etwas entgegenzusetzen. Der berühmteste dieser Versuche ist die in den 1960er Jahren von der Mikrobiologin Lynn Margulis und James Lovelock vorgestellte Gaia-Hypothese. Sie besagt, dass die Oberfläche der Erde und die auf ihr angesiedelte Biosphäre *wie* ein Lebewesen betrachtet werden kann, sofern die Gesamtheit aller Organismen im Rahmen eines dynamischen Systems Bedingungen erschafft und erhält, die nicht nur Leben, sondern auch eine Evolution komplexer Organismen ermöglichen. Diese Hypothese beruht auf einer Definition von Leben, wonach sich Lebewesen insbesondere durch ihre Fähigkeit zur Selbstorganisation auszeichnen.

Den beiden Wissenschaftlern war jedoch dabei ein kleines Wort besonders wichtig: Das Wörtchen *wie*. Die Erde ist *wie* ein Lebewesen, aber sie ist keines. Lovelock betonte, dass er von einem lebendigen Planeten spricht, dies aber auf keinen Fall einen animistischen Beiklang haben sollte. Er ginge nicht davon aus, dass die Erde empfindungsfähig sei oder dass Steine zu Willensakten in der Lage seien. Er sah die Aktivitäten der Erde wie etwa die Regulation des Klimas als einen nach einem bestimmten System automatisch ablaufenden Mechanismus und nicht als bewusste Tat. Lovelock sagte, dass er diejenigen, die Trost in der Kirche fänden, genauso achten würde, wie die, die dies in der Natur täten und ihre Gebete zu Gaia sprächen.[18]

Margulis und Lovelocks »Wie« hat ein Narrativ* geschaffen, das neu und innovativ schien, jedoch einen wichtigen Aspekt nicht leistet: die Erde in unserem Verständnis von einem Objekt in ein Subjekt zu verwandeln. Damit schließen sie grundsätzlich an die Idee der unbeseelten, objekthaften Natur an.[19] Wenn die Erde ein Objekt ist, verhindert dies grundsätzlich drei Dinge: Erstens, eine individuelle Wahrnehmung und Empfindung einer wie auch immer gearteten Lebendigkeit der Erde und somit ein persönliches Verhältnis zu ihr. (Vielleicht nimmt der ein oder andere tatsächlich etwas wahr, jedoch würde dies in den meisten Fällen nicht mit dem Begriff Lebendigkeit bezeichnet werden.) Zweitens die Sicht, dass hinter Prozessen der Natur eine lebendige Intelligenz steht und eben nicht nur ein komplexes System. Und drittens die wissenschaftliche Forschung, die sich die Lebendigkeit der Erde zur Grundlage macht. Margulis und Lovelock sahen jeden Versuch, in diese Richtung zu denken, als esoterisch und damit akademisch unseriös an.

Warum erscheint eine lebendige Erde eigentlich so überaus abwegig angesichts der Millionen von Menschen, in deren Leben sie über Jahrtausende hinweg eine so zentrale Rolle gespielt hat? Das ist dasselbe, als würde man den Großteil unserer Vorfahren für geisteskrank erklären. Und doch gibt es bis heute keine wissenschaftlich anerkannte Theorie der Erde als Subjekt. Die langfristigen positiven Konsequenzen einer solchen Sichtweise liegen auf der Hand. Was wäre, wenn die Frage nach der Lebendigkeit der Erde sich gar nicht nur auf die Erde bezieht? Ist es nicht eigentlich

---

* Ein Narrativ ist die grundlegende Geschichte (das, was erzählt wird) und somit Sichtweise auf eine Situation, eine Begebenheit, einer Idee und sogar auf die Welt als ganzes.

eine Frage nach Lebendigkeit als solcher in unserer mechanisch-technischen Welt?

Für die Kogi ist die Erde ein lebendiges Wesen genauso wie ein Mensch. Ihre Lebendigkeit ist direkt erfahrbar und durch und durch alltäglich, denn die Natur ist überall: Wir atmen sie ein, wir berühren sie, wir essen und trinken sie und laufen auf ihr herum. Man kann hier also nicht von einem mystischen Glauben an eine Große Mutter als eine Art von Gottheit sprechen, sondern es liegt eine nicht zu leugnende Erfahrung vor, die sich auf der gleichen Ebene der Wirklichkeit befindet wie die Berührung eines einzigen Blattes.

Für die Kogi ist diese Berührung jedoch eine wechselseitige: Sie wird auch von einem Bewusstsein wahrgenommen. Meine Berührung hat Konsequenzen und wird gespürt und erlebt. Allein dieses Gewahrsein löst den gleichgültigen objekthaften Umgang mit der Erde auf und setzt uns in eine emotionale Beziehung. Nur etwas oder jemanden, den wir lieben, wollen wir auch unaufgefordert von uns aus schützen. Ein rationales Verständnis der Notwendigkeit des Schutzes der Erde reicht offenbar nicht aus, um wirklich eine tiefgreifende Veränderung einzuleiten. Die intrinsische Motivation, die Erde so zu schützen, wie man seine eigene Mutter schützen würde, kann nur über das Spüren der Erde als lebendiges Subjekt gelingen. Reichel-Dolmatoff schreibt dazu: »Ich denke wirklich, dass die Kogi und viele andere traditionelle Gesellschaften uns mit Erkenntnissen für den Umgang mit einigen der modernen Dilemmata helfen können und dass wir uns selbst glücklich schätzen sollten, die Zeitgenossen dieses Volkes zu sein, die uns etwas darüber lehren können, wieder ins Gleichgewicht zu kommen.«[20]

Kapitel 2

Alltäglichkeit und Wirklichkeit

Niemand ist weiter von der Wahrheit entfernt als derjenige, der meint, alle Antworten zu kennen.
Zhuangzi

Gedankliche Uniformität

Es ist Mittwochmorgen 7:00 Uhr, am 10. Februar. Mit meiner Partnerin warte ich auf die U-Bahn, die uns zum Flughafen Frankfurt bringen wird, wir fliegen gemeinsam nach Kolumbien zu den Kogi. Die Türen der U-Bahn schließen sich und lassen den kalten Februarmorgen draußen zurück. Dicht gedrängt stehen die Menschen in den Zwischenräumen um uns herum, eine bunte Mischung. Viele tragen einen Anzug und werden den beginnenden Tag vielleicht in einer der Banken Frankfurts verbringen oder in der Dienstleistungsbranche oder im Verkauf. Die meisten blicken auf ihr Smartphone, was mir als verbindende Gemeinsamkeit jenseits äußerlicher Unterschiede ins Auge springt. Der Zug fährt ruckelnd um eine Kurve, und zwei Passagiere stoßen leicht gegen ihren Nebenmann und zischen ein kurzes 'Tschuldigung. Die leuchtenden Displays in den Händen unterstreichen das dumpfe Gefühl des urbanen Trancezustands. Die Konzentration auf die erscheinenden WhatsApp-Zeilen, begleitet von einer kurzen Vibration, macht es unnötig, mit seiner Umgebung in Kontakt zu treten.

Der Zug kommt holprig zum Stehen, und auch wir schrecken aus unseren Gedanken und Beobachtungen auf. Wir müssen umsteigen. In der U-Bahn-Station laufen alle zielgerichtet mit schnellem Schritt in irgendeine Richtung, zu irgendeiner Rolltreppe, um eine Ebene nach oben oder unten zu kommen. Die Blicke der Menschen streifen einen dort sitzenden Mann. Vielleicht bemerken sie ihn, vielleicht auch nicht. Als Moment des Lebens, der Lebendigkeit oder des Kontaktes wird die morgendliche Fahrt nicht wahrgenommen. Mir kommt das Wort »Work-Life-Balance« in den Sinn. Dem Begriff folgend ist Arbeit nicht Teil des Lebens, sondern außerhalb davon, was zu der merkwürdigen Vorstellung führt, dass Leben und Arbeit sich gegenseitig ausgleichen müssen.

Beim Warten am Flughafen wandern meine Gedanken zurück, und Erinnerungen ziehen an meinem inneren Auge vorbei. Mit 18 Jahren, direkt nach Abschluss der Schule in England, war ich fast ein Jahr in Südamerika, hauptsächlich in Peru. Ich arbeitete im Heiligen Tal, in der Nähe von Cuzco, an einer landwirtschaftlichen Schule als Sport- und Englischlehrer. Im Rahmen dieses Aufenthaltes reiste ich nach Brasilien, Bolivien, Venezuela und Costa Rica. Ich hatte Interesse an anderen Ländern und Kulturen, und gleichzeitig bemerkte ich, dass ein solches »Gap-Year« heutzutage zum Trend und Aushängeschild angeblicher Weltgewandtheit geworden ist. Im Studium folgten Auslandspraktika und Aufenthalte in Mozambique, Jordanien, Pakistan, Israel und Palästina. Ich lernte andere Kulturen kennen und ein Stück weit in ihnen zu leben. Ich lernte weitere Sprachen. All das waren Schlüsselerlebnisse, aber nicht im vermuteten Sinne, denn was ich begriff, war, wie weit die Homogenisierung der Welt zu einer globalisierten Kultur und Denkweise bereits fortgeschritten ist.

Das Bild ist mir noch sehr präsent: Auf der Fahrt vom *Aeroporto Internacional de Maputo*, dem Flughafen der Hauptstadt Mozambiks, in die Innenstadt, war ich überrascht. Ich blickte aus dem Fenster, und was an mir vorbeizog, sah sehr ähnlich aus wie in Brasilien, wie in Peru oder Venezuela und das, obwohl ich mich

Tausende von Kilometern entfernt auf einem anderen Kontinent befand. Die Stadtränder vieler Orte in Südamerika und der von Maputo sahen sich zum Verwechseln ähnlich. Überall die gleichen bunt bemalten Hütten, die Coca Cola-Werbung, die kleinen Läden, die alles, was man eventuell nur irgendwie brauchen könnte, im Angebot zu haben schienen, die Straßenhändler, die ihre Karren vor sich herschiebend lauthals ihre Waren anpriesen, die von Gasflaschen, über Obst, zu selbstgebackenem Allerlei reichten. Ähnliches sah ich später auch in Amman und Islamabad.

Trotz eines immer weiter wachsenden Fundus an Reiseerfahrungen stand am Anfang eines jeden neuen Ortes immer das Staunen über neue Farben, Gerüche, Geschmäcker, Geräusche und Begegnungen. Gleichzeitig formte sich mit jedem weiteren Land das Gefühl, hinter die Unterschiede zu blicken. Ich bekam eine vage Vorstellung davon, was Globalisierung auf gedanklicher Ebene bedeutet. Gedankliche Globalisierung ist nicht nur Verbindung und Erweiterung, sondern oft auch Verlust von Ursprünglichem und Eigenem.

Ich spürte, dass in den Städten vom Himalaya in Nordpakistan über den dichten Regenwald Brasiliens, die Küste Mozambiks hin zu den Wüsten Jordaniens die augenscheinlichen Unterschiede im Weltverständnis nur oberflächlicher Natur sind. Jenseits der durchaus gegebenen Andersartigkeit des Essens, der Kleidung, der religiösen Identität, der Sitten und Gebräuche und der Sprache wird in der urbanen Gesellschaft das Verständnis der Welt immer homogener. Durch das Reisen mit »Couchsurfing«[21] entstanden schnell direkte Kontakte mit Stunden voller interessanter, intensiver und spannender Gespräche. Die Aufenthalte in den Familien ermöglichten mir Zugang zum alltäglichen Leben der Menschen. Es kristallisierte sich heraus, dass die Ziele der meisten jungen und oft auch älteren Menschen unabhängig von Religion oder Herkunft fast überall dieselben sind. Bei den meisten Menschen geht es einfach um Zugehörigkeit, soziale Anerkennung und sozialen Aufstieg, finanzielle Sicherheit, einen guten Job, Karriere, oft auch Reichtum und Luxus, um technischen Fortschritt. Doch nicht nur die

Lebensziele gleichen sich an, sondern auch die Herangehensweisen an Probleme und damit die Denk- und Sichtweisen. Damit vermindert sich einerseits die Unterschiedlichkeit möglicher Lösungswege und Ergebnisse, und andererseits werden unsere gedanklichen Begrenzungen vereinheitlicht. Diese gedankliche Angleichung und wachsende Uniformität ist in den Cafés von Islamabad, den Büros von Amman und den Banken von Lima zu finden. Diese Erlebnisse stellen den Kontext und formten damit auch die Reichweite der Begegnung mit den Kogi, die jenseits gedanklicher »Gleichschaltung« leben.

Die Wahrnehmung der Welt war traditionell stark an unseren Lebensraum geknüpft und hat sich über Jahrtausende zu dem geformt, was wir Kultur nennen. Unsere Art zu denken, die Metastruktur der Gedanken wie auch die Gedanken selbst, sind essentieller Teil davon. Dabei müssen wir uns, wie Wade Davis schreibt, die zentrale Offenbarung der Anthropologie ins Gedächtnis rufen. Sie besagt, dass unsere Lebenswelt nicht in einem absoluten Sinne existiert, sondern ein Modell der Realität darstellt. Dabei existieren Modelle mit unterschiedlichen Ergebnissen und Konsequenzen, und doch haben auch gute Modelle Begrenzungen und Probleme, genauso wie weniger gute Potentiale und Impulse bieten.

Wade Davis spricht analog zur Biosphäre von der Ethnosphäre. Die unzähligen Kulturen der Welt bilden ein Netz aus spirituellem und kulturellem Leben, das die Erde umhüllt und für das Wohl der Erde genauso von Bedeutung ist wie das biologische Lebensnetz, das man als Biosphäre kennt. Man kann dieses kulturelle Lebensnetz definieren als die Gesamtsumme aller Gedanken, Träume, Mythen, Ideen, Inspirationen und Intuitionen, die von der menschlichen Vorstellungskraft seit den Anfängen des Bewusstseins hervorgebracht und entdeckt wurden. Ähnlich wie die Biosphäre durch drastisches Artensterben reduziert wird, wird dieses großartige Vermächtnis der Ethnosphäre durch die Gleichschaltung unseres In-der-Welt-Seins abgetragen. Der Unterschied ist nur, dass dies viel schneller geschieht als in der Biosphäre. Einer der entscheidenden Indikatoren ist das Verschwinden von Sprachen. Im Verhältnis zur Gesamtzahl sterben Sprachen in einem viel schnelleren Maße aus als Tier- und Pflanzenarten. Wenn eine Sprache verschwindet, verschwindet damit eine Perspektive auf die Welt, denn manches kann nur durch bestimmte Worte einer bestimmten Sprache treffsicher ausgedrückt oder überhaupt gedacht werden.

Die Frage, ob das Aussterben von Sprachen einfach dem natürlichen Lauf der Dinge entspricht, lässt sich gedanklich leicht durchspielen. Das Szenario einer vereinheitlichten Sprache und Kultur mit Kantonesisch als Weltsprache und Inuit als Kultur, lässt die meisten Menschen schnell erkennen, was es bedeuten würde, ihre Identität zu verlieren, ihre Sprache nicht mehr sprechen zu dürfen und sich nur noch von fremden Nahrungsmitteln – hauptsächlich rohem Fisch oder Robbe – zu ernähren.[22] Dies mag vielleicht etwas überzeichnet klingen, aber erleben wir nicht genau das? Wird nicht inzwischen fast überall auf der Welt Wasser in Plastikflaschen verkauft, Fernsehen geschaut und in vielen Ländern Pizza und Burger gegessen? Das Problem dabei sind natürlich nicht die Pizza und der Burger, sondern, dass wir Möglichkeiten verlieren, die Welt zu denken.

Auch wenn sich auf den ersten Blick die Lebenswelt und das Lebensverständnis eines indischen Geschäftsmannes fundamental von dem eines brasilianischen Minenarbeiters zu unterscheiden scheint, ist es doch inzwischen in fast allen Fällen die gleiche Metapher, der gleiche Filter, der gleiche Interpretations- und Referenzrahmen, der zwischen ihnen und dem Leben steht und damit ihr In-der-Welt-Sein und ihr Die-Welt-Denken formt. Dies ist an sich nicht tragisch, sondern zeigt einfach nur, dass wir unsere Kategorien, anhand derer wir Entscheidungen treffen, Menschen beurteilen, Investitionen tätigen und sogar Politik betreiben, immer weiter globalisieren.

Die Gefahr dabei ist, dass wir unsere Begrenzungen und Blockaden vereinheitlichen und nicht mehr als solche erkennen. Die blinden Flecken gedanklicher Systeme und Weltanschauungen befinden sich auf einer Metaebene, nämlich in den Grundannahmen. Solange wir aus dem System heraustreten können, ist Erkenntnis und Weiterentwicklung möglich. Jeder, der schon einmal Ski gelaufen ist, kennt das Gefühl, wenn er abends aus den schweren Skischuhen steigt und sich auf einmal ganz leicht fühlt. Dadurch, dass den ganzen Tag die Skischuhe getragen wurden, hat man vergessen, wie es sich anfühlt, wenn das Gewicht nicht an den Füßen hängt. Das gleiche kann man beim Absetzen eines Rucksacks nach einer mehrstündigen Wanderung erleben. Wenn man jedoch in einer Gemeinschaft skischuhtragender Menschen mit Rucksäcken auf dem Rücken unterwegs ist, fällt irgendwann niemandem mehr auf, wie leicht es ohne sein könnte.

Das Thema Geld zeigt dies anschaulich. Es gibt kein einziges Land mehr auf der Erde, in dem es kein Geld gibt. Dies führt dazu, dass wir mit wenigen Ausnahmen von Klein auf lernen, weitverbreitete Ansichten über Geld zu denken, nach Geld zu streben, um unseren Lebensunterhalt zu sichern, die Familie durchzubringen, unseren Reichtum zu mehren oder auch einfach nur, um uns einen Wunsch zu erfüllen. Nun ist es jedoch so, dass vielen Menschen das Thema Geld nicht leicht fällt und dass ein gefühlter oder echter Mangel desselben einen Großteil ihrer Handlungen bestimmt. Wenn dies im gesamten Umfeld so ist, fällt es schwer sich vorzustellen, wie sich eine Alternative anfühlen würde.

Die Kogi hingegen benutzen (fast) kein Geld, und somit bestimmen weit verbreitete Glaubenssätze bezüglich Geld auch ihre Denkstrukturen und Denkmuster nicht. Theoretisch war mir schon länger bewusst, welche Auswirkungen unsere Annahmen über die Welt, also unsere Glaubenssätze, auf unser Denken und auf unser Miteinander haben. Erfahren habe ich es jedoch erst wirklich bei den Kogi, da ich dort zum ersten Mal in meinem Leben in einer Umgebung mit wirklich völlig anderen Sichtweisen war. Anders als bei uns und in vielen anderen Ländern der Erde, gibt es kein Konzept von Karriere, das um Einkommen und den damit verbundenen sozialen Status kreist.

* * *

Im Laufe meines Aufenthalts bei den Kogi wurde ich oft gefragt: »Warum nehmt ihr mehr, als ihr für euch und eure Familie braucht?«

Santiago, ein achtzehnjähriger Kogi, fragte mich einmal unverhofft, während wir in der Abendsonne am Fluss saßen und uns unterhielten: »Wann ist genug für euch?«

Ich antwortete: »Ich verstehe nicht genau, was du meinst.«

Er sagte: »Wann habt ihr das Gefühl, dass ihr so viel besitzt, dass ihr einfach in Ruhe am Fluss sitzen und der Natur lauschen könnt? Oder denkt ihr *immer*, dass ihr zu wenig habt?«

Ich erzählte ihm ein bisschen von mir, was ich für Träume habe und wie ich sie erreichen werde.

Er hakte daraufhin nach und erklärte: »Ich meine nicht nur dich, Lucas, sondern ich möchte wissen, was ihr Jüngeren Brüder als ganzes darüber denkt.«

Ich fragte zurück: »Wieso denkst du, dass wir nur eine Meinung als ganzes darüber haben?«

Er sagte etwas belustigt: »Weil ihr gleich denkt. Wir nennen euch nicht umsonst die Jüngeren Brüder, obwohl ihr verschiedene Sprachen sprecht und in verschiedenen Territorien lebt. Hier in Kolumbien bauen sie Minen, und du hast gesagt, dass es das auch bei euch in Deutschland gibt. Hier wollen die Jüngeren Brüder Land kaufen und verkaufen und woanders auch. Ihr benutzt alle Geld und wollt immer mehr verdienen. Deswegen sagen wir, dass ihr gleich denkt.«

Ich schwieg. Der junge Kogi an meiner Seite hatte begriffen, was gedankliche Globalisierung bedeutet. Bisher hatte ich es auf Unkenntnis zurückgeführt, dass die Kogi alle Nicht-Indianer als Jüngere Brüder bezeichnen, aber sie liegen mit ihrem Verständnis richtig, dass wir unsere Ansichten über die Welt und damit unsere Glaubenssätze vereinheitlicht haben. Wir schwiegen eine Weile und sahen zu, wie sich die Berge langsam in blaues Licht zu hüllen begannen.

Er sagte leise: »Das, worum es geht, ist so einfach, dass ihr es übersehen, und doch ist es jederzeit direkt vor euch. Es ist alles da.«

Wir standen auf und gingen gemeinsam zu den wärmenden Feuern, dem Duft des Abendessens folgend ins Dorf.

Das Gefühl des Mangels und die daraus folgende Konsequenz des »Immer-Mehr« ist bei uns zur Normalität geworden, nicht die Dankbarkeit für das, was da ist und was uns geschenkt wird. Natürlich gibt es auch Momente der Dankbarkeit, aber Dankbarkeit ist eben im Alltag meist nicht die Grundlage unseres Handelns. Die Kogi sind dankbar für jeden Atemzug, für jeden Schluck Wasser und für jede Kartoffel und geben dafür gedanklich und materiell etwas an die Erde zurück und sorgen so für Ausgleich. Dies beruht auf einem völlig anderen Verständnis. Wer ist denn noch wirklich dauerhaft dankbar für die Luft, die er atmet? Für die Kogi ist Dankbarkeit Normalität, tägliches Tun, doch auch wir können sie wieder in unser Leben integrieren.

Die Gefahr ist, dass wir unsere Normalität und unseren Alltag als Wirklichkeit im Sinne einer Alternativlosigkeit wahrnehmen. Somit sind wir die Gefangenen unserer eigenen Ideen und Konzepte, die wir für die Realität halten. Es liegt in der Natur der Sache, dass wir das, was wir wahrnehmen, für die Wirklichkeit halten. Dabei vergessen wir jedoch, dass es nur unsere Wahrnehmungswelt ist. Theoretisch ist vielen Menschen vielleicht bewusst, dass es natürlich auch andere Möglichkeiten des Lebens, des In-der-Welt-Seins gibt, grundsätzlich andere Arten, die Dinge zu sehen. Wenn wir dies jedoch nie erfahren, weil das, was wir in unserer Lebenswelt etwa in Form verschiedener politischer Ansichten für gedankliche Vielfalt halten, in zentralen Punkten auf den gleichen Grundannahmen beruht, dann bleibt die Möglichkeit des Anderen Spekulation. Es bleibt das Thema der Philosophen, die in akademischen Elfenbeintürmen Utopien erdenken, Utopien, die dazu bestimmt scheinen, im Raum der unerfüllten und unerfüllbaren Träume zu bleiben. Für den Alltag haben sie wenig bis keine Relevanz. Dabei geht es nicht darum, so zu werden wie die Kogi, sondern unsere eigenen Sichtweisen und unbewussten Dynamiken als bedingt und nicht als alternativlos zu erkennen.

Kurt Tucholsky wird der Satz zugeschrieben: »Die meisten Leute feiern Weihnachten, weil die meisten Leute Weihnachten feiern.«

Er führt uns so vor Augen, wie unser Handeln seinen Grund und damit seinen Sinn verliert. Denn wenn es für ein bestimmtes Verhalten oder eine kulturelle Praktik keinen anderen Grund mehr gibt, als dass es alle machen, ist der Sinn verlorengegangen. Es gibt dann keine Geschichte, keine Erinnerung mehr.

Die Kogi sagen, dass ein Volk ohne Erinnerung ein totes Volk sei. Sie beschreiben damit, was geschieht, wenn die komplexen Systeme der alltäglichen Handlungen ihren Sinn verloren haben und damit tote Handlungen geworden sind. Tot, weil sie nicht mehr sinnhaft sind, sondern sich zu Automatismen und nicht hinterfragten Systemen verselbstständigt haben. Sie folgen vielleicht noch Zielen; diese Ziele sind jedoch in keinen Sinn eingebettet. Wenn wir zum Beispiel nicht mehr wissen, warum die männliche Geschäftskleidung aus Anzug und Krawatte besteht, dann verlieren wir den Bezug zu diesen Dingen, und sie existieren nur noch als sinnentleerte Hüllen. Anzug und Krawatte gehören zur Etikette, aber warum, welche Verbindung stellen sie her? Noch deutlicher wird dies, wenn plötzlich auch Geschäftsmänner in Indien in Anzug und Krawatte zur Arbeit gehen. Sie kopieren damit eine Äußerlichkeit, die absolut nichts mit ihnen zu tun hat.

Auch Unternehmen denken so und kopieren das äußerliche Verhalten der erfolgreichen anderen, ohne zu wissen, was eigentlich dahintersteht. Dabei ist es weniger wichtig, das »Warum« intellektuell begründen zu können, als es zu spüren. Viele dieser intellektuellen Begründungen können gleichfalls vollkommen sinnlos und künstlich sein, wie etwa so mancher Begleittext zu einem optisch nicht direkt überzeugenden Werk moderner Kunst. Dieser Mangel an Sinngefühl und Erinnerung unterscheidet uns von den Kogi. Für uns ist es sogar zur Normalität geworden »Sinnfindung« zu betreiben. Ein Gedanke, der so absurd ist, dass wir ihn uns einmal auf der Zunge zergehen lassen sollten. Wenn wir den Sinn erst noch finden müssen, haben wir dann unser ganzes bisheriges Leben sinnfrei oder sinnlos gelebt? Was für ein Bild wirft das auf unsere Handlungen?

Um unsere Moderne als Alltäglichkeit zu erkennen und von der Wirklichkeit zu unterscheiden, ist es notwendig aus ihr heraustreten zu können. Das gleiche gilt auch für die aus ihr abgeleiteten Lebensbereiche wie Business, Familie, Gesundheit, Erfolg usw. Nur so wird unsere Weise, die Welt zu sehen, als relativ und begrenzt erfahrbar. Ursprünglich lebende Naturvölker stellen heute eine der wenigen Formen von Mentalitätsinseln dar, die die steigenden Wasserstände der gedanklichen globalen Uniformität auf diesem Planeten hinterlassen haben. Sie sind das wenige »Außerhalb«, das uns geblieben ist.

Anders, als vielen andere Naturvölkern, ist es den Kogi gelungen, ihre Ursprünglichkeit in einem hohen Maße zu erhalten und Verwässerungen durch die kolumbianische Mehrheitsgesellschaft geringzuhalten. Genau darin liegt der unglaubliche Reichtum für uns. Hier ist eine der letzten Möglichkeiten, die Lebenswelt eines Volkes zu erleben, deren Gedankenwelt nicht vom Paradigma der Moderne beherrscht wird. Sie kennen weder Geld noch Industrie, noch Märkte oder Staaten und haben somit auch nicht die damit einhergehenden gedanklichen Blockaden und Begrenzungen. Gleichzeitig haben sie in ihrem Denken ganze Erkenntnisbereiche bewahrt, die es bei uns mit größter Wahrscheinlichkeit auch gab, die aber inzwischen vergessen worden sind. Dieser doppelte Reichtum, nicht durch das Übliche blockiert zu sein und sich gleichzeitig an Ursprüngliches zu erinnern, ist es, was wir in den nächsten Jahren immer mehr zu schätzen lernen werden. Gerade erst erhalten wir eine Ahnung, welche Innovationsmöglichkeiten und Lösungen dies bereithält. Doch zuerst möchte ich erzählen, wie wir zu ihnen kamen.

Zwischen den Welten

Santa Marta am Fuße der Sierra Nevada. Nach einem kurzen Stopp in Bogotá und weiteren anderthalb Stunden Flug landen wir, die Türen der Kabine öffnen sich und die feuchtheiße Karibikluft schlägt uns wie eine Wand entgegen. Abends kurz vor zehn liegen die Temperaturen noch immer bei über 30°C. Nachdem wir ein kleines Hostel gefunden haben, schlendern wir durch die Straßen. Der Wind weht kräftig und heiß in unsere Gesichter. Eine Böe wirbelt Staub auf, der in jede Ritze dringt und uns die lange Trockenperiode spüren lässt, denn seit fast drei Monaten hat es hier keinen einzigen Tropfen mehr geregnet. Es sind nicht mehr viele Menschen unterwegs, und die fahlen gelblichen Lichter der Straßenlaternen verleihen den Straßenzügen eine fast melancholische Stimmung. Die Geschichten, die diesem Ort innewohnen, sind so anders als die in Deutschland, und es scheint, als würde der Wind sie erzählen, fein, fast unhörbar, bemerkbar nur für den, der genau lauscht und zuhört.

Der Taxifahrer, der uns vom Flughafen ins Stadtzentrum fährt, erzählt uns, dass Santa Marta die älteste Stadt des lateinamerikanischen Kontinents sei. Genau damit beginnen wir mit den verschiedenen Geschichten in Kontakt zu treten, die diesen Ort bestimmen. Die Geschichte des Taxifahrers ist auch unsere Geschichte, »Weltgeschichte«, aber nicht die einzige. Natürlich gab es lange vor der Ankunft von Kolumbus bereits Städte auf diesem Kontinent. Keine 100 Kilometer entfernt liegt die *Ciudad Perdida*, die verlorene Stadt. Der eigentliche Name dieser Stadt, so erzählen uns die Kogi später, laute *Teyuna* und verloren sei sie ganz und gar nicht. Sie lebt, und wir sind es, die sie nicht achten, indem wir sie zum Objekt des Tourismus machen.

Santa Marta ist nur die älteste Stadt unseres modernen Verständnisses der Welt. Der palästinensische Schriftsteller Mourid Barghouti schreibt, dass der einfachste Weg, ein Volk zu entmachten, darin besteht, seine Geschichte zu erzählen und mit »Zweitens« zu beginnen. Konkret bedeutet dies, ein Narrativ zu erschaffen, das nicht am Anfang beginnt und damit die Bezüge wesenhaft aus dem Zusammenhang reißt und verfälscht. Die Kolumbianer beginnen ihr Narrativ mit der Ankunft von Kolumbus und erkennen somit den Kogi die Hoheit über ihr angestammtes Land ab. Die Stadt *Teyuna* spielt in der Welt des Taxifahrers keine Rolle. Er weiß nicht einmal, dass dies ihr eigentlicher Name ist. Zwar weiß er, dass die andere Welt, der die *Ciudad Perdida* angehört, existiert, doch hat er keinen Bezug zu ihr. Obwohl die Welt der Kogi gerade einmal zwei Stunden von Santa Marta entfernt beginnt, ist der Taxifahrer noch nie dort gewesen. Für ihn ist sie so weit entfernt wie Deutschland. Vielleicht sogar noch weiter. *Jate Teyuna,* der Vater des Windes, ist der Hüter der »verlorenen Stadt«. Doch genauso wie die Stadt für die *Samarios*, die Einwohner Santa Martas, verloren ist, ist auch der Herr der Winde für sie vergessen. Für die Kogi jedoch lebt *Jate Teyuna*, er hütet den Wind wie am Anfang der Zeit, und zwar jenen Wind, der uns an diesem Abend ins Gesicht weht.

Der Taxifahrer erzählt uns, dass es in Santa Marta verboten sei, dass zwei Männer gemeinsam auf einem Motorrad fahren. Der Grund dafür sei, dass zu viele Menschen von vorbeifahrenden, bewaffneten Männern auf Motorrädern erschossen worden seien. Man erzählt uns, dass sich die Situation verbessert habe, jedoch wird im gleichen Atemzug erwähnt, dass alle Ebenen der Stadtregierung immer noch von Günstlingen der Paramilitärs durchzogen seien, die den zwei, drei mächtigen Familien Santa Martas in die Hände spielen. Die Kriminalität sei hoch und das Verschwinden von Menschen an der Tagesordnung. In Kolumbien seien allein im Januar und Februar über 80 Menschen verschwunden, die sich für Menschenrechte, Umweltschutz, Indianerrechte und die Freiheit im allgemeinen eingesetzt hatten, so erzählt man uns. Wenn jemand in Kolumbien verschwindet, heißt das fast immer, dass er gefoltert, ermordet und irgendwo verscharrt wird. Aufgeklärt werden diese Fälle in der Regel nicht oder, wenn überhaupt, erst in der Mitte der nächsten Regenzeit, wenn die Fluten die Erde abtragen und alle möglichen hässlichen Verbrechen ans Licht bringen.

Keine zwei Stunden entfernt davon lebt ein Volk, in dessen Sprache es kein Wort für Feind gibt. Seine Städte sind nicht verloren und seine Kultur lebt. Die Sichtweise der meisten *Samarios* auf die Kogi und ihre Welt hat sich seit der Ankunft der Spanier nicht groß gewandelt. Viele von ihnen sehen sie weiterhin als tiergleiche, auf jeden Fall jedoch rechtlose Wilde.

Die goldreiche Hochkultur der *Tayrona* ist für die meisten Kolumbianer so fernab ihrer alltäglichen Lebenswelt wie für uns die Nibelungensage. Es besteht die starke Vermutung, dass es sich bei der *Ciudad Perdida* um das legendäre El Dorado gehandelt hat. Den einzigen Kontakt zu dieser Wirklichkeit unterhalten die kolumbianischen Grabräuber, die zuweilen so zahlreich gewesen sind, dass sie sogar eine eigene Gewerkschaft gründeten. Sie fördern mit viel Glück aus alten Tayrona-Gräbern goldene Figuren von großartiger Kunstfertigkeit zutage, die sie auf dem Schwarzmarkt an Zwischenhändler verkaufen, die diese dann interessierten Kunstliebhabern aus aller Welt anbieten. Abseits davon sind die *Tayrona* nur in den Namen von Tourismusagenturen und Abenteuerveranstaltern vertreten.

Die Hinweisschilder im *Parque Tayrona* verorten das Leben dieser Hochkultur in der tiefsten Vergangenheitsform: *Muchos siglos antes de ser utilizada como atractivo turístico, las comunidades Koguis y Arhuakas visitaban esta playa sagrada para hacer pagamiento a la madre tierra y así mantener el equilibrio planetario. – Viele Jahrhunderte bevor dieser Strand ein touristisches Ziel wurde, kamen die Gemeinschaften der Kogi und der Arhuacos hierher, um pagamiento an die Mutter Erde durchzuführen, um dadurch das planetare Gleichgewicht zu erhalten.* Man gewinnt den Eindruck, es mit etwas ganz und gar Musealem und Ausgestorbenem zu tun zu haben. Tatsächlich aber machen die Kogi bis zum heutigen Tag *pagamiento,* allerdings vorwiegend in den Bergen. Sie würden es jedoch auch wieder an der Küste tun, wenn ihnen Zugang zu diesen Heiligen Orten gewährt würde.

* * *

Einige Tage später stehen wir an der Busstation von Santa Marta und versuchen herauszufinden, welches der verschiedenen Busunternehmen sich am besten für unsere vierstündige Fahrt nach Valledupar eignet. Eine Traube von ungefähr acht Verkäufern steht um uns herum, und alle versuchen, uns in Richtung ihres Busses oder Kleinbusses zu zerren. Dabei brüllen sie durcheinander und preisen die Vorzüge ihres Fahrzeugs mit denkwürdigen Slogans wie »ist nicht kaputt«, »gute Klimaanlage, wirklich sehr kalt« oder »fährt auch bis ganz zum Ziel« an. Schließlich entscheiden wir uns nach dem Zufallsprinzip für ein Unternehmen, bezahlen das Ticket und warten. Eine Stunde nach der angegebenen Abfahrtszeit fährt der Kleinbus dann auch wirklich los. Die Klimaanlage kühlt das Fahrzeug auf gefühlte 12°C, und aus den Lautsprechern dröhnt der *Vallenato*, die typische Volksmusik Kolumbiens und besonders dieser Gegend. Man hätte auch nichts anderes erwarten können, immerhin befinden wir uns auf dem Weg in den Geburtsort des Vallenato, nach Valledupar.

Am nächsten Morgen machen wir uns in Valledupar auf den Weg zur *Casa Indígena*, der Niederlassung der *Organización Gonawindua Tayrona*. Schon vor unserer Abreise haben wir uns für diesen Tag dort mit Mama José Gabriel verabredet. Es ist Sonntagmorgen, und die Straßen liegen wie ausgestorben. Ein paar Autos fahren umher, und wir sehen nur vereinzelte Fußgänger. Mit unseren vollen Rucksäcken auf dem Rücken schieben wir das schwere eiserne Tor zum Innenhof der *Casa Indígena* auf. Es ist niemand da. Also setzen wir uns unter den großen Mangobaum des Innenhofes und warten. Um die Mittagszeit steigen die Temperaturen auf bis zu 40°C an. Wir überlegen, wie es weitergehen soll, und beobachten, wie die trockenen losen Blätter von kleinen Windhosen angehoben und umhergewirbelt werden. Wie würde der Aufenthalt in der Sierra bei den Kogi werden? Einige Arhuacos betreten die Casa, entfernen sich jedoch schnell in die hinteren Gebäude des Grundstücks. Nach etwa einer Stunde kommt aus einem der Räume ein Mamo der Wiwa, und wir fragen nach Mama José Gabriel. »Ja«, sagt der Wiwa, »José Gabriel habe ich heute Morgen bei einer Besprechung getroffen; nun befindet er sich schon wieder auf dem Weg in sein Dorf.«

Unser Gedanken rasen: Wir hatten ihn verpasst. Waren wir zu spät? Hatten wir uns in der Zeit getäuscht? Hatte er unsere Verabredung womöglich vergessen? Wir wussten nicht, was wir tun sollten. Wir kannten den Weg in das Dorf nicht und hatten auch sonst keine Möglichkeit, Kontakt zu Mama José Gabriel aufzunehmen, denn die meisten Kogi besitzen natürlich weder Handy noch Telefon. Der Mamo der Wiwa sah mich eindringlich an, und als er den Anflug meiner emotionalen Krise bemerkte, fragte er, warum wir zu Mama José Gabriel wollten und, etwas harsch, was wir überhaupt bei den Kogi verloren hätten. Als ich ihm unser Anliegen erklärt hatte, bat er mich, kurz zu warten.

Eine Stunde später fuhr plötzlich ein altes, rostiges Auto vor. »Ich habe einen Freund, der euch nach Altamira bringt. Da müsst ihr nach Juan fragen, der kann helfen«, sagte der Mamo der Wiwa auf Spanisch. Wir zögerten. Kolumbien ist kein Land, in dem man einfach zu jemandem ins Auto steigt, und schon gar nicht, wenn es nicht einmal ein Taxi ist. Wir waren sehr nah an der Grenze zu Venezuela und wussten, dass die Guerilla hier noch aktiv ist, von den Paramilitärs ganz zu schweigen. Von den Titelblättern der Zeitungen starren einem täglich die Gesichter der kürzlich Ermordeten oder Entführten an. Wir überlegten kurz und sahen, dass das heute unsere einzige Chance zu Mama José Gabriel zu gelangen war. Wir kauften schnell ein paar Lebensmittel im *centro comercial*, da ein Freund uns gesagt hatte, dass die Kogi es erwarteten, dass man so viel mitbrächte, wie man in etwa während des Aufenthalts bei ihnen verbrauchen würde. So würde kein Ungleichgewicht entstehen. Wir kauften so viel, wie wir noch irgendwie unterbringen konnten, jeder ungefähr zwölf Kilo: Reis, Kartoffeln, Fisch in Dosen, Linsen, Öl. Gott sei Dank hatten wir unser restliches Gepäck leicht gehalten und hofften außerdem, dass es oben im Gebirge Maultiere für das Gepäck geben würde, wie selbiger Freund uns mitfühlend versicherte.

Wir wussten nicht, wohin es ging. Der Staub drang durch die scheibenlosen Öffnungen der Seitenfenster des Autos herein, und der Vallenato begleitete die holprige Fahrt über die ungeteerte Straße. Diomedes Diaz säuselte »*...tiene razón ella, tiene razón en* *ciertas cosas, porque deberás yo reconozco de que si soy mujeriego...*«** Die verträumt melancholischen Akkordeonklänge und der Staub schienen die verbindende Konstante dieses Teils von Kolumbien zu sein. Der Weg war gesäumt von dürren Rindern, die in der glühend heißen Sonne im Schatten der wenigen Bäume lagen. Das Gras ihrer Weiden war am Ende der Trockenzeit völlig gelb und verdorrt. A., unser Ziel, ist das Zentrum dessen, was von den Kankuamo und ihrer Kultur übriggeblieben ist. Die weiß getünchten Steinhäuser und die kleine Kirche in der Dorfmitte könnten jedoch auch irgendein anderes kolumbianisches Provinznest zieren. Wenig deutete auf den ersten Blick auf die indigenen Einwohner hin. Überall saßen Männer mit Cowboyhüten herum.

Wir fuhren durch die engen, windigen Straßen in Altamira.* Plötzlich hielt der Fahrer vor einem Haus, unter dessen Vordach eine Großfamilie saß. Die jungen Frauen tippten auf ihren Handys herum, die Kinder liefen durch die Gegend und die Männer bastelten an ihren Motorrädern. Unser Fahrer ging auf sie zu und redete kurz mit ihnen. Ein Mann stand auf und begrüßte uns. Plötzlich waren alle Augen der Gruppe neugierig auf uns gerichtet.

»Ist Juan da? Wir möchten gerne mit ihm sprechen«, fragten wir.

»No«, antwortete er und betrachtete uns skeptisch. »Er ist in der Stadt. Was wollt ihr?«

Wir erzählten unsere Geschichte, und die Mienen hellten sich auf. Man würde uns helfen, ja. Eine halbe Stunde später standen zwei Halbstarke mit Cross-Motorrädern im Vorgarten. Sie würden uns nach Tarquilla bringen und von dort ginge es mit Maultieren in das Dorf der Kogi, nach Machukúmake.

»Yo llevo la embra«,✦ sagte einer der beiden Motorradjungs zu seinem Kumpel und bat meine Partnerin aufzusteigen. Wir stiegen

---

* Alle Ortsnamen zum Schutz der Kogi geändert.

** »...sie hat recht, in bestimmten Dingen hat sie recht, weil du es verdenken wirst, gebe ich zu, dass ich ein Weiberheld bin...« (el condor herido)

✦ »Ich nehme das Weibchen mit.«

auf, und los ging es nach Tarquilla, dem letzten Außenposten der kolumbianischen Gesellschaft, der Moderne, auch wenn man, abgesehen von den allgegenwärtigen Smartphones, eher das Gefühl bekam, in den 1970er Jahren gelandet zu sein. Dahinter beginnt das Land der Indianer.

Diese Motorradfahrt war eines der absurdesten Erlebnisse meines Lebens. Wir saßen jeder zu zweit auf einem Motorrad mit je einem großen Rucksack auf dem Rücken und einem kleinen vor der Brust, während wir uns festklammerten, um ja nicht in einer Kurve oder einem Schlagloch verlorenzugehen. Der Weg nach Tarquilla hatte mehr Ähnlichkeiten mit einem trockenen Flussbett als mit einer Straße. Immer wieder war die Piste von bis zu einem Meter tiefen sandigen Furchen durchzogen, an anderen Stellen befanden wir uns eher auf einem alpinen Geröllfeld als auf einer Straße. Die beiden Jungs drehten das Gas stark auf, um es den steilen Berg hoch zu schaffen, und eine gute halbe Stunde später voller Geholper und Geschlitter fanden wir uns auf einem Stück geteerter Straße wieder. Das bizarre Vergnügen währte jedoch nicht lange. Nach wenigen Kilometern wurde die Straße wieder zur Piste und kurz darauf erreichten wir tatsächlich Tarquilla. Bis heute frage ich mich, warum mitten in der Piste auf einmal ein Stück Straße geteert war. Die Uhr zeigte 16:30, die Temperaturen waren trotz der Nachmittagssonne wegen der höheren Lage sehr angenehm, für karibische Verhältnisse sogar fast ein bisschen frisch.

Wir hielten nach Kogi mit Maultieren Ausschau, die uns und unser Gepäck nach Machukúmake bringen sollten. Auf der Fahrt hatte uns schon die Ahnung beschlichen, dass es keine Maultiere geben würde und dass wir unser Gepäck, das durch die jeweils zwölf Kilo Essen zusätzlich beschwert war, alleine nach Machukúmake würden tragen müssen. So war es dann auch. Wir fanden einen ungefähr 70-jährigen Kankuamo, der uns den Weg nach Machukúmake, bringen würde. Er ging voran, wir hinterher. Der Mann war sehr gut zu Fuß und ging forschen Schrittes voran. Um nicht abgehängt zu werden, mussten wir uns sputen und teilweise sogar joggen. Weder schaute er sich auch nur ein einziges Mal um, noch machte er eine Pause. Irgendwann hatten wir die trockene, von der Sonne verdorrte Savannenlandschaft hinter uns gelassen und liefen bei hereinbrechender Dunkelheit durch einen kleinen Wald mit rauschenden Bächen und üppigem Grün. Wir begegneten einigen Kogi, die mit ihren Maultieren oder Kühen unterwegs waren. Wir fühlten deutlich: Eine Schwelle war überschritten.

Wir hatten eine Welt verlassen und waren in eine andere eingetreten. Eigentlich befanden wir uns noch im Niemandsland, im Raum dazwischen, zwischen der kolumbianischen Gesellschaft und den Kogi, zwischen dem ausgedörrten, überweideten Grasland und den grünen Hügeln der Sierra. Physisch waren die Unterschiede überall sicht- und spürbar, und allein schon der Gang der Kogi auf dem Weg sowie ihre Blicke, die uns unentwegt und eindringlich musterten, zeugten von diesem Übergang. Nachdem die letzten Sonnenstrahlen erloschen waren, begannen die Berge sich in ein tiefes Blau zu hüllen. Das Licht wurde langsam fahler, während gleichzeitig die Welt, die wir kannten und in der wir uns zurechtfanden, hinter uns verblasste.

Es war gerade vollständig dunkel geworden, als Mama José Gabriel seinen Kopf aus dem *nuhué*, dem Zeremonialhaus, herausstreckte und uns ansah: »Ah, da seid ihr ja. Ich wusste nicht, ob ihr heute noch kommt. Ihr habt schon einmal das Datum geändert. Da hinten ist eure Hütte, da könnt ihr eure Hängematten aufhängen.« Daraufhin verschwand er wieder in die Schwärze des Zeremonialhauses.

Es war Ende Januar gewesen, als wir ganz unverhofft einen Anruf von Arregoces aus Kolumbien erhalten und ein Datum für unser Treffen mit Mama José Gabriel vereinbart hatten. Nach diesem Gespräch und einem Nachmittag mit Flugpreisvergleichen hatte sich jedoch herausgestellt, dass es halb so teuer war drei Tage später zu fliegen. Wieder telefonierten wir über Arregoces mit Mama José Gabriel und fragten, ob ein Treffen auch am 14. Februar möglich wäre. »Ist in Ordnung«, war die Antwort. Nun standen wir da, in Machukúmake. Für den Mamo war unsere Wankelmütigkeit bei der Terminabsprache Grund genug gewesen, nicht in Valledupar auf uns zu warten.

Außenansicht

Oft sind wir nicht in der Lage, die Gedanken und das Handeln der Naturvölker im allgemeinen und das der Kogi im besonderen zu verstehen. Dies beruht durchaus auf Gegenseitigkeit. Sie verstehen genauso wenig, warum wir die Dinge so tun, wie wir sie tun. Es handelt sich wirklich um zwei verschiedene Arten, in der Welt zu sein. Diese beiden Welten liegen im Fall von Tarquilla und Machukúmake eine gute Stunde Fußweg auseinander. Genau diese vermeintliche Nähe und doch so große Ferne wirft viele Fragen auf. Wie ist es möglich, dass Kogi und Kolumbianer, die so nah beieinander wohnen, die Welt so unterschiedlich wahrnehmen?

In unserem Fall ist die Situation eine andere. Wir Europäer leben seit einigen Jahrhunderten bereits fern von denen, die wir als Naturvölker bezeichnen, außer vielleicht Menschen wie den Sami, die noch im äußersten Norden von Europa zu Hause sind. Wir haben schon seit sehr langer Zeit keine Menschen mehr in unserer Nähe, für die zum Beispiel die Erde lebendig ist und Träger von Bewusstsein und die diese Sichtweise leben. Einige Reste davon sind vielleicht in manchen Regionen wie unter anderem im Alpenraum oder auf Island oder Schottland im Volksglauben verblieben. Dieser Volksglaube ist für viele jedoch nichts anderes als Aberglaube oder einfach nur verstaubtes Überbleibsel einer lang vergangenen Zeit, die heute bar jeglicher Relevanz ist. Vor allen Dingen ist es ein Glaube und kein Wissen. In dieser Hinsicht hat die Entwurzelung der Menschen durch die Industrialisierung im 19ten Jahrhundert ganze Arbeit geleistet.

Natürlich gibt es einzelne, die von der Lebendigkeit der Erde ausgehen und zum Teil auch so leben, jedoch gehen sie im Meer der Subkulturen unter. Ihre Sichtweise fällt in den Bereich privater

Vorlieben, wie man zum Beispiel auch in seiner Freizeit auf Ritterfeste gehen oder sich zum Modelleisenbahnbauen treffen kann. Wir haben somit auch keine Referenzpunkte, keine Orte in unserer geografischen Nähe für das Erleben eines wirklich anderen Denkens. In Kolumbien ist dies anders. Die Einwohner von Santa Marta, Valledupar, Rio Hacha, selbst Tarquilla stehen auf der einen Seite, die Welt der Kogi auf der anderen Seite. Niemand in Tarquilla spricht mehr als vielleicht zehn Worte *kággaba*, die Sprache der Kogi. Ihre Lebensweise unterscheidet sich grundlegend von den Menschen, die in Machukúmake und weiter oben in der Sierra leben, von denen sie sich fast nichts abgeschaut oder übernommen haben, um zum Beispiel ihre Felder nachhaltiger und effizienter zu bewirtschaften.

Die Möglichkeit eines Dialogs zwischen den Kulturen ist heute, im 21. Jahrhundert, jedoch nicht nur eine Frage der geographischen Zugänglichkeit, sondern auch der Bereitschaft, sich mit diesem »Anderen« auseinanderzusetzen. Die Menschen in Tarquilla zum Beispiel leben in Laufnähe zu den Kogi und wissen doch so gut wie nichts über sie. Sie haben auch kein Interesse, daran irgendetwas zu ändern. Zwar sehen sie, wie die Kogi ihre Gärten pflegen und ihre Tiere halten und dass es dabei, im Gegensatz zu den Gärten und Weiden in Tarquilla, nicht zu einer Überweidung und großflächiger Verkarstung kommt. Und trotzdem kommen sie nicht auf die Idee, das Offensichtliche zu tun und die Kogi zu fragen, wie ihnen das gelingt. Liegt dies einfach am generellen Unwillen, sich zu verändern? Vielleicht. Liegt dies an der Vorstellung der meisten Kolumbianer, dass Indianer primitive Wilde seien und ihr Wissen nicht wertvoll? Ganz sicher auch.

Wir Europäer teilen, trotz augenscheinlicher Unterschiede, im großen und ganzen die Lebenswelt der Kolumbianer. Ausschlaggebend hierfür sind die Grundgedanken, die unser Leben und unseren Alltag bestimmen. Diese uns gemeinsame Alltäglichkeit ist die globalisierte Moderne, und sie bestimmt das, was wir als Norm und als normal wahrnehmen. Darin enthalten ist die normative

Bewertung, dass es damit irgendwie schon seine Richtigkeit haben muss – trotz aller vorgebrachten Kritik. Das ganze nennt sich dann kurz und einfach »Zeitgeist«.

Für einen wirklichen Bezugspunkt außerhalb der eigenen Box ist also zweierlei nötig: die Bereitschaft, ungewohnte gedankliche Orte aufzusuchen, aber auch die Möglichkeit des direkten Erlebens. Im Folgenden wollen wir uns daher auf die Kerngedanken der Kogi einlassen und die Prinzipien, nach denen sie ihr Handeln in der Welt ordnen und ihre Entscheidungen fällen.

Kapitel 3

Geschichten

Die Geschichten, die wir uns selbst erzählen,
sind das Potential unserer Existenz.
Wir sind die Geschichten, die wir uns erzählen.
Shekan Kapur

Mytho-Logik

»Porque ustedes hacen esto?«* fragte ich den alten Mamo oft, wenn er mir etwas erklärte »Porque historia dice así!«** antwortete er dann manchmal und erzählte mir lange Abende die entsprechende Geschichte. Die Mamos sagten immer wieder, dass wir nach den Geschichten in unserem Leben fragen sollen, da sie es sind, die unsere Zukunft bestimmen. »Welche Geschichten erzählt ihr einander? Und was erzählt ihr euch selbst?«, fragte mich Mama Bernardo. »Erzählt ihr Geschichten vom Leben und von schönen Gedanken?« fügte Mama José Gabriel hinzu. »Unsere Geschichten sagen uns, wie wir miteinander gut umgehen, wie wir gut leben und wie wir die Erde hüten. Nur wenn wir gute ursprüngliche Geschichten haben, handeln wir angemessen. Unsere Geschichten sagen uns, wohin wir gehen und was unsere Aufgabe ist, denn wir erinnern uns noch. Wenn wir sie erzählen, orientieren wir uns und ordnen uns.« Für die Kogi sind ihre lebendigen Geschichten das Rückgrat

---

* »Warum macht ihr das?«

** »Weil unsere Geschichte dies so erzählt!«

ihres Selbstverständnisses und Grundlage für Handlungsethik und Entscheidungsfindung. Sie nutzen den ihnen innewohnenden Sinn und die durch sie transportierten Antworten und Lösungen gezielt, um ihre Beziehungen zu sich selbst, der Gemeinschaft und dem Land zu pflegen und zu ordnen. Darin ähneln die lebendigen Geschichten der Kogi zum Beispiel den von den Gebrüdern Grimm gesammelten Volksmärchen, in denen unmittelbar anwendbare Weisheit auf einer tiefenpsychologischen Ebene vermittelt wird. Diese lebendigen Geschichten unterscheiden sich klar von nur emotionalisierenden »Storys«.

Geschichten haben eine große Bedeutung nicht nur für die Kogi, sondern in Form von Mythen, Sagen, Märchen und Legenden für alle Kulturen der Welt. Dem menschlichen Handeln und In-der-Welt-Sein liegt eine narrative Struktur zugrunde. Das Wissen um die große Wirkung und Motivationskraft von Geschichten hat unter dem Modewort »Storytelling« Einzug in die Geschäfts- und Verkaufswelt gehalten und prägt in der psychologisch bestechenden Sequenz der Heldenreise die narrative Struktur von großen Hollywood-Filmen. Einerseits sind wir psychologisch, andererseits sogar neuronal und damit physiologisch darauf geeicht, uns an Geschichten zu orientieren, denn sie erzeugen Emotionen und Gefühle in uns und eröffnen Sichtweisen und Handlungsimpulse. Unabhängig von der Faktizität historischer Abläufe lebt die menschliche Psyche immer in der interpretativen Geschichte derselben, also in dem, was die historischen Abläufe für mich bedeuten. Dies ist ein unauflöslicher Faktor der menschlichen Existenz. Die Frage Mama José Gabriels ist demnach eine sehr berechtigte: Welche Geschichten erzählen wir uns über die Erde, die Menschheit, uns selbst und unser Handeln? Welche Geschichten sind in uns wirksam, und welche Geschichten enthalten den Schlüssel für ein gutes und gelingendes Leben?

Die Kogi wissen, dass Geschichten genauso große Chancen wie Gefahren bergen, und legen daher viel Wert darauf, welche Geschichten sie erzählen, insbesondere mit Hinblick auf ihre Aufgabe, das »Herz der Welt« zu hüten. Spirituelle Traditionen, politische

Ideologien, Religionen, die moderne Naturwissenschaft, aber auch Filme, Romane und die sozialen Medien erzählen wirkende Geschichten über die Welt, die die Sichtweisen, Bewertungen und Antworten auf Grundfragen des Lebens anbieten. Sie agieren somit nicht nur als Mittler zwischen uns und der Wirklichkeit, sondern auch als interpretativer Filter und vermögen als solche, Kräfte freizusetzen oder zu blockieren. Trotz alledem sind Geschichten heutzutage mit dem Beigeschmack des Fiktiven behaftet, an das man gleichsam grundsätzlich »nicht glaubt«, und nehmen einen untergeordneten Platz in der modernen Wissensökonomie ein.

Im alten Griechenland galten Mythos und Logos als unteilbare, zusammengehörige Pole von Weisheit und Wissen, wobei »Mythos« den bildlich-intuitiven Zugang zur Welt beschreibt, der über Gefühle und Emotionen wirkt, und »Logos« die Logik, die rational-faktische Sicht auf die Dinge, die ihren Zugang über das Mentale findet. Durch das Zusammenspiel von beiden Aspekten – und nur dadurch – ist ein ausgeglichenes Wissen und ein echtes Begreifen möglich. Wenn wir einen der beiden Aspekte zugunsten des anderen abwerten oder vernachlässigen und so das Miteinander in ein Gegeneinander verkehren, dann entsteht ein folgenschweres Ungleichgewicht sowohl auf individueller als auch auf gesellschaftlicher Ebene. Die derzeit dominante Abwertung beziehungsweise das Nicht-Ernstnehmen des Mythos-Pols und seine Verschiebung in die Freizeit hat zur Folge, dass sich die hypnotische Wirkung bestimmter Geschichten extrem verstärkt, gerade, weil wir sie nicht ernst nehmen und bewusst kanalisieren. Einerseits besetzen so bestimmte, nicht nährende Geschichten unbemerkt den Platz des Realen. Andererseits legt dies die Grundlage für eine tiefe Sucht nach mythischer Anbindung, auf deren Bedienung unsere fastfood-ähnliche Entertainment- und Marketing-Industrie beruht.

Wird das Gleichgewicht zwischen Mythos und Logos gestört, so ist das Resultat Extremismus und Fanatismus, und zwar sowohl bei Menschen, die sich der mythischen oder religiösen Seite zuordnen, als auch bei jenen, die sich der Logik verschreiben. Auf der einen

Seite entwickelt sich eine objektive Naturwissenschaft, in der Intuition, Gefühle und Mythos als subjektive Größen in Theorie und Praxis per definitionem keinen Platz haben, und auf der anderen Seite entsteht eine religiöse Orthodoxie und (politischer) Fanatismus, die sich durch Argumente und Tatsachen nicht beeinflussen lassen. Beide Extrempositionen sind weltweit auf dem Vormarsch. Dass religiöser und politischer Extremismus gefährlich ist, zeigt ein einfacher Blick in die Schlagzeilen. Jedoch ist auch die Versessenheit auf rational-materialistische Naturwissenschaft gefährlich, denn wenn dem Fühlen, zum Beispiel des Heiligen (jenseits religiöser Bezüge), keine Berechtigung in wissenschaftlichen Zusammenhängen eingeräumt wird, dann wird (fast) alles durchgeführt, was technisch möglich ist. Und zwar ausschließlich deswegen, weil es möglich ist. Gerechtfertigt wird dies in der Regel damit, dass es eines Tages von Nutzen sein könnte. Welche Chancen und Möglichkeiten versäumen wir also, wenn wir den Aspekt des lebendig Mythischen weiterhin vernachlässigen?

Die Kogi sagen zum Beispiel, dass sie viele Dinge kennen, sich jedoch entschieden haben, sie nicht aus dem Raum der Gedanken (Aluna) zu materialisieren, weil sie sich allerlei Geschichten über die Wesenszüge, Absichten und Taten der Urheber bestimmter Gedanken erzählen.

Mama José Gabriel erklärt:

Wir sprechen oder denken nicht schlecht, denn sonst arbeiten wir mit den Gedanken von Nuanase. Die Gedanken von Sezhankua sind wie die Steine. Sie vergehen nie und bleiben immer bestehen. Die Gedanken von Nuanase sind wie das Holz, sie erscheinen stark, aber sie vergehen sehr leicht und schnell. Unsere Gedanken, wenn sie gut sind, werden nicht vergehen.

Ein gewisser Anklang an dieses Prinzip zeigt sich vielleicht in der Ballade vom Zauberlehrling von Johann Wolfgang von Goethe, in dem der junge Schüler in vorschneller Selbstbemächtigung eine für ihn nicht mehr kontrollierbare Kettenreaktion auslöst. Das Märchen Goldmarie und Pechmarie zeigt die Folgen zweier Geisteshaltungen auf. Die Parsival-Sage, ein Versroman, unterscheidet zwei Suchen nach dem Gral und zwei Könige, einen richtigen (verwundeten) und einen täuschenden und erzählt die Geschichte zweier Ritter, die sich jeweils zu diesen aufmachen und die dort verorteten Probleme (die Wunde beziehungsweise das Zauberschloss) lösen. Auch im Abendland gibt es also Mythen, Sagen und Märchen, die das Prinzip des trügerisch Glänzenden aber langfristig Verheerenden auf der einen Seite und des langfristig Förderlichen, Grundsoliden und Sinnvollen auf der anderen Seite zu unterscheiden lehren und durchaus größeren Raum in unserer allgemeinen Bildung, aber auch in unserer Wissensökonomie finden könnten.

Die Kogi sagen, dass wir Jüngeren Brüder uns »tote« Geschichten erzählen, ohne Gefühl für das Wesen der Lebendigkeit, da wir mehrheitlich ungünstigen und kurzfristigen Annahmen und Interpretationen über die Welt folgen – übrigens teils auch dann noch, wenn wir meinen, gerade besonders nachhaltige Antworten gefunden zu haben. So erweisen sich viele vermeintliche Alternativen, wie etwa das Elektroauto, gemessen an dem tatsächlichen Energie- und Rohstoff-Aufwand, vorerst als illusionär. Diese Tendenz sich in »Hypes« und kurzfristiger Machbarkeit zu verlieren, ist jedoch veränderbar. Wenn wir uns bewusst an für uns kraftvolle mythische Geschichten anbinden und die Logik unserer Handlungsimpulse mit einer mythischen Brille betrachten, dann können sich auch die entstandenen Extreme von Materialismus und Fanatismus allmählich zurückbilden und harmonisieren. Die Kogi sind sich dessen bewusst, dass sehr viel an technischer Entwicklung möglich ist und ermutigen uns, sowohl in unserer Technik als auch in unseren Organisationen wieder auf lebendigen, kraftvollen Geschichten aufzubauen. Diese wirkliche Mytho-Logik in Kombination mit einer Bewusstmachung der uns im »Hintergrund« derzeit leitenden Narrative, integriert beide Aspekte zu einer praktischen Weisheit jenseits der willkürlichen Konstruktion von künstlichen Sinnblasen, die häufig nichts weiter als unreflektierte Retter- und Helfer-Narrative sind.

Die vielleicht wichtigste Frage

»Wer bin ich?« beziehungsweise »Wer sind wir?« sind Fragen, die von jedem von uns mit einer Kerngeschichte beantwortet werden, die das Sockelfundament des eigenen In-der-Welt-Seins bildet, die absolute Grundlage, von der aus ich handle und einschätze. Die Kogi sind sich ihres Fundaments bewusst. Welche Kerngeschichten jedoch erzählen wir uns über uns selbst und über das Leben? Nun, wir leben in der sogenannten Moderne, die maßgeblich von abstraktem wissenschaftlichem und technologischem Denken geprägt ist, obwohl das, was wir als moderne Naturwissenschaft bezeichnen, nicht viel mehr als ungefähr 500 Jahre alt ist. Eines der in diesem Zusammenhang einflussreichsten Bücher ist das 1859 veröffentlichte Werk *On the Origin of Species by Means of Natural Selection, or the Preservation of Favoured Races in the Struggle for Life* von Charles Darwin. Dieses Buch erzählt die moderne Lehrmeinung davon, was die Natur und damit das Leben im Grundsatz beherrschen soll, nämlich der Kampf ums Überleben. Diese Geschichte hat in den letzten 150 Jahren das wissenschaftliche Narrativ über die Natur beherrscht und damit eine Geschichte von Trennung, Überleben, Wettbewerb und Konflikt auf den Platz des Realen gesetzt. Unabhängig davon, ob wir uns selbst für sozial halten und insbesondere den Sozial-Darwinismus ablehnen, wirkt dieses Narrativ dennoch unterbewusst weiter. Die Ursprünge dieser Gedanken liegen jedoch bereits viel früher.

Die moderne Naturwissenschaft beantwortet die Grundfragen zum Leben folgendermaßen: Das Leben auf der Erde ist eine Insel in einer kosmischen Wüste mechanistischer Kräftezusammenhänge, zufällig entstanden, somit sinnlos und auf den bloßen Selbsterhalt und die Reproduktion egoistischer Gene ausgerichtet. Der Mensch ist das Ergebnis zufälliger genetischer Mutationen, das menschliche Bewusstsein ein Trugbild des Gehirns und hochgradig fehleranfällig. Gedanken beeinflussen definitiv nicht die physische Natur. Die physische Natur wird von wesenhaft toten, gleichgültigen Kräften bestimmt, die zwar technisch manipulier- und nutzbar, nicht aber für Kommunikation offen sind. Hinzu tritt die Wertung, dass andere Sichtweisen naiv, primitiv anthropomorph und vorwissenschaftlich seien. Die Geschichte des menschlichen Lebens auf der Erde ist eine rein lineare Entwicklung des technischen und wissenschaftlichen Fortschritts, die im Digitalzeitalter ihren derzeitigen Höhepunkt erreicht hat. Gemessen wird dies an der Bequemlichkeit des Lebens.

Dies sind die Antworten, die unser soziales, wirtschaftliches, technologisches, medizinisches, politisches und historisches Denken in den letzten Jahrhunderten zunehmend geprägt haben. Diese Entwicklung wird zudem als Emanzipation von dem Joch des autoritären abrahamitischen Gottvaters verstanden und zum Teil bis heute vehement verteidigt. Das »Du-bist-nicht-gemeint«-Universum gilt als humane Alternative zum »Gottvater-is-watching-you«-Universum. Trotz dieses humanen und emanzipatorischen Anspruchs, wird der Naturzustand des Menschen, wie etwa von dem englischen Intellektuellen Thomas Hobbes in seinem Werk *Leviathan*, in nackter, egoistischer Konkurrenz verortet, die erst durch staatliche Kontrolle gebannt, zivilisiert und zu einer Marktwirtschaft geordnet werden muss. Die Pointe ist also: Der Staat ersetzt den autoritären Vater.

Blicken wir jedoch auf die Sichtweisen der Kogi und manch anderer Naturvölker, so finden wir in ihrem Denken den Hobbes'schen Naturzustand nicht vor. Stattdessen nehmen sie eine geniale ursprüngliche Ordnung wahr, die durch Ausgleich und menschliche Mitwirkung erhalten und bewusst kultiviert wird. Insbesondere bei den Kogi fällt außerdem ihre konsequente Gewaltlosigkeit auf. Wie kann es sein, dass Menschen, die seit Jahrtausenden in und mit der Natur leben und für ihr Überleben darauf angewiesen sind, sie bis ins kleinste Detail zu studieren und zu berücksichtigen, zu so grundlegend anderen Ergebnissen kommen, als einige Hundert Jahre naturwissenschaftliche Forschung?

Die Kogi beantworten die Frage nach dem Ursprung des Lebens wie folgt: In der lebendigen mütterlichen Urdunkelheit des Seins

Jaba Sé schien der Bewusstseinsimpuls der materiellen Welt auf, der sich durch eine Serie von Zeugungsvorgängen von männlichen und weiblichen Prinzipien (Mütter und Väter der Dinge) in die Manifestation entfaltet hat. Die innere Gesetzmäßigkeit des Ursprungs (*Ley de Sé*) bestimmt die Wirkungsweise und den Erhalt der materiellen Welt, das heißt für uns Menschen also in erster Linie die Natur. Diese innere Gesetzmäßigkeit ist von den Prinzipien Ausgleich, Kooperation, Einvernehmlichkeit (*zhigoneshi*) sowie der räumlich territorialen, individuellen und gemeinschaftlichen Ordnung der Gedanken und Orte geprägt. Dabei geht es stets um das Aufblühen des Lebens (*kwalama*). Das Leben bewegt sich rhythmisch in Zyklen und zugleich auch vorwärts, vielleicht im Sinne einer Spirale zu verstehen. Dabei bleibt der Ursprung jedoch immer anwesend, und es wird dem Leben nichts hinzugefügt. Die Aufgabe des Menschen besteht in einem Hüten und Wahren dieser Ordnung und der Lebendigkeit.

Interessanterweise zeigt gerade die neuere wissenschaftliche Forschung zum Beispiel zu Wäldern und Bäumen, dass Kooperation, Verbundenheit und gegenseitige Unterstützung durchaus grundlegende Faktoren in der Natur sind. Zwar gibt es auch Konflikte, Anpassung und Wettbewerb, doch wird ihre Rolle und Bedeutung im Gesamtzusammenhang zunehmend relativiert. Wie würde es also aussehen, aus der Überlebenslogik in eine der gemeinsamen Lebendigkeit überzuwechseln?

Narrativ des Lebendigen

Was ist also ein lebendiges Narrativ* bzw. ein Narrativ des Lebendigen? Das Narrativ des Lebendigen beantwortet die Fragen »Wer bin ich?« beziehungsweise »Wer sind wir?« in einer mit anderen

* Ein Narrativ ist die grundlegende Geschichte (das, was erzählt wird) und somit Sichtweise auf eine Situation, eine Begebenheit, einer Idee und sogar auf die Welt als ganzes.

Lebewesen verbindenden, lebendigen, Sinn gebenden und mit dem Ursprung verknüpfenden Art und Weise. Auch wenn man das lebendige Narrativ nicht auf eine einfache Formel festzurren kann, treten doch bestimmte Merkmale hervor. Dazu gehört eine Anbindung an die Seele auf einer archetypischen Ebene, in der auch Lösungen, ein Schicksalszusammenhang oder schlicht eine sinnvolle Handlungsweise aufscheint. Auch wenn dies weit hergeholt klingt, so ist hier doch etwas angesprochen, zu dem jeder Mensch in der einen oder anderen Form einen gefühlsmäßigen Zugang hat, und zwar jenseits bloßer Emotionalität. Manche Märchen zum Beispiel transportieren etwas davon, aber auch moderne Erzählungen wie vielleicht *Der Herr der Ringe* von J.R.R. Tolkien. Lebendige Geschichten deuten auf etwas Wesentliches, etwas, das mich meint, mich anspricht, mitnimmt und mich in eine direkte und durch und durch persönliche Beziehung zur Welt, zum Leben und zu mir selbst versetzt. Dabei können auch Hinweise auf die eigene Aufgabe im Gefüge des Lebens aufscheinen, auf das, was ich zum Fortgang des Lebendigen aus meinem Wesen heraus beitragen kann.

Zugleich sind in diesem Sinne lebendige Geschichten auch Ausdruck einer konkreten Verortung auf der Erde. In den Geschichten der Kogi etwa schwingt für uns ein »Anderswo« und eine spezielle, nicht in Worte zu fassende Qualität der Sierra Nevada de Santa Marta mit. Es hat einen tiefen Sinn, dass sich das Lebendige dort so und nicht anders artikuliert hat. Insofern stiften lebendige Geschichten implizit immer so etwas wie Heimat und Verortung. Das ist jedoch nicht nur räumlich zu verstehen, sondern ich kann mich auch in einer bestimmten Art zu denken und zu handeln beheimatet fühlen. Dies geht über ein rein selbstdienliches Gefühl der emotionalen Genugtuung oder Bedürfnisbefriedung hinaus. Es gibt auch Naturvölker, wie die Massai zum Beispiel, die sich die Geschichte erzählen, dass alle Rinder der Welt ihnen von Gott vermacht worden seien. Das macht alle anderen Viehhalter notwendig zu Viehdieben, was die Massai durchaus auch ahnden, wenn sie davon Wind bekommen. Das wäre kein Beispiel für eine lebendige

Geschichte im Sinne der Kogi, weil sie das Lebendige mehr trennt als verbindet. Deswegen ist es wichtig, dass wir uns »die richtigen Geschichten« erzählen.

Lebendige Geschichten stärken die Orientierung im größeren Zusammenhang der gemeinsamen Lebendigkeit, der auch das eigene Wollen einbindet und überschreitet, und sind so etwas wie Anstoßgeber, Wegweiser und Reisebegleiter. Als solche sind sie nicht im platten Sinne »lieb« oder »erbaulich«, sondern sie lehren, Schicksalszusammenhänge zu erkennen, und berücksichtigen dabei auch die Schattenseiten des menschlichen Daseins, zeigen die Konsequenzen von bestimmten Gedanken und Motivationen auf. Die Einfühlsamkeit und der Fleiß der Goldmarie geben ihr ein goldenes Kleid, man kann sagen, ein Charisma; der herzlose Eigennutz und die Anspruchshaltung der Pechmarie geben ihr ein schwarzes Kleid. Goldmarie erhält Einblick in das Wirken der Natur, Pechmarie lernt nichts dazu.

All diese Aspekte und Merkmale sind jedoch nicht immer im platten Sinne einer Kategorisierung anwendbar, sondern es geht im Kern um eine Gefühlsverbindung. Auch geht es nicht unbedingt um die Unterscheidung von »erträumten« Geschichten und solchen, die auf Tatsachen beruhen. Die Kogi zum Beispiel erzählen eine bunte Mischung von Geschichten, von denen manche metaphorisch und andere wörtlich zu verstehen sind. In ihrer Gesamtheit jedoch zeichnen sie das Bild einer lebendigen Welt, in der die Kogi mit der Aufgabe betraut sind, die Sierra Nevada und damit das Herz der Welt zu hüten. Sie geben einen Rahmen, eine Brille des Respekts für das Heilige, für die Wertschätzung der Natur und etablieren den Fortgang des Lebens als Wert.

Die Weltanschauungen fast aller Naturvölker sehen eine Art von Zentrum der Welt in ihrem Territorium. Sie alle erzählen von der Mitte: So wie die Sierra Nevada bei den Kogi das Herz der Welt ist, so ist Cuzco für die Inka der Nabel der Welt, die Chinesen nennen ihr Land traditionell das Reich der Mitte. Beispiele dieser Art lassen sich weltweit finden. Dieser Wert, der dem eigenen Lebensort als Heimat zugemessen wird, stiftet eine emotionale Verbindung des Respekts, der Fürsorge und der Wertschätzung sowohl für sich selbst, als auch für die Gemeinschaft und den Ort. Die Mitte ist in sich ein Prinzip. Nur zur Mitte existiert ein wirklicher tiefgehender Bezug. Auch ich kann nur Mitte meines eigenen Lebens sein. Nur dadurch entsteht ein Koordinatensystem, ein Ort, eine Ordnung.

Oft wird aufgrund bestimmter historischer Beispiele behauptet, dass eine zu starke Betonung des Eigenen notwendig mit einer Ausgrenzung, Abwehr und Abwertung des Anderen einhergehen müsse, dass sich das Eigene vielleicht sogar überhaupt nur durch ein mehr oder weniger subtiles Feindbild aufrechterhalten ließe. Die Geschichte der Kogi vom Herzen der Welt jedoch hat ihre Heimat als Wert etabliert und nicht zur Abwertung von anderen geführt, sondern sogar zu einer gesteigerten, sehr konsequenten und umsichtigen Gewaltlosigkeit. Der eigenen inneren und äußeren Heimat und Mitte wirklich Wert und Wertschätzung beizumessen, führt also nicht zwangsläufig zu Konflikten mit Nachbarvölkern. Die Kogi leben seit Jahrtausenden friedlich mit den Arhuacos, den Wiwa und den Kankuamo zusammen und verkörpern damit den Grundsatz: Wertbild statt Feindbild.

Auch in unserer Welt ist es in Mode gekommen, emotionale Verbindung durch Geschichten zu erzeugen, jedoch häufig mit der manipulativen Absicht des agenda-basierten »Storytellings«. Unternehmen erstellen solche emotional aufgeladenen »Stories« für ihre Produkte, Freunde posten Videos ihres Urlaubs in den sozialen Medien. Außerdem hört man immer wieder in der Wirtschaft, wie auch in der Persönlichkeitsentwicklungs-Szene die Aussage, dass man sein »Warum« kennen müsse und dass man ein starkes Warum brauche. Die meisten dieser Stories oder »Warums« sind jedoch nicht das, was die Kogi als lebendig bezeichnen würden. Es geht nicht um willkürliche Konstrukte, die letztendlich Sinn im Retten und Erlösen von etwas erkennen, sondern um Kontakt und Ordnung. Die Kogi retten niemanden, auch nicht die Erde, aber sie sorgen für Ausgleich und hüten das ihnen Anvertraute. Ein lebendiges Narrativ konstruiert keinen Sinn, sondern ordnet das Handeln in Bezug auf den Kontext und die Konsequenzen.

Ein Beispiel für Kontext und Konsequenzen im zwischenmenschlichen Bereich enthält die Geschichte des altindischen Gottes Brahman: Nachdem er die Welt geschaffen hatte, langweilte er sich und begann, mit sich selbst verstecken zu spielen. Er war darin so gut, dass er viele Jahre brauchte, um sich selbst wiederzufinden, um sich dann neu zu verstecken. Dieses Spiel spielt er bis heute. Die Geschichte erzählt, dass wir nie wissen, ob der Mensch, der gerade vor uns steht, oder ein Objekt, gegen das wir gerade gestoßen sind, nicht gerade das derzeitige Versteck für Brahman ist. Wenn wir jedoch allem und jedem genau so begegnen würden, als würden wir Brahman begegnen, hätten wir bedeutend weniger Konflikte.

Es ist ein Paradebeispiel dessen, was lebendige Geschichten eigentlich leisten sollen: Kontakt zum verbindenden Strom des Lebens herzustellen. Das Nur-Emotionale hingegen erschöpft sich in einer Art Sog. Man wird nicht belebt, sondern hineingezogen. Es gibt außerdem auch zahlreiche Beispiele für Geschichten, die die intelligente Einbettung von Menschen in ihren Lebensraum ermöglichen. Das Überleben der Moken während des Tsunami im Dezember 2004 im Indischen Ozean ist eines dieser Beispiele. Das Volk der Seenomaden wusste vorher, dass der Tsunami kommt. In ihren Geschichten sind die Wellen des Ozeans von unterschiedlichen Geistern der See bewohnt. Ein besonders großer Geist schafft eine Welle, die ganze Inseln verschlingen kann, er heißt Laboon oder siebte Welle. Der Mythos erzählt, dass das Meer sich sehr weit zurückzieht, bevor er kommt und das Land überrollt. An jenem Tag des Tsunami waren auf einmal die Zikaden still. Dies beobachteten die Moken und verstanden sofort, dass sich Laboon nähert. Sie begaben sich daher in höher gelegene Bereiche und überlebten so alle. Ähnliches wurde bei den Völkern der Andamanen-Inseln beobachtet, die alle – bis auf ein Volk, das wohl erst später aus Asien auf die Inseln eingewandert war – ohne menschliche Verluste überlebten. Länder wie Indonesien, Malaysia, Thailand oder

Sri Lanka, die alle auf westliche technologische Entwicklung setzten, haben viele Todesfälle zu beklagen gehabt, da sie den Tsunami nicht haben kommen sehen. Viele Menschen standen am Strand, beobachteten das zurückweichende Wasser und stellten keine Verbindung zu einer darauffolgenden großen Welle her. Zwar hatte das PTWC, das Tsunami Frühwarnzentrum in Hawaii, bereits 8 Minuten nach dem Beben gewusst, dass es sehr wahrscheinlich einen Tsunami geben wird, doch hat die Kommunikation mit den Behörden vor Ort nicht richtig funktioniert und es wurde eben nicht geschafft, die Menschen früh genug zu informieren.

Auch wenn uns eine derartige Verbindung zur Welt fern scheint, ist ein Narrativ des Lebendigen durchaus greifbar, und zwar sowohl in seiner allgemeinen und naturumspannenden Gestalt als auch als Sammlung geeigneter lokaler Überlieferungen und Sagen, die lohnenswerte Orientierungspunkte zu den Themen unseres Lebens enthalten.

Der Ursprung ist immer

Wenn man nun mit dem Gedanken spielt, alte Sagen, Mythen und Legenden zu sammeln und wieder neu zu erzählen oder sich mit den Kogi selbst zu beschäftigen, so könnte der Gedanke aufkommen, dass hier ein unmögliches Zurück in eine vergangene Zeit beabsichtigt sei. Dies verkennt jedoch die Natur der lebendigen Geschichte. Das Wesen ihrer Lebendigkeit besteht darin, dass in ihr etwas vom Ursprung anwesend ist. Dadurch verliert sie ihre Gültigkeit und Relevanz niemals. Der Ursprung ist dabei nicht mit dem zeitlichen Anfang oder Beginn einer Begebenheit oder der Welt als solcher zu verwechseln, sondern er meint den wirkenden Grund der Dinge. Der Ursprung ist somit zeitlos und immer anwesend. Der Fluss existiert nur zusammen und gleichzeitig mit seiner Quelle. Es geht im Kern also um eine Qualität, zu der ich Kontakt aufnehmen kann, nicht um eine rückwärtsgewandte »Früher war alles besser«-Ideologie. Etwas davon klingt in der Geschichte um das Versteckspiel des Weltenschöpfers Brahman an, die keiner zeitlichen Zuordnung bedarf.

Diese Gleichzeitigkeit des Ursprungs mit der Geschichte hat jedoch noch einen weiteren Aspekt. Alle Geschichten, auch historische Narrative und Erinnerungskulturen, wecken den Geist und den Zustand wach, dem sie entsprungen sind und können so eine hypnotische und beengende Wirkmacht entfalten. Ein Beispiel dafür sind typische Täter-Opfer-Narrative, die Menschen in bestimmten Rollen festhalten und negative Gefühlsspiralen reproduzieren und sogar verstärken. Nur Geschichten, die in sich einen Bezug auf etwas wie den Einen Gedanken enthalten, bieten wirklich befreiende Lösungen an.

Wenn Ursprung und Zusammenhang einer Geschichte gar nicht mehr im Bewusstsein sind, kann es zu sich selbst genügenden Wiederholungsspiralen kommen. Ein klassisches Beispiel dafür sind die Mannbarkeitsrituale mancher Naturvölker, in denen ein Feind oder ein Raubtier getötet werden muss, um in den Kreis der Männer aufgenommen zu werden. Oftmals wirkt im Hintergrund die Geschichte eines archetypischen Helden, zum Beispiel eines mutigen und tapferen Drachentöters, den man unabhängig vom Kontext der bewunderten Tat imitiert. So entsteht eine kontext- und sinnlose Tötungskultur, die unter Umständen sogar fatale Folgen für die Tierpopulation in bestimmten Regionen haben kann. In unserem Kulturkreis wären das Verspeisen der Weihnachtsgans und das Aufstellen von Weihnachtsbäumen zu nennen. Kaum ein Mensch hat noch irgendeinen Bezug zum Ursprung dieser Traditionen.

Man kann sich zu recht fragen, was diese grundlegenden und philosophischen Überlegungen mit dem eigenen Alltag zu tun haben. Unsere impliziten und expliziten Geschichten sind jedoch, wie wir gesehen haben, essentieller Bestandteil unserer Weltsicht und wirken sich in der einen oder anderen Form auch in alltäglichen Lebenssituationen aus, in denen sie unsere Emotionen, Beziehungen und Entscheidungen konditionieren. Dies geschieht von einer dahinterliegenden und zumeist verborgenen Ebene. Gerade dadurch entfalten sie ihre große Wirkmacht. Dass dem so ist, lässt sich tatsächlich auch neurowissenschaftlich erklären: So stehen unsere Sinne ständig vor der Aufgabe, eine riesige Datenmenge zu verarbeiten, herunterzubrechen und zu filtern. Dafür ist in erster Instanz das retikuläre Aktivierungssystem (kurz RAS) zuständig. Dieses filtert bevorzugt Informationen heraus, die entweder neu, lebenswichtig oder emotional bedeutsam sind. »Neu« und »lebenswichtig« sind dabei leicht verständlich. Welche Informationen jedoch emotional bedeutsam sind, wird stark von unseren Narrativen beeinflusst. Emotionale Wichtigkeit wiederum agiert als Filter für Chancen, Ideen und Möglichkeiten und außerdem dem Erkennen von Problemen. Anders ausgedrückt: Wenn etwas emotional für mich wichtig ist, rückt es in meinen Fokus, und ich habe den Antrieb, etwas zu unternehmen.

Wenn die Natur als Manifestation einer genialen Intelligenz gesehen wird, dann wird der betreffende Naturforscher oder Ingenieur zur Lösung seiner Fragestellungen in die Natur blicken und dies einer künstlichen, die Natur angeblich verbessernden Herangehensweise vorziehen. Ein gutes Beispiel dafür ist der Gedanke, der den künstlichen Stickstoffdünger motiviert hat. Man hat festgestellt, dass Stickstoff der essentielle Faktor für das Wachstum von Pflanzen ist. Selbst wenn alle anderen Nährstoffe in Hülle und Fülle vorhanden sind und nur der Stickstoff fehlt, wachsen die Pflanzen nicht. Man hat außerdem beobachtet, dass Knöllchenbakterien, die an den Wurzeln von Hülsenfrüchten wachsen, den Boden natürlicherweise mit Stickstoff anreichern. Daraus kann man nun schließen, dass eine Mischkultur von Hülsenfrüchten und anderen Pflanzen, offensichtlich von der Natur beabsichtigt ist. Oder aber, man kann chemischen Kunstdünger einsetzen.

Dieses Beispiel mag manchem banal erscheinen, ist es aber ganz und gar nicht. Oft ist es so, dass eine Erkenntnis zu einem rein mentalen Perspektivwechsel führt, der zum Beispiel in der bewussten Ansicht mündet, was lebendiges Handeln bedeutet. Dies garantiert jedoch noch lange keine guten oder gar genialen Ideen, wie dies umzusetzen sei, denn erst eine tief unterbewusste Verankerung, zum Beispiel durch eine Geschichte, sorgt dafür, dass wirklich herausragende Ideen aus der emotionalen Wichtigkeit unseres Unterbewusstseins gespeist werden.

Spirituelle Forstwirtschaft

Am Beispiel der Geschichte, die sich die Kogi über die Bäume erzählen, wird deutlich, wie lebendige Geschichten ihre Bewirtschaftungsweise beeinflussen. Diese Geschichte ist zentral für die, wie wir sagen würden, »nachhaltige Forstwirtschaft« der Kogi. Die Tatsache, dass die Lebendigkeit der Natur und in diesem Fall besonders der Bäume deutlich wird, unterscheidet diese Geschichte von einem einfachen Moral-Appell nach dem »Max und Moritz-Prinzip«.

Der Mamo beginnt zu sprechen:

Lasst uns vom Ursprung an beginnen, in der Zeit, als wir alle Aluna Kággaba waren. Zu Anfang war alles ein Lebewesen. Alles hatte Leben und alles war lebendig. Zur damaligen Zeit gab es einen Baum der Mashila hieß. Die Mutter verwendete diesen Baum zum Bauen und auch zum Kochen. Damals bestanden die Dinge aber nicht so wie heute aus Materie, sie existierten spirituell. Die Mutter hatte bestimmt, dass in Zukunft viele Bäume vonnöten sein würden, zum Bauen, um Zuckerrohr zu pressen, um Kanus zu bauen und um Getränke herzustellen. Deswegen hat unsere geistige Mutter die Natur sehr intensiv studiert. Es verhielt sich so, dass in der Zeit von Aluna nicht mit Äxten Bäume gefällt wurden, sondern durch spirituelle Arbeit, denn alles existierte nur spirituell.

Später hat unsere eigene spirituelle Mutter die Natur geschaffen. Sie schuf Flächen, um Bäume und Büsche pflanzen zu können. Nachdem sie das getan hatte, setzte sie sich hin und beobachtete was die Pflanzen fühlten. Also begab es sich, dass ein Gunama[24] *einen großen Wald auf einem Hügel sah und losging, um ihn zu fällen. Dort gab es viele große Bäume und bevor er einen Baum fällte, begann er ihn unten herum von Gestrüpp zu befreien und die kleinen Äste abzuhacken. Als er sie abschnitt, fühlten sie Schmerzen, es tat ihnen sehr weh, und sie weinten, denn auch sie waren lebendig. Doch nachdem er den bewaldeten Berg zu fällen begann, war es am nächsten Tag so, dass sich dort alle Bäume wieder aufrecht stehend befanden, genauso, wie es ursprünglich der Fall gewesen war. Unsere spirituelle Mutter befragte dazu einen Nuakwiwi,*[25] *einen Weisen, (auch Moro oder Kwivi genannt). Er wusste darüber Bescheid, wie alles in der Ordnung zu geschehen hatte. Aber die anderen, die keine Kwivi waren, wollten weiterhin alle Bäume fällen, konnten es aber nicht, denn die Bäume beschwerten sich. Es gab Geistbäume, die Jate Kalashé heißen. Damit ein Mensch Bäume fällen konnte oder an diesen Orten etwas anbauen, musste er einen Stein erhalten, der Kalguakwitsi heißt.*

Mama Jacinto Zarabata fügt hinzu:

Es könnte sein, dass der Jüngere Bruder auf einmal kommt und uns erzählen möchte, dass es früher auch auf den schneebedeckten Bergen Bäume gab. Dann möchte er auf einmal damit anfangen, auch dort wieder Bäume anzupflanzen, weil er denkt, er verstünde, wie sich alles verhält. Aber wir sind es, die die Geschichte von Anfang an kennen. Unsere Mutter hat uns die schneebedeckten Berge fast waldlos hinterlassen. Genauso hat es die Mutter studiert und erlernt. Auch die Natur hatte ihre Mamos, genau wie wir; wir haben auch für jeden Ort einen Mamo.

Am Anfang der Zeit, als alle Dinge, die es jetzt gibt, noch Wesen in geistiger Form von Jaba Aluna waren, gab es einen, der Mama Shisha hieß. Auch existierten Mama Kasouggui, Mama Kazuiku und Mama Numashi. Der letzte von den dreien sagte: »In Zukunft werde ich mich sehr weit entfernt von der Sierra Nevada aufhalten. Obwohl ich weg sein werde, werde ich von dort aus kommunizieren, von dort, wo unser Vater sich stärkt.« Wir kennen die alte Geschichte: »Im Himmel gibt es keine Bäume, denn sie, die Bäume, haben beschlossen, dass sie sich dort nicht aufhalten werden. Sie antworteten der Mutter, dass sie hier sein werden, um in dieser

Welt zu dienen: im Feuer, als Pfahl im Zaun, wie auch zum Bau der Häuser.« Sie sagten: »Wenn die Männer uns für jeden beliebigen Zweck holen, um aufzupassen oder um als Tür oder Fenster zu dienen, werden wir ihnen in Zukunft weiterhin dienen, obwohl sie uns abschneiden und uns holen, auch wenn sie uns für die kaloka verwenden, die kleine Bank, auf die wir uns setzen, und für die mankashi, die großen Bank, die im nuhué steht.« Also riefen sie alle Bäume und sagten: »Was wollt ihr tun?« Und einer antwortete: »Ich werde als Holz dienen, um eine gute Zuckerrohrpresse zu sein«. Ein anderer sagte: »Ich werde als Hüter der Flüsse dienen und das Wasser der Bäche beschützen.« Deswegen dürfen wir heutzutage nicht die Bäume fällen, die sich an den Ufern der Flüsse befinden und an den Quellen der Bäche. Sie haben ihren Vater Kasouggui.

Ich weiß, dass der Jüngere Bruder auch das Material der Bäume benutzt, um Sitzgelegenheiten herzustellen, Tische und viele andere Dinge. Wenn sie, die Bäume damals nicht so geantwortet hätten, dass sie sich für alle diese Dinge benutzen lassen würden, könnten die Jüngeren Brüder dies heute nicht tun. Jedoch gab es früher in dem unteren Teil der Sierra viel Wald. Gleichzeitig verhielt es sich so, dass auf den schneebedeckten Bergen, in Makotama, in Takina und in Luaka nicht genug Bäume für den Älteren Bruder wuchsen, in Jarleka wurde gesagt, dass wir dort nicht viel Wald bräuchten. Und als wir mit Jaba Aluna sprachen, sagten wir ihr: »Wenn du bestimmst, dass es Wald gibt, dann müssen auch Orte, die du als Heilige Orte bestimmst, bewaldet werden«. Dann bejahte die Mutter, dass dies die Wahrheit sei. Der Ältere Bruder aus Jarleka sagte, dass der richtige Ort für große Artenvielfalt in den niederen Lagen der Sierra sei, unterhalb von Pueblo Viejo.[26] *Also fragte die Mutter: »Du großer Sohn, warum willst du, dass es dort genug Wald gibt?« Er antwortete: »Um genug Tiere zu haben, Affen, Wildschweine, Gürteltiere und Truthähne, damit wir sie als Nahrung nehmen können.« Als die Mutter erkannte, dass diese Notwendigkeit bestand, hinterließ sie alles genauso.*

Es spricht Mama Luis Noevita:

Ja, genau so war es am Anfang, alle Dinge waren lebendige Wesen. Bäume gab es nicht im materiellen, sondern nur im spirituellen Zustand. Jetzt sehen wir die Bewegung der Bäume, wenn der Wind weht. Aber dort ist der Geist. Jetzt, wenn der Regen fällt, können wir ihn nicht in der Hand halten, er fließt einfach hindurch. Genauso verhält es sich mit den Wolken. In dieser Zeit erschien ein Zeichen, es hieß Azkalkwa. Es gab noch keine Morgendämmerung, es existierte nur der Geist.

Jaba Aluna studierte die Natur sehr viel und sagte: »Es ist für mich jetzt sehr anstrengend, die Natur wachsen zu lassen, aber als ich hier mit dem zhatukwa studiert habe, erschien es, dass es eines Tages keinen Respekt mehr vor der Natur geben würde, die ich habe wachsen lassen.«

Also sprach Aluna Jarleka: »Wie, glaubst du, kann es sein, dass wir die Natur eines Tages nicht respektieren, geschweige denn, deinen Sohn Mama Kasouggui?«

Und sie sprach: »In Zukunft werden viele Dinge erscheinen, die es jetzt noch nicht gibt. Wenn sich diese Dinge materialisieren, werde ich mich mit meinem Sohn Kasouggui zurückgezogen haben.«

So war es, dass Jarleka sagte: »Wir haben im Moment kein bestimmtes Material, aber wenn die Zeit von itakalkwa kommt, wird der besondere Stein für die Natur erscheinen.«*

Zu dieser Zeit gab es jedoch noch Aluna Jaba und sie sprach: »Du Aluna Jarleka weißt sehr gut, was Mama Kasouggui gesagt hat, die Bäume werden allen dienen. Ich muss euch etwas wie ein Buch, wie ein Wörterbuch übergeben, worin sich meine Worte befinden werden. Wenn ihr anfangt, die Bäume zu fällen, erinnert euch immer an meine Worte. Bevor ihr anfangt zu fällen, werdet ihr im Geiste eine Art Betäubung für den Vater der Natur, Mama Kasouggui machen. So werden die Bäume keine Schmerzen fühlen.

---

* neun Welten

Denn sie, die Bäume, werden in Zukunft auch materielles Leben haben, genau wie ein Mensch. In Zukunft werden sie das Aussehen eines Stammes haben, es wird scheinen, dass sie leblos seien, aber sie werden Leben haben, sie werden Wasser haben und jedes Jahr werden sie Früchte geben. Sie werden dies tun, genau wie eine Frau jedes Jahr ein Kind zur Welt bringt. Also, wenn ihr Feuerholz suchen geht, macht pagamiento und kommuniziert mit Kasouggui. Wenn er etwas bauen möchte, muss er sich mit Jate Kalashé besprechen. Wenn er nicht vergisst, diese Dinge zu tun, wird die Natur nie enden.«

Aluna Jaba, unsere Mutter, hat uns die Geschichte hinterlassen, wie wir uns um die Natur kümmern, damit sie immer fortbestehe, wie sie sie hinterlassen hatte. Deswegen hat sie für jeden Stamm, für jedes Volk, ein Gesetz hinterlassen. Wenn wir Dinge pflanzen, wenn wir am Berg Bäume fällen, machen wir für Kasouggui pagamiento. Deswegen folgen wir immer noch dem Gesetz, das uns von Jaba Aluna hinterlassen worden ist. Es stimmt, was Jaba Aluna sagt, dass der Wald krank wird oder das Wasser oder der Fluss, wenn wir vergessen, pagamiento zu machen. Wenn ein starker Regen kommt, rutscht der Berg ab, und viele Tiere, die beim Fluss leben, werden getötet. Diese Dinge geschehen bereits. Jedoch war es so, dass es früher keine großen Rodungen am Berg gab, denn unsere Jaba hat die Bilder für die Tiere hinterlassen, für die Rehe, für die Wildschweine und für alle anderen auch. Bevor die Spanier bei uns ankamen, lebten wir alle noch vollständig im Einklang, wir erfüllten alle unsere spirituelle Arbeit. Wir lebten im Einklang mit Mama Kangüi und mit Jarleka. Damals fällten wir nicht viele Bäume, und vor allem wurden keine Gräber ausgeraubt, Flüsse geschädigt und es gab auch keine Motorsäge.

Wir Indianer haben immer, bevor wir einen Ast abgeschnitten haben, pagamiento gemacht, wir haben auf spirituelle Art und Weise das zurückgegeben, was wir an Materie nahmen. Damals vertrockneten keine Bäume, und sie wurden auch nicht krank. In Mingueo gab es drei Flüsse, viele Bäume und heilige Steine. Diese

Steine wurden von Aluna Jaba selbst dorthin gelegt. Dort kommunizieren wir mit Kasouggi und Jate Kalashé und Jaba Kalawia, bevor wir einen Baum fällen. Dort machen wir pagamiento, damit der Wald nicht aufgebraucht wird. Aber seitdem die Spanier ankamen, haben die Jüngeren Brüder angefangen, die Töpfe und die heiligen Steine in Unordnung zu bringen. Mit ihren großen Maschinen bauen sie genau dort Straßen, wo man keine bauen darf.

Deswegen haben sich die alten Mamos an die Geschichte von Aluna Jaba erinnert: »Es stimmt, dass eines Tages Dinge auftauchen werden, die Schaden zufügen! Jetzt sehen wir, dass es stimmt, dass die Geschichte am Anfang ihren Ursprung hat und beschreibt, was jetzt passiert. Der Jüngere Bruder respektiert die Natur nicht. Wenn wir Bäume fällen oder abschneiden, kommunizieren wir zuerst mit dem Ort, wo Kasouggui ist.«

Den Jüngeren Bruder jedoch interessiert Kasouggui nicht, er weiß nicht mal etwas von ihm, er weiß nicht mal, dass er so heißt. Wenn wir etwas bauen, zum Beispiel einen Weg, sprechen wir vorher mit Jaba Kalawia. Bevor wir etwas bauen, halten wir alle Aussprache. Und wenn wir sie beendet haben, führen wir sie nochmals durch. In die Region Bunkwangega (der kolumbianische Ort Bongá) *durfte früher nicht jeder beliebige Mensch hinein, sondern nur die Mamos. Sie kamen von Makutama herunter, um dort nach Wild zu schauen. Damals gab es genug Tiere. Aber die Colonos kamen und benahmen sich sehr schlecht, und es interessierte sie nicht, ob sie alles niederhackten oder ob sie den Flüssen schadeten. An sechs Orten zum Beispiel gab es heilige Gefäße. Sie haben die Bäume gefällt und entfernt, die man nicht hätte fällen dürfen, denn es waren die, die Kasouggui sind. Sie haben sie mit der Motorsäge gefällt. Sie haben das Holz mitgenommen, um es woanders zu verkaufen. Das ist das gleiche, wie seinen eigenen Vater oder seine eigene Mutter zu verkaufen.*

Kapitel 4
Mama

Einen Gedanken kann man nicht erzwingen,
aber man kann ihn einladen.
Jochen Kirchhoff

Erinnerung an das Wesentliche

Meine Partnerin und ich folgten dem schmalen Pfad Richtung Fluss und ließen die Hütten des Dorfes langsam hinter uns. Der Pfad schlängelte sich durch die Gärten der Kogi, die von üppigen Früchten überquollen. In die klare, frische Morgenluft mischte sich der Duft von Orangen, Bananen und Zitronen, und die ersten Sonnenstrahlen brachten die vielen verschiedenen Farben zum Leuchten. Es summte überall von Insekten, und die fast paradiesische Szene wurde vom Zwitschern der Vögel unterstrichen. In allen Richtungen rahmten hohe Berge den Horizont ein. Am Himmel war keine einzige Wolke zu sehen; es hatte seit Monaten nicht geregnet und machte auch absolut nicht den Anschein, als ob es dies bald tun würde. Angesichts der verdorrten gelben von kolumbianischen Bauern bewirtschafteten Landschaft weiter unten im Tal erstaunte uns hier das saftige Grün der Pflanzen, trotz anhaltender Trockenheit. Es raschelte rechts im Gebüsch, und einige frei herumlaufende Hühner gingen beharrlich dem Picken und Scharren nach. Weiter hinten war ein Maultier an einen Baum gebunden und stand stoisch im Schatten. Einige kleine Schweinchen machten sich freudig grunzend über die heruntergefallenen Früchte her. Zwischendrin standen überall die niedrigen Koka-Büsche der Kogi, die durch das leuchtend helle Grün ihrer Blätter auffielen. Die umliegenden Berge waren teilweise mit dichtem Wald, teilweise mit einer Art grasiger Savannenvegetation bedeckt. Der Pfad führte um eine kleine Biegung und gab den Blick frei auf eine Gruppe von großen, flachen Steinen, manche auch etwas höher aufragend, gesäumt von einigen Orangen-, Mango- und Avocadobäumen.

Auf den Steinen saßen sie, vielleicht sechs oder sieben Mamos in ihren schneeweißen Gewändern und mit ihren spitz nach oben zulaufenden Mützen. Einige hatten die Mützen neben sich gelegt. Alle blickten konzentriert auf eine kleine Holzschale, die mit Wasser gefüllt war. Über diese Schale ließen die Mamos ihre Hände kreisen, in denen sie ein kleines Objekt hielten. Sie hoben den Blick, als wir auf dem mehrere Meter entfernten Weg zügig weiter Richtung Fluss liefen. Sie schauten zu uns herüber, und ihre Blicke durchdrangen die Stille, niemand sagte ein Wort. Sie saßen einfach nur da und blickten uns an. Die Atmosphäre war zum Schneiden. Ihre Präsenz in diesem Moment war einfach vollständige Anwesenheit. Unser wortloser Kontakt fühlte sich so umfassend an, dass ich einen Moment brauchte, um mich an diese würdevolle Präsenz zu gewöhnen. Wir standen uns einfach als Menschen gegenüber. Der Kontakt war in meinem Empfinden das absolute Gegenteil dessen, was ich zuvor in der U-Bahn zum Flughafen erlebt hatte.

Ich stand da, in Badehose, mein biologisch abbaubares Shampoo in der Hand und mein Handtuch über dem Arm und kam mir reichlich fehl am Platze vor. Hatten wir einen Ort betreten, den wir nicht hätten betreten dürfen? Waren die Mamos gerade bei der Arbeit? Was bedeutete unsere Anwesenheit in diesem Moment? Ich verspürte den Wunsch, weiter stehenzubleiben, näherzutreten und zu erfahren, was sie gerade taten, zu fragen, einfach ganz viel zu fragen, und es hoffentlich erklärt zu bekommen. Gleichzeitig hatte ich das starke Gefühl, dass dies nicht angemessen wäre. Ich wusste, dass die Mamos gerade dabei waren, sich zu konzentrieren und das Orakel zu befragen, kurz, ihrer Arbeit nachzugehen.

Also nickte ich kurz, und wir gingen weiter den Weg entlang, der nun nach rechts in Richtung Fluss abfiel. Nach wenigen Minuten erreichten wir ein steiles Ufer, von dem ein Weg gute zehn Meter zu einer Furt durch den Fluss hinunterführte. Einige Meter flussaufwärts befindet sich ein natürliches Bassin mit etwa schultertiefem, langsam fließendem Wasser, das von großen Steinen eingerahmt wird. Am Tag zuvor war uns dieser Ort von dem Jungen, den Mama José Gabriel mit uns losgeschickt hatte, als unser Badeplatz angewiesen worden.

Das Wasser war eiskalt. Ich hatte das Gefühl, direkt in das Schmelzwasser des weiter oben gelegenen Gletschers zu springen. Die Erfrischung und die tiefe Reinigung, die ein Bad an diesem Ort mir bescherte, war den anfänglichen Temperaturschock allemal wert. Ich hatte noch nie in so klarem und lebendigem Wasser gebadet oder es getrunken. Selbst in den Alpen hatte ich nichts Derartiges erlebt. Genau dieses Wasser befand sich in den hölzernen Orakelschalen der Mamos auf den Steinen weiter oberhalb des Flusses, und es diente ihnen dazu, Verbindung aufzunehmen. Die Kogi sagen, dass das Wasser alles verbindet, was existiert, und deswegen nehmen sie genau darüber Kontakt zu allem Leben auf, um Antworten für ihr Volk durch das *zhatukwa*, das Orakel, zu erhalten.

* * *

Die Mamos sind die Weisheitslehrer und Wissenshüter der Kogi. Sie bewahren alles für das tägliche Leben der Kogi Wesentliche und das, was sie als ihre Zuständigkeit im Gesamtzusammenhang des Lebens auf der Erde wahrnehmen. Ihr Blick ist somit sowohl ein lokaler als auch ein planetarer. Darin enthalten sind Gartenbau, Gesundheit, Ernährung, die Planung von Dörfern und Gebäuden, Forstverwaltung, Eheberatung, Kindererziehung, Psychotherapie, Musik, Tanz, Astronomie, Philosophie sowie das Wissen um die heiligen Orte und das, was zur Rein- und Aufrechterhaltung der inneren und äußeren Ordnung notwendig ist. Bei den Mamos und ihrem weiblichen Pendant, den *Sakas*,[27] handelt es sich um die spirituellen Autoritäten des Volkes, wobei ihre Autorität nie eine zwingende oder machtbesetzte ist, sondern eine sanfte, in ihrem tiefen Wissen über das Leben ruhende. Mamos und Sakas führen nicht durch ihr Tun, sondern durch ihr Sein. Einige von ihnen leben als zuständige Berater in den Dörfern, andere bewohnen Einsiedeleien an Heiligen Orten in der Sierra, wo sie die Welt durch ihre Gedanken und Gebete in den Fugen halten. Die in den Dörfern wirkenden Mamos begleiten die allnächtlichen Gespräche im Zeremonialhaus *nuhué* und tragen durch ihre Hinweise dazu bei, die Gedanken der Menschen zu ordnen. Sie sind auch für die vier großen Rituale im Leben eines Kogi verantwortlich: das Willkommenheißen eines Neugeborenen, der Übergang vom Jugendlichen zum Erwachsenen, die Eheschließung und den Tod.

Mama Ramon Gil Barros spricht:

Mama ist Hitze. Ma kommt von Feuer, von der Hitze. Ma ma ist also doppelt heiß. Zum Beispiel bedeutet mamatishé[28] *eine Sache mit viel Hitze, und die Sonne nennen wir Mamayuisa.*[29] *Mama ist wie die Sonne. Die Sonne sagt nie: Diese Schlange werde ich nicht erwärmen, diesen Mörder werde ich nicht erwärmen. Nie sagt die Sonne das, immer gibt sie dem Mörder, der Schlange, dem Jaguar, egal wem, von ihrer Wärme. Daher ist ein Mamo auch wie die Sonne. Vorsicht ist geboten beim Töten von Schlangen, denn ein echter Mamo tötet keine Schlange und auch keinen Jaguar. Ein Mamo tötet auch keine Bäume, tötet gar nicht. Daher ist das, worauf er sich einlässt, wenn er Mamo wird, sehr heilig, sehr stark und sehr tiefgründig.*

Die Mamos schicken nicht die Dorfvorsteher (Commisarios) herum und sagen: »Du musst dies tun.« Oder sagen zu jemandem: »Du musst das tun.« Oder zur Gemeinschaft: »Ihr müsst dies tun.« Nein, er tut das nie. Ein Mamo wartet auf die Entscheidungen der Gemeinschaft und der Autoritäten. Ein Dorfvorsteher muss die Dinge gut beieinander halten, dafür ist er ein Dorfvorsteher. So reden die Alten, sie reden und reden und reden. Dann versammeln sie die Gemeinschaft. Die Gemeinschaft sagt: »Wir denken an die Ernte des Kaffees oder ans Unkrautjäten oder ans Pflanzen oder ans Säen.« Dann sagen sie: »Noch gibt es keinen Kaffee und noch werden wir nicht pflanzen. Wenn ihr Ältesten die Zeit bestimmt, dann werden wir uns versammeln. Wir denken, dass es das Beste ist, dies zu tun, denn in zwei oder drei Monaten wird die Kaffeeernte kommen, oder wir werden zu spät pflanzen.« Daraufhin sagen die alten und die neuen Dorfvorsteher: »Wir sollten den Mamo fragen, um zu wissen, was er denkt.«

Dann geht der Ñikuma-Mamo zum Mamo. Dort sprechen sie in der Hütte und kommen in den Einen Gedanken. Könnte es sein, dass es noch keine Zeit für die Ernte ist? Könnte es sein, dass es Zeit für ein pagamiento ist? Könnte es sein, dass wir uns gemeinsam aussprechen müssen, weil wir einen Weg anlegen oder etwas anderes gemeinsam tun werden? Also hört der Mamo die ganze Nacht zu. Am Morgen stellen die Mamos das Orakel zhatukwa auf den Hügel und untersuchen die Situation. Der Mamo sagt, ob wir uns innerhalb von zwölf oder vierzehn Tagen treffen werden oder ob jemand in der Gemeinschaft sich noch nicht um seine innere Ordnung gekümmert hat. Dann geben wir ihm noch etwas Zeit, um dies zu erledigen, und wenn alle bereit sind, treffen wir uns. So leben wir die Erinnerung.

Für uns ist die Erinnerung an die Prinzipien des Lebens unser Ursprung und unsere Zukunft. Diese Kenntnisse existieren im Wissen der ältesten Mamos. Die Erinnerung zu verlieren, ist für uns ein bisschen wie wenn der Planet die Sonne verlieren würde: Alles wäre in Gefahr, in Dunkelheit zu versinken. Eine menschliche Gemeinschaft ohne Erinnerung und ohne Träger und Bewahrer dieser Erinnerung kann sich nur neue künstliche Gesetze erfinden. Aber erfundene Erinnerung kann nicht funktionieren, denn sie beruht auf dem, was die Menschen wollen, aber nicht darauf, wie der Ursprung der Dinge ist. Sie funktioniert nur in einer Scheinwelt. In der Natur gibt es keine Unterschiede, kein Gut und kein Schlecht.

Es gibt ein gemeinsames Wirken von Kräften, die im Gleichgewicht gehalten werden. Wenn eine Kraft eine andere dominiert, beginnt das Chaos. Die Jüngeren Brüder haben ihre Erinnerung verloren, deswegen sind sie gezwungen, Gesetze zu erfinden und immer neue Gesetze, eins bricht das andere, eins ist wichtiger als das andere, nie sind sie gleich. Das liegt daran, dass die Jüngeren Brüder mit widerstreitenden Gedanken arbeiten. Deswegen haben sie Macht über andere, aber eben auch Kriege und viele Krankheiten. Jedes Gesetz führt dazu, dass weitere Gesetze gemacht werden müssen und immer weitere. Das hat nichts mit einem gemeinschaftlichen Erinnern zu tun oder mit gemeinsamem Handeln, wie wir es in der Natur sehen. Erinnerung soll nicht irgendwo geschrieben stehen, sie wird gelebt, jeden Tag. Wenn Erinnerung nicht ausgeübt wird, geht sie verloren. Sie wurde nicht gemacht, um konserviert zu werden, sondern um gelebt und geteilt zu werden. Für uns ist die Erinnerung ein bisschen wie die Augen, die geschaffen wurden, um zu sehen. Wenn sie sich schließen, wird alles dunkel. Nur die, die noch eine lebendige Erinnerung haben, wissen noch, wohin sie gehen. Unsere Mamos halten die Erinnerung am Leben.

Die Mamos und Sakas sind die lebendige Erinnerung des Volkes der Kogi. Lebendige Erinnerung heißt in diesem Zusammenhang, dass alles Wissen für das tägliche Leben von Bedeutung ist und Anwendung findet. Es gibt für das zu lebende Leben kein irrelevantes Wissen. Daher kennen die Kogi auch kein Umsetzungsproblem, keine Spannung zwischen Theorie und Praxis. Etwas, was ich immer wieder beobachtet habe, ist, dass die Kogi keine Anzeichen eines Inneren-Schweinehund-Dilemmas aufweisen. Nie hatte ich das Gefühl, dass sie Schwierigkeiten haben, sich zu irgendetwas aufzuraffen. Ich erkläre mir das so, dass zwischen dem gelebten Leben und den ersten, ursprünglichen Gedanken des Lebens eben kein Widerstreit besteht. Wie kommt es, dass wir so oft wissen, dass uns etwas guttun und weiterbringen würde und wir es dennoch nicht tun? Was sagt ein Umsetzungsproblem über unsere Wissensökonomie aus?

Die Wissensökonomie der Kogi sieht vor, dass Erinnerung nicht aufgeschrieben werden kann und sollte, damit lebendiges und gelebtes Wissen sich nicht in totes Wissen verwandelt. Daraus ergibt sich eine natürliche Fokussierung auf das Wichtige und Wesentliche. Wir müssen das nicht in dieser Form nachahmen und sollen es auch gar nicht. Die Schriftkultur gehört auch laut den Kogi zu uns. Allerdings lohnt es sich durchaus, innerlich gedanklich auszumisten, um dem Wesentlichen Raum zu geben. Auch in der Beratungssituation eines Mamo oder einer Saka geht es um die Frage: »Worum geht es hier im Kern?« Diese Frage ermöglicht den Blick in die hinter der gegenwärtigen Situation liegenden Themen, Emotionen, Blockaden und Dynamiken. Dadurch erhält der Ratsuchende den Zugang zu seinen innewohnenden Entwicklungspotentialen. Zugleich gehen die Kogi davon aus, dass aus der jeweiligen Ordnung der Gedanken um eine konkrete Situation herum natürlicherweise eine für diese Situation angemessene eindeutige Handlung entspringt. Diesem Ansatz steht bei uns eine abstrakte und oft ideologische One-Size-Fits-All-Schematik* gegenüber.

Erinnerung ist für die Kogi zudem stets Erinnerung an den Ursprung. Wer sich nicht an den Ursprung und die ersten ursprünglichen Gedanken erinnert, der weiß auch nicht, wohin er geht, und verliert sich in zweiten, sekundären Gedankenkonstrukten. Die Kogi sagen, dass diese ursprünglichen Gedanken den verschiedenen Völkern der Erde am Anbeginn der Zeit hinterlassen worden sind und daher erinnert werden können. Es geht bei der Erinnerung also nicht um historische Daten und Geschichte im herkömmlichen Sinne, sondern um ein Erkennen der tiefen Grundlage des Lebens.

Ein Merkmal dieser ursprünglichen Gedanken ist die Idee des Einen Gedankens, dass im Ursprung kein Konflikt herrscht und alle Dinge ihren Ort und ihre Zuständigkeit haben. Daraus ergibt

---

* Eine Lösung, die angeblich auf alles passt, ähnlich einem Kleidungsstück, das nur in einer Größe produziert wird und dann von allen angezogen werden soll, egal ob groß oder klein, dick oder dünn.

sich für die Mamos und Sakas, dass nichts bekämpft, sondern in seinem Ort und seiner Zuständigkeit erkannt und wenn möglich wiederhergestellt wird, wenn es sich an einen Ort verloren hat, an den es nicht gehört. Dazu gehört auch die Unterscheidung zwischen den eigenen Angelegenheiten und denen des anderen, in die nicht eingegriffen wird. Beim Eigenen bleiben und das Andere sein lassen bedeutet für die Kogi, keine schwächende Verstrickung zu erzeugen.

Mama José Gabriel sagt:

Wir Mamos werden nicht krank, weil wir niemanden schlechtreden. Wenn man schlecht über jemanden spricht und denkt, dass er nicht gut ist oder nicht mein Bruder ist, dann kann man sehr krank werden. Man darf auch nicht schlecht über Tiere sprechen oder sie töten. Manchmal, wenn Schlangen kommen, dann töten wir sie. Aber dann reinigen wir sieben Mal ihre Gedanken und sammeln sie auf, sonst kommt die Mutter der Schlangen und verlangt ihre Bezahlung für ihr getötetes Kind. Sezhankua hat uns und euch das alles hinterlassen. Wir erinnern uns noch. Wir müssen im Einvernehmen mit den Pflanzen leben, mit den Tieren, mit den Seen, mit den Ältesten, mit dem Schnee. Wir müssen auch im Einvernehmen mit dem Jüngeren Bruder leben und denken. So wie wir beide hier sitzen und reden, so leben wir gut. All dies wirst du in das Buch schreiben.

Achtzehn Jahre in der Dunkelheit

Ich sitze unter dem großen Baum etwas abseits der Hütten im Schatten. Die Mittagssonne brennt heiß vom Himmel, und ein sanfter, warmer Luftzug bringt die Blätter leicht zum Rascheln. Mir gegenüber sitzt Mama Bernardo Mamatacan, an seiner Seite sein Enkel Juan Carlos Mamatacan. Dies sind nicht ihre richtigen Namen, aber die Namen, unter denen sie Nicht-Kogi vorgestellt werden. Der traditionelle Hut des Mamo wirft Schatten auf sein Gesicht, dessen viele Falten von seinem hohen Alter zeugen. Er ist

104 Jahre alt. Er geht nicht mehr schnell, aber er geht. Er sieht noch gut, er hört noch gut, und vor allem erinnert er sich noch daran, wie er als kleiner Junge seine Ausbildung zum Mamo erlebt hat.

Er spricht auf kaggabá und sein Enkel übersetzt:

Als ich sehr sehr klein war, ich kann mich nicht genau daran erinnern, haben mich die Mamos in die Höhle mitgenommen. Ich war gerade geboren. Ich bin in der Höhle aufgewachsen. Ich dachte, ich wäre der einzige Mensch auf der Welt. Manchmal kamen die Mamos und haben mich besucht, dann dachte ich, dass es nur uns gäbe, mich und die anderen Mamos. Als ich schon größer war, haben die Mamos mich mitgenommen in ihr Haus, aber es war immer dunkel. Tags bin ich nie nach draußen gegangen. Ich wusste nicht, dass ich einen Vater habe, ich wusste nicht, dass ich eine Mutter habe. Das einzige, womit ich mich die ganze Zeit beschäftigte, waren Energien. Ich lernte, wie man zum Wasser singt, ich lernte, wie man zu den Bäumen singt. Ich lernte auch, wie man singt, wenn der Wind zu stark weht. So lernte ich alles Stückchen für Stückchen. Ich bekam nur reines Essen, es war rein, sehr rein. Ich bekam kein Salz und auch kein Fleisch. Ich habe Kartoffeln gegessen und Maden und Regenwürmer, sie heißen binókudla. So habe ich alles gelernt, ich war immer in der Höhle, ich habe nur reines Essen gegessen. Es war immer dunkel, dunkel, so dunkel. Ich habe nie jemanden gesehen, aber ich habe manchmal gehört, wie die Mamos aus der Ferne zu mir gesprochen haben. Dort habe ich alles gelernt. Ich habe nur an die Dinge gedacht, die mir gesagt wurden. Die Mamos gaben mir einen einzigen Ort, wo ich mich baden durfte, nur dort habe ich gebadet. Sonst dachte ich nur daran, mehr und immer mehr zu lernen. So ist die Zeit vergangen, bis ich den Poporro bekam.[30] *Danach erst haben sie mich aus der Höhle geholt.*

Warum werden wir in der Höhle ausgebildet? Warum werden wir in der Dunkelheit ausgebildet? Der Grund dafür ist, dass es in der Höhle sehr dunkel ist, und in der Dunkelheit sind die Väter und Mütter der Dinge. Alles, was lebendig ist, die Bäume, das

Wasser, die Seen, die Steine, sie haben ihre Väter und Mütter, also ihre Gedanken, in der Dunkelheit. Dort lernt man, mit ihnen zu sprechen. Sie erklären dir alles. Der Vater der Bäume zum Beispiel erklärt genau, wie man mit seinen Kindern umgehen muss, wie man für sie pagamiento macht, wie man sie ausbildet. Alle Väter und Mütter von allem Lebendigen leben in der Dunkelheit. Ich habe gelernt, mit den Vätern und Müttern zu sprechen, weil sie dort waren.

Wenn du dich für etwas interessierst, dann lernst du es sehr schnell. Als ich die Väter und Mütter der Dinge zum ersten Mal wahrnahm, habe ich mich sehr für sie interessiert. Ich wollte wissen, wer sie sind und was sie machen. Ich habe sie nicht gesehen, aber sie haben zu mir gesprochen. Wenn dir beim Lernen ein Thema besonders gut gefällt, dann lernst du sehr schnell. Meine Schule war die Dunkelheit.

Niemand hat mir beigebracht, mit den Vätern und Müttern zu sprechen. Die Mamos haben mir nur gesagt, dass ich achtgeben soll, dass bald jemand kommt und mir Dinge erzählt. Die Mamos haben mir gesagt, dass ich mir gut merken soll, was die Väter und Mütter des Lebens mir erzählen, denn das sind die wahren Dinge. Ich habe auf sie gehört. Menschen, die auf die Ältesten hören, werden sehr groß werden. Genauso ist das mit den Vätern und Müttern des Lebens, man muss gut lauschen und hören, was sie sagen. Wenn man dies nicht tut, dann wird man auch kein großer Mamo.

Am Anfang hörte ich niemanden, niemand kam und sprach zu mir, aber die Mamos hatten gesagt, dass es dauern könnte. Nach vielleicht ein oder zwei Monaten kamen dann die Väter und Mütter und sprachen. Bis dahin hatte ich jeden Tag gesessen und in die Dunkelheit gelauscht. Ich habe nie Fleisch und Salz gegessen, um hören zu können, was die Väter und Mütter zu sagen hatten. Ohne Salz und ohne Fleisch kann man viel schneller lernen. Es ist das gleiche, wenn man heute viele Chemikalien isst, dann ist man nicht mehr für lange Wanderungen zu gebrauchen. Genauso ist es, wenn man Salz isst und diese Dinge lernt. Wenn ich Salz gegessen hätte, dann hätte ich absolut nichts gehört, und die Väter und Mütter hätten auch gar nicht erst zu mir gesprochen.

Es gab auch andere Mamos, die genauso aufgewachsen sind wie ich. Diese Mamos verstanden bereits, wie die Väter und Mütter der Dinge sprechen würden. Sie wussten bereits vor meiner Geburt, dass ich in die Höhle gehen werde. Woher wussten sie das? Die Väter und Mütter der Dinge haben es ihnen gesagt. So, wie wir jetzt hier sprechen und uns verstehen, verstanden sie bereits die Sprache der Väter und der Mütter. Die Väter und Mütter haben durch das Zhatukwa den Mamos gesagt, dass sie das Kind in die Höhle bringen müssen. Wenn das Kind dann in der Höhle ist, dann ist es die Zusammenarbeit der Mamos und der Väter und Mütter des Lebens, die das Kind unterrichten.

Vor mir saß ein Mann, der die ersten 18 Jahre seines Lebens in der Dunkelheit verbracht hatte. Ich hatte bereits vorher von der Ausbildung der Mamos gehört, aber einem gegenüberzusitzen und ihm beim Erzählen seiner Erfahrungen aus dieser Zeit in seinem Leben zu lauschen, war etwas anderes. Mein Kopf war voller Fragen. Warum machen sie das so? Wie halten sie die Dunkelheit aus? Woher bekommen sie Vitamin D? Warum werden sie nicht blind? Ist das nicht eine total schreckliche Kindheit? Was bringt ihnen das alles überhaupt? Der alte Mamo wie auch die anderen Mamos, die ich bisher kennengelernt hatte, machten absolut nicht den Eindruck, als ob sie unter ihrer Kindheit und Ausbildung gelitten hätten. Und trotzdem kam ich aus dem Staunen nicht heraus. Ich unterhielt mich weiter mit dem alten Mann, und sein Enkel übersetzte. Er machte auf mich einen heiteren und zufriedenen, zuweilen auch kindlich verschmitzten Eindruck. Bei meinen Begegnungen und Gesprächen mit den Kogi ging es mir weniger um die Details ihrer Kultur, sondern um das Gefühl, das der Kontakt mit ihr hinterlässt. Einerseits bei mir selbst, obwohl dies vermutlich mehr über mich als über die Kogi aussagt, andererseits bei den Kogi. Hier saß ich nun einem Menschen gegenüber, der auf mich glücklich und in sich ruhend wirkte. Er war sehr alt, und das sah man ihm auch an, jedoch fehlte jede Spur von Jammern oder Beklagen über sein Alter, er war rüstig und sowohl geistig als auch körperlich fit. Es schien mir, dass er mit Freude über sein Leben sprach.

Ich fragte genauer nach, wie seine Ausbildung verlaufen war, und er erzählte mir, dass ein angehender Mamo, auch *kwivi*, *nuakwivi* oder *moro* genannt, nur nachts aus der Höhle herausgehen darf, um seine Bedürfnisse zu erledigen, und das nie alleine. Der Grund dafür, sagen die Kogi, liegt darin, dass die Sonne ein Mamo ist und das Kind mit seinen Gedanken beeinflussen könne. Wenn der Mond nachts scheint, wird der Kopf mit einem speziellen Korbgeflecht abgeschirmt und so vor dem Licht geschützt. Die Orte der Ausbildung sind oft Orte von großer Bedeutung in den Geschichten und Mythen der Kogi. Manchmal handelt es sich um den Ursprung einer bestimmten Abstammungslinie, oder es ist ein Ort, an dem ein bestimmter mythischer Held eine schwierige Aufgabe erledigt hat. Diese Orte sind Räume und besondere Tore in eine andere Welt. Dieser Raum ist seine Universität und der Mamo sein Lehrer. Die Kogi sagen: »Der kwivi kennt das Meer nicht, aber er kennt dessen Geist. Er kennt den Jaguar nicht, aber er kennt seinen Geist. Er kennt keine Bäume, keine Steine, keine Gipfel, keine Sonne und keine Planeten, aber er kennt ihre Geister, die Essenz ihres Wesens, ihre Gedanken. Er beginnt eine Beziehung mit ihnen, um das Verhältnis aller Dinge zu ergründen.«[31]

Die Ausbildung der Mamos und Sakas beginnt jedoch schon sehr früh und zwar im Bauch der Mutter, nachdem mit dem *zhatukwa* Orakel die Bestimmung des Babys festgestellt worden ist. Wenn das Baby ein Mamo oder eine Saka wird, dann hält die Mutter eine strenge Diät. Sie isst kein Salz und kein Fleisch von Zuchttieren. Ihre Nahrung besteht aus proteinhaltigem Gemüse, welches nur für die Mamos zubereitet wird. Während ihrer Schwangerschaft meditiert sie lange und folgt den Ratschlägen der Mamos, mit denen sie sich in ständigem Dialog befindet. Sie teilt ihre Emotionen mit, erzählt, wie sie den Tag verbracht hat, welche Gedanken ihr durch den Kopf gegangen sind und was sie geträumt hat. All diese

Informationen werden genauestens betrachtet und interpretiert, um Anpassungen vornehmen zu können, so dass die Entwicklung des Kindes optimal verläuft. Welch eine enorme Achtsamkeit und Wertschätzung für einen noch nicht geborenen Menschen!

Während der ersten Lebensmonate und der Stillzeit bleibt der zukünftige Mamo mit seiner Mutter und seinem Lehrer zusammen in der Höhle. Das gleiche gilt für die Sakas. Das sind die einzigen beiden Menschen, mit denen er oder sie in Kontakt tritt. Wenn das Kind in der Lage ist, andere Nahrung als nur Muttermilch zu sich zu nehmen, bekommt es eine ganz bestimmte Diät. Spezielle Ernährung ist ein essentieller Teil der Ausbildung der Mamos und Sakas, und auch aus anderen ursprünglichen Kulturen kennen wir die Betonung der Bedeutung der Ernährung bei der spirituellen Ausbildung. Für die *kwivis* wird alles in Tontöpfen zubereitet, es gibt Würmer, Käfer, Flusskrebse, Pilze und Gemüse, dazu verschiedene Maisarten, Kürbis, Maniok sowie manche Bohnensorten. Nach neun Jahren können sie auch Wildfleisch verzehren. Dadurch ist die Zufuhr an Vitamin D ausreichend gedeckt. Sie essen nichts, was nicht aus der Sierra kommt, also keine Bananen, Zuckerrohr, Zwiebeln, Zitrusfrüchte und ganz besonders niemals Salz oder Gewürze. Alles Essen muss weiß sein: weiße Bohnen, weiße Würmer und so weiter. Nach der Pubertät erhalten die Mamos und Sakas sehr selten Fleisch von Säugetieren, wenn doch, dann ausschließlich von Wild. Der Grund ist, so sagen die Kogi, dass die *kwivis* das große Wissen dieser Tiere über ihr Fleisch in sich aufnehmen. Die gesamte Nahrung wird in einem Tontopf gekocht, niemals wird etwas gebraten, frittiert oder geräuchert.

Kwivi, das Wort sowohl für Mamo- und Saka-»Azubis« als auch für ihre »Schule«, bedeutet »abstinent« und bezieht sich nicht nur auf eine Mäßigung bezüglich Essen, Trinken, sexuellen Kontakten oder Schlaf, sondern auch auf den Verzicht jeglicher Form von Übermaß. Diese Werte, so berichtete mir ein Mamo, waren die Qualitäten der mythischen Mamos der Altvorderen. Es gibt viele Geschichten über Mamos und ihre *kwivis* bei den Kogi.

Einige erzählen von großen und wichtigen Mamos, die trotz allem viele Fehler in ihrem Leben begangen haben, andere zeichnen das Bild der Werte eines großen Lehrers, wiederum andere messen die Mamos an ihrer Fähigkeit, in schwierigen Situationen gute Lösungen zu finden.

Mama José Gabriel erzählt uns zur »Ausbildungsplatzvergabe« der Mamos und Sakas:

Einige Monate vor der Geburt eines Kindes treffen sich die Mamos und befragen das zhatukwa, um herauszufinden, ob das Kind dazu bestimmt ist, Mamo oder Saka zu werden. Es kommen dann vielleicht vier Schwangere zusammen. Die Mamos befragen das zhatukwa und sagen das Geschlecht des Kindes voraus und stellen fest, ob das Kind ein Mamo werden soll. Wenn es ein Mamo oder eine Saka werden wird, dann wird es an einem Heiligen Ort geboren. Traditionellerweise machen wir eine »Taufe«, die neun Tage dauert. Dazu kommen die alten Mamos und befragen das zhatukwa. Sie tun ihre Arbeit, damit das Kind ein guter Mamo beziehungsweise eine gute Saka wird, damit er oder sie intelligent werden wird. Aber wenn sich herausstellt, dass das ungeborene Kind kein Mamo wird, dann wird es im nuhué ausgebildet. Nur ein oder höchstens zwei Kinder machen die Ausbildung zum Mamo oder zur Saka, auf gar keinen Fall alle. Die Auszubildenden lernen sehr schnell.

Die Frauen werden in den kwivis[32] *ausgebildet, um Sakas zu werden. So wissen wir genau, wer Mamo und wer Saka wird. Die Sakas haben nur die Ketten als Zeichen. Wenn sie noch am Lernen sind, dann haben sie wenige rote Ketten, wenn sie viele Ketten haben, dann sind sie Sakas. Den Hut bekomme ich auch erst später. Wenn man in der Ausbildung zum Mamo ist, dann darf man den Hut noch nicht aufsetzen. Es gibt sogar manche Mamos, die eigentlich die Ausbildung beendet haben, aber noch nicht alles gut gelernt haben, sie besitzen dann schon den Hut, aber dürfen ihn noch nicht tragen. Erst wenn sie alles gut wissen, dann setzen sie ihn auf. Der Hut, der vorher aufbewahrt wird, ist Zeichen des Lernens.*

Die Kogi betreiben zweifelsohne einen großen Aufwand, um ihre weisen Männer und Frauen auszubilden: achtzehn Jahre nur Gedankenschule, keine Ferien, keine Unterbrechungen. Welch eine Präsenz und Klarheit entsteht daraus! Die Kogi und insbesondere die Mamos gehen davon aus, dass jede Begegnung mit einem anderen Menschen und sogar mit einem anderen Lebewesen eine Auswirkung auf das eigene Leben sowie das Leben des anderen hat. Das Leuchten in den Augen der Mamos und Sakas, wenn sie mit uns über die Welt und ihre komplexen lebendigen Zusammenhänge sprechen, zeugt davon, wie positiv sie im Leben stehen. Innere Entwicklung und Ordnung ist nichts, was die Kogi nur für sich selbst tun, sondern sie tun es für nichts Geringeres als die Welt. Der Ausgleich dafür kommt von alleine. Sie haben verstanden, dass das, was wir für andere tun, wir auch immer für uns selbst tun.

In den ersten neun Jahren der Ausbildung, die in der Höhle stattfinden, werden den Kindern die Tänze vermittelt, zu denen anfangs nur gesummt wird. Die *kwivis* tanzen stundenlang Nacht für Nacht. Die Kinder erlernen so durch die Bewegung den Aufbau der Welt und die Prinzipien des Lebendigen, denn Bewegung ist die Grundlage des Lebens. Viele Lieder sind in einer alten Sprache verfasst, die nur die Mamos und Sakas verstehen und von der die Kogi sagen, dass dies noch die Sprache ihrer Vorfahren, der *Tayrona* sei. Alles wird immer wieder wiederholt, die Tänze, die Geschichten, alles. Hinzu treten Erklärungen und verständnisvertiefende Hinweise.

In den zweiten neun Jahren beschäftigen sich die zukünftigen Mamos und Sakas mit dem *zhatukwa* Orakel, dem *pagamiento*, den heiligen Gegenständen und den Zyklen des Lebens. Beim Orakeln beginnen sie mit einfachen Ja-Nein-Fragen, um später komplexere Zusammenhänge zu deuten. Essentiell dabei ist die genaue Kenntnis wirklich aller (!) Geschichten und das Hören auf die innere Stimme. Intuition wird bei den Kogi, anders als bei uns, gezielt geschult und ausgebildet. Bei den heiligen Gegenständen handelt es sich hauptsächlich um *sewás*, deren Besitz die Erlaubnis zu bestimmten Tätigkeiten markiert. Sie werden über die Jahre erworben und teils durch die Mamos, meistens jedoch sogar direkt von den spirituellen Vätern und Müttern vergeben. Beispiele dafür sind die Erlaubnis, Koka zu kauen, bestimmte Arten von Fleisch zu essen oder spezielle Zeremonien durchzuführen. Darauf gehe ich im fünften Kapitel näher ein.

Wenn die *kwivis* kurz vor dem Ende ihrer Ausbildung stehen, beginnen sie selbst Rituale durchzuführen. Für die Mamos und Sakas ist das ein Zeichen, dass die *kwivis* eigenständig mit Energien arbeiten können. Wichtige Voraussetzung dafür ist der Erwerb eines sehr großen Wortschatzes. Insbesondere das genaue Benennen von Lebewesen, Dingen, Ideen und Vorkommnissen ist essentiell für die Arbeit der Mamos und Saka. Es geht für die Kogi darum (ge)recht zu sprechen, nicht richtig oder falsch, gut oder schlecht, sondern im Sinne der ursprünglichen Ordnung. Sozialer Umgang, wie wir ihn verstehen und für wichtig halten, wird in der Ausbildung der Mamos und Sakas nicht nur nicht vermittelt, sondern es wird ein besonderer Wert darauf gelegt, dass sich ein Mamo oder eine Saka nicht in unpassende Gedanken verstrickt.

Das Prinzip des Ausgleichs

Die vielleicht wichtigste Einsicht der Kogi ist die, dass, weil alles miteinander verbunden ist, Ungleichgewichte mit Verbindlichkeiten (»Schulden«) einhergehen. Diese werden durch den Akt des *pagamiento* oder, in der Sprache der Kogi, *zabiji* beglichen.[33] Wir kennen dieses Prinzip in der Wirtschafts- und Finanzwelt, die Kogi meinen jedoch, dass sich Gedanken und Gefühle auf die Natur und das Territorium auswirken und ebenso beglichen werden wollen wie Ungleichgewichte, die zwischen Menschen entstanden sind. Das, was uns von der Natur und dem Kosmos gegeben worden ist, ist nicht »kostenlos«, seine Entnahme bedarf ebenso eines Ausgleiches wie eine erbrachte Arbeitsleistung. Am ehesten können wir uns in diesen Gedanken vielleicht über die Idee der Pflege einfühlen: Wenn ich meinen Garten nicht mit dem versorge, was er braucht, oder seine Versorgung verhindere, dann versiegt er mir auch als Nahrungsquelle. Der Unterschied im Denken der Kogi wäre allerdings, dass die Natur als Subjekt mit eigener Intention tatsächlich als eine Art Handelspartnerin begriffen wird, die an Austausch interessiert ist. Mit anderen Worten, ich kann als Gärtner meinen Apfelbaum gießen, weil ich Äpfel ernten möchte, oder mit dem Apfelbaum Äpfel gegen Wasser tauschen. Jetzt gilt es herauszufinden, was die adäquate Währung und der angemessene Preis für die verschiedenen Handelspartner und Waren in der Natur ist. »Preise« und »Währungen« richten sich dabei hauptsächlich nach dem konkreten Bedürfnis des Handelspartners und seinem Gefühl für Ausgleich und Erfüllung, nicht primär an meiner Zahlungsbereitschaft und dem, was ich geben möchte.

Auch wenn es ungewohnt sein mag, lohnt sich folgendes Gedankenexperiment: Angenommen, die Natur ist genauso wie ich. Wie geht es mir, wenn mir mein Arbeitgeber nur das gibt, was er zu zahlen bereit ist, mein Bedürfnis nicht gehört und erfüllt wird oder umgekehrt? Es findet dann nie ein vollständiger Austausch statt, der beide Parteien gleichermaßen zufriedenstellt. Das Ergebnis eines solchen chronisch unvollständigen Austausches ist Unerfülltheit und ein Versiegen des Kontakts und der Lebensfreude. Es ist unmittelbar einsichtig, dass ein solcher Zustand im Zusammenhang eines Arbeitsverhältnisses nicht wünschenswert wäre, jedoch ist der Umgang mit der Natur nach dem Freibier-Prinzip allerorten zu beobachten.

Dieser Austausch und Ausgleich erfolgt sowohl auf der materiellen als auch immateriellen Ebene, so wie es auch materielle und immaterielle Bedürfnisse gibt. Ein Mensch benötigt zum Beispiel sowohl Nahrung und Wasser als auch Anerkennung und Wertschätzung. Über ihren Kontakt zu den Müttern und Vätern der Dinge haben die Kogi ein Bewusstsein für »Preise« und »Währungen« in der Natur, mit dem sie das, was sie entnehmen, ausgleichen. Daraus entsteht ein lebendiger Kreislauf des gegenseitigen Nährens von Natur und Mensch.

Juan Mamatacan setzte sich zu mir vor die Hütte. Er fragte mich, warum ich denn in der Sonne säße. Ich erklärte ihm, dass wir in Deutschland nicht so viel davon hätten und dass ich es genießen würde, mal Sonne satt zu haben. Wenn ich nicht gerade auf dem Feld mithalf, Yucca zu pflanzen oder Zuckerrohr zu ernten, saß ich im Dorf und unterhielt mich oder beobachtete einfach nur. Für die Kogi war und blieb ich aufgrund meiner Körpergröße von 1,94 Meter ein lustiger Anblick. Manche hielten in ihrer Arbeit inne, einfach nur um mich dabei zu beobachten, wie ich mich bewegte. Anscheinend merkte man mir deutlich an, dass ich nicht von Kindesbeinen an gelernt hatte, mit einer Machete Süßkartoffelfelder von anderthalb Meter hohem tropischem Unterholz zu befreien. Für sie war es auch immer witzig zu sehen, wie ich auf ihren für mich winzigen Holzbänken Platz nahm, die ich bei Ikea eher in die Kinderabteilung einsortiert hätte. Neben Macheten und einigen Gummistiefeln sind weiße Plastikgartenstühle eines der wenigen Dinge, die die Kogi aus der Außenwelt verwenden. Ich weiß nicht warum sie genau diese Stühle benutzen, aber es freute mich, denn sie waren zumindest von einer Größe, auf der ich annähernd bequem sitzen konnte.

Juan Mamatacan saß neben mir auf einem solchen Stuhl und begann zu erzählen:

Wir nehmen nicht nur jeden Tag Nahrung und Wasser zu uns, sondern wir töten ja auch viele kleine Tiere, zum Beispiel Ameisen. Das führt zu Ungleichgewichten in der Natur. Diese Ungleichgewichte gleichen wir durch unser pagamiento aus. Dem Wasser geben wir zum Beispiel Bergkristalle als Nahrung. Aber wir benutzen und verbrauchen auch ganz andere Dinge, wie zum Beispiel die Dunkelheit. Auch dafür müssen wir einen Ausgleich erbringen, denn alles lebt. Auch wenn wir ein Haus bauen, nehmen wir viele Dinge aus der Natur, die wir ausgleichen. Wir arbeiten viel dafür, dass alles im Gleichgewicht bleibt. Die Häuser bleiben dann lange erhalten. Wenn wir nichts ausgleichen, dann werden die Ungleichgewichte immer größer, und wir können sogar krank werden.

Ungleichgewichte werden von selbst ausgeglichen, wenn sie nicht beglichen werden. Oft werden dann die Kinder krank und gar nicht man selbst. Die Erde unterscheidet nicht direkt. Wenn wir ein Haus bauen, muss sowohl vorher als auch wenn das Haus bereits steht, pagamiento gemacht werden. Das erste pagamiento ist dazu da, unsere Verbindlichkeiten bei der Natur auszugleichen, das zweite belebt das Material, aus dem das Haus gebaut ist, von neuem. Wir leben dann nicht in einem toten, sondern in einem lebendigen Haus. Die Mamos machen immer ihr pagamiento an den Orten des Ursprungs der Dinge. Es gibt Heilige Orte für die Tiere, die Vögel, aber auch für die Krankheiten und das Unheil, davon gibt es viele verschiedene Sorten, auch dafür bezahlen wir. Wenn jemand negativ denkt, dann nehmen die Mamos diese Gedanken und bringen sie an den Ort dieser speziellen Gedanken. Wenn jemand positiv denkt, dann werden sie an den Ort des positiven Denkens gebracht. All das ist Ausgleich.

Hier könnte der Eindruck entstehen, dass die Motivation für das *pagamiento* in der Angst vor Unheil begründet liegt. Stattdessen ist das zugrundeliegende Prinzip jedoch die Zunahme der Lebendigkeit. Das Interessante dabei ist, dass die Kogi davon ausgehen, dass jeder Mensch aus sich selbst heraus Ungleichwichte ausgleichen kann, weil er genau die Gefühle, Gedanken, Ideen, Talente usw. in sich trägt, die einen geeigneten, also wechselseitig erfüllenden Ausgleich für das ermöglichen, was er braucht.

Mama José Gabriel spricht über die Gabenordnung:

Sezhankua hat uns gesagt, wie wir sowohl auf materielle Art als auch auf spirituelle Art pagamiento machen. Wir sitzen dann mit dem zhatukwa und fragen, welches Material wir nehmen und auch woher. Das Material kann aus dem See kommen oder vom Berg, all das sagt das zhatukwa. Wir können nicht einfach irgendetwas nehmen. Einen Tag gleichen wir auf spirituelle Art aus, einen anderen auf materielle Art. Wir müssen das alles mit dem zhatukwa bestimmen. Es kann auch sein, dass wir zweimal materiell und zweimal spirituell bezahlen. Das Material kann sich auch ändern. Wir wissen genau, wann wir unsere Arbeit erledigen, sogar die genaue Tageszeit macht einen Unterschied und ist wichtig, wie auch die Dauer. Manchmal arbeiten wir lange am Stück oder fangen erst um Mitternacht an zu arbeiten. Wenn wir dies alles festgestellt haben, machen wir das pagamiento. Diese Dinge sind sehr, sehr wichtig. So leben wir.

Es hängt auch vom Klima ab, welches Material wir für das pagamiento verwenden. Es ist auch wichtig, von wo aus unserem Körper wir die Gedanken für das pagamiento nehmen. Wenn wir in den Berggipfeln arbeiten, dann nehmen wir die Gedanken vom oberen Teil unseres Körpers. Wenn wir am Fuß der Berge arbeiten, dann nehmen wir die Gedanken vom unteren Teil unseres Körpers. Aber je nachdem, was gebraucht wird, kann sich das auch verändern. Alles, was ihr wissen müsst, könnt ihr mit dem Befragen des Orakels erfahren. Das Orakel kann euch alles sagen, wo wir welches pagamiento zu welcher Zeit wie machen. Alles! Es gibt neun verschiedene Gedanken von Sezhankua. Wir bewahren diese Gedanken.

Wenn wir mit dem Wasser arbeiten, benutzen wir Kristalle. Wenn wir mit Holz arbeiten, dann nehmen wir Holz. Mit der Erde und den Gedanken arbeiten wir mit dem Quarz. Mit Kasauki arbeiten wir mit dem Holz. Mit Hayo und anderen Pflanzen arbeiten wir mit Holz. Aber all das bestimmt das Orakel. Mit Steinen arbeiten wir nicht so viel, denn sie wachsen nicht schnell. Manchmal arbeiten wir aber auch damit. Auch mit dem Wind arbeiten wir mit Kristallen. Alles muss mit dem Orakel erfragt werden, alles. Wir selbst entscheiden das nicht einfach so, sondern wenn wir mit dem Sewá arbeiten, dann sind wir geführt. Das Sewá kommt aus den Prinzipien des Ursprungs.

Ihr werdet eure Art zu arbeiten, die euch Sezhankua hinterlassen hat, wiederfinden und das Wissen langsam großziehen. Wenn es erwachsen ist, dann werdet ihr wieder gute Arbeit machen. Mit Gedanken und mit Wissen ist es wie mit uns Menschen. Wenn wir geboren werden, dann sind wir ganz klein. Wir können nicht laufen und nicht arbeiten. Aber dann wachsen wir und organisieren den Körper. Später laufen wir dann und arbeiten gut. Genauso machen wir die Dinge. Wir werden alle lernen, aber es braucht Zeit, bis die Gedanken wachsen. Wenn wir gut denken, dann ist Sezhankua an unserer Seite, aber wenn wir jemanden töten oder schlecht sprechen, dann ist er weit weg.

Wenn also die Kogi *pagamiento* durchführen und der Natur Nahrung geben, dann werden sie zu Mitschöpfern des Lebens und der Lebensprozesse. Diese sind nicht starr, sondern verlaufen in Kreisläufen, für deren Erhalt das *pagamiento* aus Sicht der Kogi eine enorme Rolle spielt. So gehen sie zum Beispiel von einem Netzwerk von Energieverbindungen aus, das durch einen fließenden Austausch zwischen den Verbindungspunkten gestärkt wird. Dabei werden auf der materiellen Ebene zum Beispiel Muscheln von den Stränden des Meeres zu bestimmten Bergseen gebracht und wiederum Steine von den Ufern dieser Bergseen ans Meer. Analoges geschieht auf der spirituellen bzw. gedanklichen Ebene. Diese Art der Herangehensweise, Energien in Fluss zu halten, funktioniert jedoch nicht als Technik oder abstrakte Methode, sondern ist unauflöslich mit dem direkten wechselseitigen Kontakt zum Lebendigen verknüpft. Daher versichern mir die Kogi immer wieder, dass das *pagamiento* aus einer manipulativen Geisteshaltung heraus nicht wirkt.

Ein wichtiges gemeinschaftliches *pagamiento* der Kogi sind die einmal jährlich stattfindenden Neun-Tage-Tänze, die den Höhepunkt des Jahres bilden. In dieser Zeit tanzen die Kogi für die Natur, für die Welt, für den Kosmos und auch für uns Jüngere Brüder.

Mama José Gabriel spricht über die Tänze:

Wir tanzen neun Tage und neun Nächte einen bestimmten Tanz und verhindern so Konflikte unter uns im Stamm, aber auch auf der Welt. Wir haben dann einen Pfeil in unserer Tasche und legen Muscheln und Federn an. Der Tanz ist für die Gedanken, so kommt kein zu starker Regen, so gibt es keinen Krieg, so kommen keine

Krankheiten. Wir tanzen neun Tage und neun Nächte, ohne zu schlafen. Wir sind nachts wach, wir denken dann nur positiv, wir fällen kein Holz, wir essen nur zu ganz bestimmten Tageszeiten ganz wenig. Wir essen dann nur zweimal am Tag, abends und morgens. Bei Sonnenaufgang sind wir schon alle gebadet und haben gegessen. Dann tanzen wir bereits. Nachmittags machen wir nur eine ganz kurze Pause, dann tanzen wir weiter. Sobald wir uns hinsetzen, legen wir die Federn und die Muscheln ab. Bevor wir dann weitertanzen, ziehen wir wieder alles an. So leben wir. Wir tanzen neun Tage und neun Nächte ohne Pause. Wir tanzen auch für euch Jüngere Brüder. Dadurch verändern wir die Gedanken. Wenn vorher einer einen anderen töten wollte, dann denkt er plötzlich, dass er es doch nicht tun will, dass dies kein angemessenes Handeln wäre. Er wirft dann vielleicht nur einen Stein oder geht einfach sofort weg. So leben wir geordnet.

Wir tanzen neun Tage und neun Nächte und gleichen so das Negative und das Positive aus. Dinge, von denen wir keine Kenntnis haben, können wir auch nicht ausgleichen. Deswegen ist es sehr gut, dass ihr hierhergekommen seid, damit wir erfahren, was dort bei euch passiert. Die Wespen sind die Tiere, die die Erde beobachten und sehen, wer Positives und wer Negatives tut. Sie beobachten alles. Sie erzählen, dass wir viel zu wütend sind und über alles streiten. Deswegen gibt es viel Krieg und viel Trockenheit. Die Wayúu-Indianer[34] *auf der Guajira-Halbinsel haben kein Wasser mehr. Es hilft auch nichts, dort Kanister hinzubringen, denn sie sind sofort wieder ausgetrunken. Ganz gleich, wie viel Wasser wir dort hinbringen, es wird nicht reichen. Wir werden nun alle zusammenarbeiten.*

Am Anfang werden die Leute noch nicht viel zuhören, aber wir werden weiter arbeiten und dranbleiben. Wenn wir aufgeben, wird nie ein Einziger Gedanke entstehen. Wir tanzen und singen dafür. Es gibt neun Lieder, die wir singen. Neun verschiedene Lieder für den Tag, neun für die Nacht. Aber die Jüngeren Brüder tanzen, was sie wollen. Wenn wir nicht tanzen, dann wird es nicht regnen, wenn wir nicht tanzen, gibt es keinen Wind. Seit Anbeginn der Zeit tun wir das, so hat es uns Sezhankua überlassen. Nur die Mamos und Sakas tanzen. Die anderen von uns nicht. Wir tanzen nicht einfach irgendwo, sondern nur an den Heiligen Orten, dort darf man tanzen. Die anderen, die nicht tanzen, denken und sprechen gut. Niemand verlässt dann das Dorf oder geht irgendwo hin. Wir finden uns alle und haben so Kraft. Wir töten kein Tier in diesen Tagen. Das einzige, was wir dann tun, ist sitzen, denken und reden.

Mama Bernado Mascote Zarabata erzählt:

Es gibt verschiedene Masken für verschiedene Lebewesen. Die Masken helfen den Tänzern dabei, sich zu konzentrieren. Durch diese besonders konzentrierte Kraft ist das pagamiento sehr intensiv. Die ganze gesammelte Energie des Tanzens und der Masken wird am Ende von den Mamos aufgehoben und an den Ort mitgenommen, an dem sie gebraucht wird. Dieses pagamiento, was wir dort machen, ist auf planetarem Niveau. Wir arbeiten hier in der Sierra am Fuße unserer Nuhués, aber wir arbeiten für die ganze Erde. Mit diesen heiligen Arbeiten kontrollieren wir die extremen Regenfälle und starken Stürme, die in die Bereiche außerhalb unseres Planeten verbannt wurden. Wir ernähren mit unserer Arbeit diesen Ort, der damit die Schranke geschlossen hält, die verhindert, dass diese Phänomene in unsere Welt eindringen.

Die Mutter hat verstanden, dass, wenn sie diese Dinge auf die Erde lässt, es große Probleme geben wird. Es ist jedoch leider so, dass, wenn die Erde weniger Kraft hat, sie nicht mehr so gut in der Lage ist, diese Energien dort zu halten, wo sie hingehören. Alles, was wir in letzter Zeit als Veränderung des Klimas hin zu neuen Extremen beobachten, liegt daran, dass die Schranke undicht geworden ist und diese Dinge nun bereits teilweise eintreten. Die Mamos gleichen hier um Mitternacht aus, aber zur gleichen Zeit ist es woanders auf der Welt Mittag und wenn wir hier am Mittag ausgleichen, ist es woanders Mitternacht. Das ist sehr wichtig für das Gleichgewicht. Deswegen machen wir immer zweimal pagamiento, einmal am Tag und einmal in der Nacht. Nur so können wir gewährleisten, dass unsere Arbeit um den ganzen Planeten geht.[35] *Wenn wir arbeiten, geht es uns nicht um unser eigenes Wohl, sondern immer um das Wohl der ganzen Erde. Hier gibt es einen Ort, wo die Kraft der Welt durchfließt. Dort arbeiten wir für die Kraft der ganzen Erde. Das ist nicht der einzige Ort auf der Welt, es gibt noch andere Orte, die derart wichtig sind. Auch sie dürfen auf keinen Fall zerstört werden, sondern müssen gut gehütet werden. Wenn wir dies nicht tun, dringen andere Kräfte weiter in unsere Welt ein und verursachen Ungleichgewichte, und wir bekommen noch mehr Trockenheit, Starkregen und Erdbeben.*

Diese Arbeit ist das, was die Kogi als Hüten der Erde verstehen. Ihr Verständnis von sich selbst stellt einen unmittelbaren Mehrwert für andere dar. Was wäre, wenn auch wir ein ähnliches Selbstverständnis der Mitverantwortung für die Gedanken, die wir auf der Welt nähren, hätten? Und zwar jenseits einer politischen oder religiösen Moraldoktrin, sondern im Geiste eines ganzheitlichen Ausgleichens.

Nach Hause telefonieren

Warum gibt es Orakel? Welche Antworten suchen Menschen bei ihnen? Das *zhatukwa*, wie die Kogi ihr Orakel nennen, dient zur Überprüfung ihrer Sichtweisen und Einschätzungen eines vorliegenden Sachverhalts. Dies reicht zuweilen bis hin zu regelrechten Unterhaltungen mit der *Jaba Sé*, der Mutter des Universums, durch das *zhatukwa*. Beim Arbeiten mit der kleinen hölzernen mit Wasser gefüllten Schale wird ein ausgehöhltes Steinröhrchen in das Wasser fallen gelassen. Die Bewegungen der dabei entstehenden Luftblasen beantworten die gestellte Frage nach einem formalisierten Deutungsschema (Anzahl, Verweildauer, Drehrichtung usw.). Das Orakel gibt dabei sowohl einfache Ja-Nein-Antworten, ermöglicht aber auch komplexe Konversationen. Die Mamos und Sakas achten im alltäglichen Leben auf ihre Gefühle, Ahnungen, Visionen, Träume und Eingebungen, überprüfen diese dann bei ihrer Arbeit mit ihrem ständigen Begleiter, dem *zhatukwa*. Es geht bei den Kogi also nicht um den auf Angst beruhenden Versuch, sich gegenüber den Gefahren des Lebens abzusichern, sondern um Energieabgleich, Selbstüberprüfung und Rückbestätigung. Das Befragen des *zhatukwa* stellt die Verbindung zu einer Perspektive jenseits der Beschränkungen und Verzerrungen der eigenen Wahrnehmung her. Die Mamos und Sakas wissen nämlich, dass Menschen die Welt gefiltert wahrnehmen und den meisten Situationen mit Wünschen, Erwartungen, Hoffnungen, Wollen und Ängsten begegnen, was die klare Sicht auf die Dinge trübt. Das Befragen des *zhatukwas* reduziert das Rauschen dieser Wahrnehmungsfilter. Übrigens achten sie auch auf starke Voreingenommenheiten und Verstrickungen, zum Beispiel, wenn es um sie selbst oder nahe Angehörige geht, und delegieren in diesem Fall, um klare Antwort zu ermöglichen.

Wie die Mamos und Sakas mit dem *zhatukwa* arbeiten, erzählt Mama Bernado Simungama Mamatacan:

Teyuna hat das zhatukwa geschaffen. Er hat uns Mamos beigebracht, wie wir es lesen sollen.[36] *Die Väter und Mütter der Dinge bringen den Kindern schon bei, wie sie über das zhatukwa mit ihnen sprechen können. Ich habe das alles in der Höhle gelernt. Wenn die Luftblase an den Rand der Schale kommt, dann ist die Antwort positiv, wenn sie aber vorher schon platzt, dann ist die Antwort negativ. Wir benutzen das zhatukwa, wann immer wir es brauchen. Wir sitzen dafür auf den Hügeln. Für uns selbst können wir nicht fragen, da gehen wir besser zu anderen Mamos, aber für andere können wir arbeiten. Das zhatukwa sagt uns auch, in welchem Monat wir welche spirituelle Arbeit durchführen. Wann macht man dies, wann macht man jenes. Das zhatukwa selbst ist die Dunkelheit. Es ist die Sprache der Väter und Mütter. Es gibt verschiedene Steine für verschiedene Fragen. Alle sind etwas anders.*

Das zhatukwa ist eine Mutter. Was fragen wir das Orakel? Es hängt davon ab. Zum Beispiel befragen wir das zhatukwa wegen der starken Trockenheit, die hier vorkommt. Das zhatukwa gibt dann verschiedenste Antworten. Wenn wir etwas ausgleichen, dann tun wir dies oder jenes, dann machen wir hier pagamiento oder dort. Oder wenn jemand krank ist, sagt das zhatukwa, warum derjenige krank ist. Er hat zum Beispiel in der Erde gegraben, wo er nicht hätte graben dürfen. Es ist immer der Ort, der krank ist, nicht der Mensch. Wenn ein Mensch ein Problem hat, dann sagt das zhatukwa, warum dies so ist. Die Mamos kennen die Ursprünge von allen Krankheiten, Naturkatastrophen und Problemen. Die Geschichten erklären genau, wo diese Dinge herkommen, wie sie entstanden sind und wer sie zum ersten Mal gedacht hat, denn auch Probleme entstehen zuerst in Gedanken.

Die Dinge wurden am Anfang eingerichtet. Wenn wir jedoch selbst absurde künstliche Gesetze erfinden, dann begeben wir uns in eine Trockenheit, in Gedanken und in der Welt. Das zhatukwa sagt nicht nur ja oder nein, sondern gibt auch sehr komplexe Antworten. Wenn zum Beispiel die Bohnen keine guten Ernten bringen, dann wissen die Mamos, welche Orte für die Bohnen zuständig sind und welche von ihnen in Frage kommen. Dann konzentrieren sie sich, und das zhatukwa sagt ihnen, wo genau das Problem liegt. Das zhatukwa sagt auch, was zur Behebung des Problems nötig ist.

Mama Bernardo Mascote Zarabata ergänzt:

Die Mamos arbeiten nie ohne das zhatukwa, und keine einzige Entscheidung wird ohne es getroffen. Es gibt so viele verschiedene Kombinationen. Manchmal kommt eine Blase, manchmal kommen zwei, manchmal drehen sie sich, manchmal bleiben sie lange bestehen, manchmal platzen sie schnell, manchmal bewegen sie sich unabhängig voneinander. Es gibt sehr viele Möglichkeiten. Egal, welcher Mamo das zhatukwa befragt, die Antwort wird immer die gleiche sein. Warum? Das Gesetz und das Denken der Mutter ist nur ein Einziges. Auch wenn fünfzig Mamos zusammensitzen, ist die Antwort immer die gleiche. Wenn manche nicht bei sich sind, dann kann es sein, dass die Antworten unterschiedlich sind. Das heißt aber nicht, dass die Bläschen sich anders bewegen, sondern nur, dass das Verständnis davon, was sie bedeuten, abweicht. Dann kommt ein anderer Mamo, der die Bläschen mehr in der Tiefe versteht, und ergänzt das, was bereits von den anderen gesagt worden ist.

Es gibt nur ein einziges Gesetz. Wenn die Mamos in der Ausbildung sind, dann sitzen sie viele Stunden und lernen die Bewegungen der Bläschen. Aber wenn man die Geschichten nicht kennt, dann kann man das zhatukwa auch nicht befragen. Man muss Tausende von Geschichten kennen, die einem die Dinge erklären, sonst kann man mit den Antworten des zhatukwa absolut nichts anfangen. Was bedeutet es, dass das zhatukwa eine Frau ist? Man kann nicht nur ein bisschen darüber lernen. Wenn man damit anfängt, muss man alles darüber lernen. Wenn du eine Frau findest, dann lebst du auch komplett mit ihr, nicht nur ein bisschen.

Wenn man im Einklang mit den Gesetzen der Mutter arbeitet, dann werden die Antworten des zhatukwa meistens sehr einfach sein und sehr gut zu verstehen, weil wir ihr wenig bis gar nichts schulden. Wenn wir jedoch oft etwas gegen den natürlichen Lauf der Dinge tun, dann haben wir viele unausgeglichene Dinge, und die Auflösung des Problems wird immer schwieriger und damit natürlich auch die Antwort des zhatukwas. Wenn man zum Mamo ausgebildet wird, nehmen den größten Teil der Ausbildung die Geschichten ein. Wir kennen als Mamos alle Geschichten. Wie ist die Menschheit entstanden? Woher kommt das Wasser? Wer hat die Steine geschaffen und warum sind sie genau hier? Wer hat sie hier hingetan? Das lernen die Mamos schon als kleine Kinder. Dann später bekommen sie ihr zhatukwa.

Es war früher Morgen, vielleicht 7:30 Uhr, als mir Mama Bernardo dies erzählte. Wir saßen bereits einige Zeit auf *la loma*, dem kleinen Hügel, etwas abseits vom Dorf auf den großen Steinen zwischen den Kokabüschen. Im Zentrum der großen Steine war eine kleine Vertiefung, in der einige Objekte der *Tairona*, der Vorfahren der Kogi, aufbewahrt werden. Dazwischen waren überall winzige Baumwollknäuel, mit denen die Mamos ihre energetischen Arbeiten unterstützen. Arregoces saß neben mir und erzählte Mama Bernardo von einer Reise, die ihn demnächst ins Ausland führen würde, um in Australien über den Kaffee der Kogi zu sprechen. Der Mamo hörte aufmerksam zu und betätigte dabei seinen *poporro*. Arregoces sprach bestimmt zwanzig Minuten, und der Mamo tat nichts, außer konzentriert zuzuhören. Arregoces Frau war schwanger, und sie erwarteten bald das Baby. Der Mamo begann, das *zhatukwa* zur geschilderten Situation zu befragen. Konzentriert ließ er seine Hand über der Schale kreisen und mehrmals den ausgehöhlten Stein ins Wasser fallen, dabei beobachtete er die Bläschen, die aufstiegen. Nach zwei oder drei Mal nickte er zufrieden und zog seinen spitzen Hut ab und legte ihn über die Schale und sagte: »Das Kind wird erst zur Welt kommen, wenn du wieder von deiner Reise zurückgekehrt bist. Es wird kurz nach deiner Ankunft geboren werden und gesund sein.« Genauso war es dann auch, wie ich später erfahren sollte. Arregoces war erleichtert, und wir begannen, mit dem Mamo weiter über das *zhatukwa* zu sprechen.

Das Orakel ist eines der wichtigsten Instrumente, das die Mamos und Sakas zu wahrhaft spirituellen Begleitern ihres Volkes macht und sie grundlegend von rein weltlichen Führern unterscheidet. Mama José Gabriel betont, dass wir das *zhatukwa* in dem Einen Gedanken von Sezhankua wiederfinden und das Wissen allen Völkern der Erde gegeben wurde:

Wenn die Ergebnisse des zhatukwa nicht übereinstimmen, dann sprechen wir darüber. Wir fragen, woran jeder gedacht hat und ob einer geträumt hat, zum Beispiel, dass er am Baden war oder am Umherlaufen oder dass er wütend war. Dann fragen wir, was einer gedacht hat, als er gearbeitet hat. Wenn man Angst vor dem Ergebnis der Befragung des zhatukwa hat, dann sind es genau diese schlechten Gedanken, die es verfälschen. Wenn dann einer sagt, dass er dies oder jenes geträumt hat und dass er wütend oder angstvoll war, dann nehmen wir ihm diese Gedanken ab, bringen sie zu dem Heiligen Ort, wo sie hingehören, und arbeiten dann weiter an unserer Befragung. Dann ist es so, dass die Bläschen sich gut nach rechts oder nach links drehen und gut an einem Ort verweilen. Dann haben wir alles richtig gemacht.

Diese Arbeit wurde allen Völkern der Erde gleichermaßen hinterlassen. Auch die Frauen, die Sakas, arbeiten natürlich in genau der gleichen Weise. Wir arbeiten auch immer mit mehreren an der Befragung des zhatukwas. Wir sind mindestens vier. So stellen wir sicher, dass keine Fehler geschehen. Deswegen gibt es so viele Mamos und Sakas. Sezhankua hat uns allen die Kunst des Befragens überlassen, aber manche haben es vergessen. Auch hier wollen manche dem zhatukwa nicht mehr folgen, sondern lieber Häuser bauen und Autos haben. Sie erfinden Geschichten und folgen nicht mehr den ursprünglichen. Sezhankua hat es so hinterlassen, dass es mit uns zu Ende geht, wenn die Gedanken aufhören, das zhatukwa zu verwenden. Wir dürfen das nicht vergessen, sondern arbeiten damit weiter. Wer denkt bei euch denn so wie du? Nur sehr wenige, stimmt's? Sezhankua hat aus diesem Grund dich hierher geschickt, das war nicht deine Entscheidung. Diese Gedanken wurden uns allen von Sezhankua hinterlassen. Wir werden wieder als Menschen leben, das heißt nur einem einzigen Gedanken folgen.

Ein Beispiel für dieses Zusammenwirken zwischen einem Traum in diesem Fall und dem *zhatukwa* ist die Geschichte meines Wegs zu den Kogi, der ohne die Bestätigung durch das Orakel nicht hätte stattfinden können.

So erzählte uns Mama José Gabriel:

Ich habe von eurer Ankunft geträumt. Als ich geträumt habe, war ich in Santa Marta, aber im Traum war ich hier in meinem Dorf. Ein sehr alter Mamo kam zu mir und sagte, dass ein Bruder kommen wird, ein Jüngerer Bruder. Der Älteste hat mir gesagt: »Warum schläfst du? Wach auf! Er kommt zu Besuch!« Ich habe ihn gefragt: »Wer kommt? Und wann?« Der Älteste meinte: »Du hast viele Freunde in der Welt des Jüngeren Bruders weit weg. Einer von ihnen wird aus einem anderen Land kommen.« »Und wann?« »Er wird sehr bald kommen.« Ich war dann bei Mama José Maria, und er hat das zhatukwa befragt. Er meinte dann: »Es wird ein Jüngerer Bruder aus Deutschland kommen, und es wird ein sehr wichtiger Besuch sein.« Daher wusste ich bereits vor eurem Anruf, dass ihr kommen werdet und dass es wichtig sein wird. Dann ging ich nach Santa Marta, und wir haben telefoniert und besprochen, dass ihr kommt. Da wusste ich bereits Bescheid. So leben wir, wir benutzen das zhatukwa, um unser Leben zu leben. Wenn die Bläschen sich nicht bewegen, wissen wir, dass jemand krank wird. Dann fragen wir nach dem Menschen, und wenn wir den richtigen haben, bewegen sich die Bläschen. Dann machen wir ein pagamiento für ihn, und dann kommt alles ins Gleichgewicht. Wenn wir die Arbeit dann getan haben und dies überprüfen, bewegen sich die Bläschen wieder nach rechts.

Mama José Gabriel erklärte deshalb, dass unser Kommen nicht unsere eigene Entscheidung gewesen sei, sondern dass Sezhankua dies bestimmt habe. In der Welt der Gedanken wären wir bereits da gewesen, weshalb das *zhatukwa* aufzeigen konnte, dass wir kommen würden. Der Fluss der Dinge bewegt sich aus *Aluna*, der Welt der Gedanken, in die Erscheinungswelt. Darum befragen die Kogi das Orakel.

KAPITEL 5

Hähne krähen, Hühner gackern

Der Mensch kann nicht in einem einzelnen Lebensbereich recht tun, während er in irgendeinem anderen unrecht tut. Das Leben ist ein unteilbares Ganzes.
Mahatma Gandhi

Ley de Sé – Das Gesetz des Ursprungs

Es war Morgen, und wir gingen mit Mama José Gabriel durch seinen Garten bis hinunter an den Fluss. Flache Steine führten wie eine Treppe die Böschung zum Fluss hinab, demselben Fluss, in dem wir uns morgens und abends wuschen. Einige Tage nach unserer Ankunft im Dorf beobachteten wir, wie die *Colonos* aus den umliegenden Fincas auf dem Land der Kankuamo mit ihren Maultieren bis zum Dorf der Kogi wanderten und aus dem vorbeifließenden Fluss die Steine für ihren Hausbau holten. Die Maultiere, die die Steine transportierten, traten tiefe Löcher in das Ufer und verwandelten die Flussböschung in eine reine Schlammpiste. Wir standen mit Mama José Gabriel auf dem Hochufer und blickten auf die im Fluss arbeitenden Männer hinab, die einen großen Stein nach dem anderen in die an den Maultieren befestigten groben Jutesäcke luden.

Nach einer Weile sagte der Mamo:

Sie verursachen ein Ungleichgewicht. Man darf an dieser Stelle keine Steine entnehmen. So entsteht Unordnung. Es gibt Gesetze und Prinzipien, die alles ordnen und denen die Natur folgt. Auch wenn ich für diese Stelle im Fluss um Erlaubnis zum Entnehmen von Steinen fragen würde, würde ich keine erhalten. Was glauben sie denn? Es hat seinen Grund, warum die Steine dort liegen und an keinem anderen Ort. Genauso ist es mit den Bäumen, die am Flussufer wachsen. Sie schützen das Wasser und halten es lebendig. Sie halten auch die Erde an ihrem Platz. Man darf sie nicht fällen, und wir dürfen auch nicht denken, dass wir die Natur ändern müssen. Sie ist perfekt, denn sie folgt der Ordnung des Ursprungs. Diese Ordnung ist das Ley de Sé, das Gesetz des Ursprungs. Es gab viele Gesetze, die geschaffen wurden, damit wir gut leben können.

In der Zeit, als es noch keine Sonne gab, noch keinen Mond, noch keinen Wind, noch kein Wasser, noch keine Bäume, noch keine Büsche, da wurde das Gesetz Sé geschaffen. Es wurde gefragt, wie werden wir leben? Was werden wir tun? Daher gibt es ein Prinzip. Wenn ich etwas Abträgliches tue, dann gibt es ein Gesetz, was sagt, dass dies abträglich ist. Dann gehe ich zu den Mamos. Das Prinzip ist Teil des Windes, des Wassers, der Bäume. Das Prinzip gibt es von Anfang an. Es sagt, wo ich Feuer machen darf, wo ich Holz holen darf, wo ich Steine holen darf. Es bestimmt aber auch über die Wolken und was sie tun dürfen und was nicht. Die Wolken hängen bei uns hier an den Bergen, nicht in der Ebene. Das sagt das Gesetz von Sé. Die heiligen Quellen sind in den Bergen, das ist alles so bestimmt. Auch unsere Körpergröße ist durch das Gesetz von Sé bestimmt. Wir Indianer sind nicht so groß und ein bisschen dick, die Jüngeren Brüder sind größer und schlank. Wir Indianer haben auch keine helle Haut oder ganz schwarze Haut, das ist für den Jüngeren Bruder vorbehalten, so bestimmt es das Gesetz des Ursprungs. Jate Mukuákukui, die Sonne, geht im Osten auf und im Westen unter, das ist genauso vom Gesetz, vom Ley de Sé, bestimmt, das bedeutet es. Alles hat eine Ordnung und ein Prinzip, dem es folgt.

Mit dem *Ley de Sé* sprach Mama José Gabriel die grundlegendsten Prinzipien an, denen die Kogi folgen. Sie haben nicht den Rang von Geboten im Sinne einer abrahamitischen Gottesvorstellung, sondern den Rang von Naturgesetzen, die man ebenso wenig ignorieren kann wie die Schwerkraft, wobei sie davon ausgehen, dass unterschiedliche Völker durchaus unterschiedliche Umgangsformen mit diesen Naturprinzipien pflegen. Das Prinzip des Ausgleichs gilt auch für uns, auch wenn wir anders ausgleichen. Auch ist es wichtig, dass es hier nicht um Gehorsam gegenüber einem wie auch immer gearteten göttlichen Willen geht, sondern um einen vernünftigen Umgang mit der eigenen Lebensgrundlage. Das *Ley de Sé* lehrt, wie man ein gutes Leben hat.

Auch wenn mir diese Punkte relativ bald verständlich wurden, fragte ich mich doch immer wieder, wie sich das im Alltag konkret umsetzen ließe. Wie wendet man Prinzipien an? Immerhin komme ich aus einer Welt, die in allen Lebensbereichen von Techniken und Methoden besessen ist. Welche Verhandlungs- oder Gesprächsführungstechnik ist die beste, um meine Ziele zu erreichen? Mit welcher Methode werde ich produktiv und erfolgreich? So kann man mit Prinzipien jedoch nicht umgehen. Anders als bei Methoden oder Techniken, gibt es keine Schritte, die man systematisch abarbeiten könnte, um zum Beispiel die Produktivität zu steigern. Ein Prinzip würde zum Beispiel nur aussagen, dass sich Energie sowohl im Zuviel als auch im Zuwenig erschöpft, was ich dann auch bemerken würde, und zwar an Langeweile oder Überarbeitung mit nachfolgendem Verlust jeglicher Motivation. Daraus kann ich jetzt durch Erfahrung allmählich ein Gefühl für ein optimales Fließgleichgewicht entwickeln, das mich weder über- noch unterspannt. – Ein Prinzip, das, nebenbei bemerkt, noch immer virulenten Vorstellungen in der Management-Welt widerspricht, die besagen, dass es vorteilhaft sei, seine Mitarbeiter bis zum Maximum auszulasten. Es wundert daher nicht, dass oft Desinteresse, chronische Erschöpfung und mangelnde Initiative die Folge sind.

Für die Kogi ist das *Ley de Sé* der Schlüssel zur Menschwerdung, denn nur als Mensch habe ich die Wahl zwischen der einen ursprünglichen Ordnung des Kosmos und den vielen künstlich-fiktiven Ordnungen. Der Natur und ihren Lebewesen steht diese Entscheidung nicht offen, denn sie *sind* die Verkörperung des *Ley de Sé* und haben nicht die Möglichkeit, von sich selbst getrennt zu sein. Die Kogi sagen, dass, wenn wir Menschen nicht nach dem *Ley de Sé* leben, langfristig alles Leben endet.

Mama Ramon Gil Barros spricht über das *Ley de Sé*:

Im Sé wurden die Normen, Prinzipien, Gesetze und Ursprünge jeglicher Form des gemeinsamen Lebens geschaffen. Zuerst geschah dies auf spirituelle Art durch Gedanken und dann auf materielle Art. Bevor es die physische Welt gab, entstand überall die notwendige Ordnung, damit die Welt sich materialisieren konnte. Diese ursprüngliche Ordnung ist das Ley de Sé, das Gesetz des Ursprungs. Es dient dazu, Unordnung zu verhindern und die Welt zu ordnen.

Das Gesetz des Ursprungs ist das Gesetz des Wissens und der gedanklichen Erfüllung. Es sind die Prinzipien, die das Universum zusammenhalten und überhaupt erst ermöglichen, denn die energetische Welt transformiert die materielle Welt. Wenn man seine Gedanken im Einklang mit Sé denkt, ist alles von Anbeginn vollendet. Daher fragen wir immer um Erlaubnis, wenn wir das, was wir benötigen, verwenden möchten. Dieses Gesetz wurde uns Älteren Brüdern übergeben, und es ist unsere Verantwortung, unsere Gedanken an Sé zu orientieren und durch diese Erfüllung alles zu beschützen, was existiert. Unsere Urahnen haben die Organisation der energetischen Diversität studiert, um die Dinge, die heute existieren, schaffen zu können. Wenn die Mamos das zhatukwa befragen, kommunizieren sie mit Sé. Deswegen sind ihre Entscheidungen im Einklang mit dem Gesetz des Ursprungs.

Als ich den Mamos das erste Mal lauschte, um das Material für dieses Buch zu sammeln, glaubte ich zu verstehen, was sie sagen. Jedes Mal jedoch, wenn ich die Worte der Mamos wieder lese, komme ich zu einem tieferen Begreifen dessen, was sie eigentlich meinen. Und auch wie anders es ist als das, was wir leben. Es ist etwas vollkommen anderes, täglich in der Präsenz des Urgrunds des Seins zu leben. Kaum einer von uns kennt dies. Dennoch ist es das, was das *Sé* ist: eine geistige »Ursuppe« jenseits sprachlicher Definierbarkeit, aus der sich konkrete Ideen, Gedanken und Konzepte herauskristallisieren und ordnen. Vergleichbar ist dies mit kreativen Schaffensprozessen überhaupt, die mit einer ersten Idee beginnen, die allmählich eigene Dynamik annimmt. Was es dazu braucht, ist eine hinhörende Aufmerksamkeit. »Zuhören ist Denken«, lautet ein Sprichwort der Kogi. Dies ist auch die Art und Weise, wie die Mamos das *Ley de Sé* erforschen, nämlich auf der subtilen Ebene der Ideen ansetzend und nicht, wie wir, erst auf der materiellen Ebene. Auf diese Weise erlangen sie ein praktisches Verständnis von dem, was ansteht. Das *Ley de Sé* und die aus ihm folgenden Prinzipien sind demnach nicht starr, sondern erfüllen sich in Prozessen.

Den Kogi zufolge ist die Natur, der Ordnung des *Ley de Sé* gemäß, in verschiedene Zuständigkeiten aufgeteilt, die von den Vätern und Müttern der Dinge, also den weiblichen und männlichen Geistprinzipien getragen und verwaltet werden. An jedem Ort und in jedem Zusammenhang ist eines dieser konkreten lebendigen Prinzipien der zuständige Ansprechpartner.

Mama Pedro Juan Noevita sagt dazu:

Als die spirituelle Welt zu existieren begann und alles noch dunkel war, schuf Jaba Sé den Ursprung in Geist und Gedanken. Sie war kein Mensch, keine Luft oder irgendeine andere materielle Sache. Sie bestand nur aus Gedanken. Sie blickte umher und dachte, dass es richtig war, Menschen zu schaffen. Sie konnte nicht das ganze Universum alleine ordnen. Sie brauchte die Hilfe der anderen spirituellen Mütter und Väter. Daher rief sie die spirituellen Mütter und Väter Kudlula, Shuakala, Mulkueike, Kalbasankua und Gonawindúa, um alles zu besprechen, die verschiedenen Verantwortlichkeiten an sie zu verteilen und die spirituelle Ordnung zu formen.

Sie bestimmte die Orte, von denen aus geordnet werden sollte. Sie sah, dass es sehr wichtig war, zuerst die Dinge zu strukturieren und zu organisieren. Wenn man sich nicht organisiert, hat man auch keinen Ort zum Sprechen, zum Denken, zum Lenken, um den Menschen zuzuhören oder um zu wirken.

Heutzutage kennen wir noch die wirklichen Namen der Menschen, der Tiere und der Natur. So hat Jaba Sé Sezhankua das Territorium, die Natur, die Menschen, die Tiere und die Gedanken hinterlassen. Sé regiert durch sich selbst, Sé organisiert, Sé denkt, Sé fließt, Sé bewegt und lebt. Jaba Sé erdachte bei der Erschaffung der spirituellen Welt, wer regiert, wer kontrolliert, wer Entscheidungen trifft, bis wohin die spirituelle Welt reicht und wirkt. Danach trafen sich Jaba Sé und die spirituellen Väter und Mütter und entschieden gemeinsam, wer welche Verantwortung tragen würde. Jaba Sé sagte jedem von ihnen, wofür er verantwortlich sei.

Zugleich enthält das *Ley de Sé* auch sehr strenge Vorgaben zur Handlungsethik, die bei den Kogi auf vollständigem Gewaltverzicht beruht, der für westliche Ohren vermutlich sehr weit, für manche zu weit geht. An jenem Morgen, als wir mit Mama José am Fluss standen und zuschauten, wie Stein um Stein in die Säcke geladen wurde, obwohl an dieser Stelle des Flusses keine Steine entnommen werden sollten, fragten wir den Mamo, welche Maßnahmen er vorschlägt.

Mama José Gabriel antwortete:

Wir sehen, dass das, was sie machen, nicht recht ist, aber wir dürfen sie nicht kritisieren und schlecht über sie reden. Wir denken dann vielleicht: »Gut, jemand hat etwas Schlechtes gemacht und deswegen darf ich kritisieren«, aber das stimmt nicht. Viele denken, dass das in Ordnung ist, wenn sie einen bestimmten Weg gehen, der verboten ist, sie denken, was soll schon passieren. Wir denken, dass wir nur einen Menschen kritisieren, aber in Wirklichkeit kritisieren wir die ganze Erde. Warum ist das so? Weil wir alle Teil des Lebens sind, und alles ist verbunden.

Wenn wir zum Beispiel einen Berg anschauen, der uns nicht gefällt und uns dann einem anderen zuwenden, ist das nicht gut. Die Berge werden fragen: »Warum hast du mich angesehen und Schlechtes gedacht?« Aber wenn du den Berg siehst und sagst: »Wie schön, dort gibt es bestimmt einen Heiligen Ort. Den werde ich respektieren«, dann werden die Berge sich bedanken, und sie werden sagen, dass der Mensch ein Freund ist und er geholfen hat. Er hat mich in Ruhe gelassen. Die Natur hat viele Teile, und jeder Teil hat wie eine Art Regierung. Das ist wie in Kolumbien, dort gibt es auch einen Präsidenten, der bestimmt. Genauso ist das in der Natur. Die Berge, das Wasser, die Steine, alle haben ihre Regierung, die bestimmt, wie sie sich verhalten. Sezhankua hat alles lebendig hinterlassen; auch die Bäume, Steine und das Wasser können weinen. Deswegen sprechen die Ältesten hier so viel und erklären, wie wir am besten mit allem umgehen.

Ich habe auch gehört, dass ihr die Menschen bestraft, die Unrecht getan haben. Aber es geht nicht darum, die Leute zu bestrafen, sondern darum, aufzuhören. Es ist schwer, damit aufzuhören, aber es ist die einzige Möglichkeit. Nur darüber zu reden, ändert nichts. Und der Jüngere Bruder wird mithelfen. Wir werden alle gut zusammen denken. Der Eine Gedanke arbeitet immer noch gut.

In unsere Worte übersetzt, sagt Mama José: Das Beste, was die Männer am Fluss tun könnten, wäre mit ihrer Arbeit an dieser Stelle aufzuhören und die Mamos zu fragen, wo sie Steine entnehmen dürfen. Es geht dabei um Ordnung. Auf Deutsch sagen wir nicht umsonst, dass etwas in Ordnung ist. Ordnung heißt: im Einklang miteinander zusammenwirken.

Genehmigungen einholen

Mal wieder saß ich vor einer Hütte mit Antonio Coronado, dem Vater von Arregoces. Gerade waren wir im Dorf Awiaka. Antonio saß auf einer der niedrigen Bänke und bearbeitete ein Stück

Holz. Ich hatte mich zu ihm gesetzt und zugeschaut. Wie so oft blickte der Kogi kurz hoch, sagte nichts, nickte und fuhr mit seiner Arbeit fort. Die Machete war sein einziges Werkzeug. Damit schnitt er aus den ungefähr zwölf Zentimeter dicken Baumstämmen Bohlen, entfernte Splitter, ebnete ihre Oberflächen ein und machte dann in regelmäßigen Abständen Einkerbungen. Es war an diesem Tag bewölkt, und in der Ferne brauten sich einige schwarze Gewitterwolken zusammen. Es hatte in den sieben Wochen, die ich nun schon bei den Kogi lebte, noch an keinem Tag geregnet, und alles war im Begriff zu verdorren. Ich sagte: »Vielleicht regnet es heute.« Antonio antwortete ohne aufzublicken: »Nein, es wird weiterziehen.« Ich fragte: »Woher weißt du das? Dahinten die Wolken sind wirklich dunkel und sehen nach Gewitter aus.« Er schmunzelte: »Ich weiß das nicht, aber die Vögel. Es gibt einen bestimmten Vogel, der ruft, bevor es regnet. Heute jedoch ist er still.« Ich schwieg eine Weile. Die kleinen Sandfliegen waren heute wieder einmal eine wahre Plage. Ich versuchte vergeblich, sie mir vom Leib zu halten, während sie den Kogi völlig in Ruhe zu lassen schienen. Ich fragte: »Was genau stellst du aus dem Holz her?« »Einen Rahmen um *panela*[37] zu machen. Die Holzlatten werden ineinander verzahnt und dann auf einer Platte befestigt. Dann gießen wir den flüssigen Zucker da hinein, und er trocknet«, antwortete er. Die präzise gearbeiteten Latten lagen kreuz und quer. Sie folgten jedoch einem genauen Prinzip und passten perfekt ineinander. Alles hatte Antonio nur mit seiner Machete bearbeitet. Er strich mit der Hand über die Latten, lächelte und sagte: »Wir werden damit gutes *panela* machen.«

Für die Kogi besteht eine enge Beziehung zu den von ihnen ausgeübten Tätigkeiten, Werkzeugen und hergestellten Gegenständen. Jede Tätigkeit bedarf einer Genehmigung, eines *sewá*, die in der Regel mit einem speziellen Objekt offiziell beglaubigt wird. Ein junger Mann zum Beispiel darf keine Frau heiraten, bevor er eine Prüfung bestanden und den *poporro* erhalten hat. Der Begriff *sewá* in *Kággaba* bedeutet unter anderem Erlaubnis, Versicherung,

Zugang, Bewusstheit, aber auch mein Liebling in der Anredeform *na sewá*. Ein *sewá* ist wie ein Zertifikat, vergleichbar mit unserem Führerschein. Diese Genehmigung beinhaltet auch eine Art von Schutz, so wie andere Verkehrsteilnehmer vor eventuell völlig unfähigen Autofahrern geschützt werden. Gleichzeitig bewahrt es auch den Autofahrer selbst davor, unnötige Fehler zu machen und im Graben oder am nächsten Baum zu enden. Ganz analog dazu müssen bestimmte Genehmigungen in regelmäßigen Abständen erneuert werden, wobei überprüft wird, ob das notwendige Verständnis und hinreichende Fähigkeiten nach wie vor vorhanden sind. Das klingt vertraut bürokratisch und ist es tatsächlich auch. Als ich den Kogi die deutsche Genehmigungskultur erklärte, nickten sie anerkennend, merkten allerdings an, dass auch die spirituelle Seite einer Angelegenheit stets ebenso berücksichtigt werden müsse.

Wie die *Sewá*-Vergabe entstand, erzählt Mama Pedro Juan Noevita:

Es wurde der Gesang geboren, um die materielle Welt zu ordnen sowie das pagamiento, die esuamas, die Menschen, die Gerechtigkeit und das Gebiet, so sagt es die shibuglama. Als sie alles zum Regieren bereit hatten, übergaben sie Jaba Seinekun und Jate Sezhankua das Wissen, wie man pagamiento macht. So hielten sie, indem sie durch beständige Organisation das Territorium, die Natur, die Menschen, die Tiere und die Gedanken instand. Sé-Erde, Sé-Gedanken, Sé-Menschen, Sé-Kristalle, Sé-Tiere, Sé-Gesang, Sé von allen Dingen. Wenn wir diese Ordnung verlassen und Sé als leitendes Prinzip nicht mehr beachtet wird, befinden wir uns im Chaos. Deswegen ist es wichtig, dass immer das sewá regiert: das sewá der Gedanken, das sewá des pagamiento, das sewá der Menschen, das sewá der Tiere, alles sewá. Sie sind die spirituellen Väter und Mütter, die entscheiden, wie wir organisieren, wie wir leiten, wie viele Gedanken wir in uns tragen, wie wir Geschichten erschaffen.*

* Geschichte

Das physische Objekt des *sewá* beglaubigt das Wissen des Trägers. Der Träger eines *sewás* ist über alle materiellen sowie spirituellen Implikationen informiert und über mögliche Ungleichgewichte, die durch die genehmigte Tätigkeit und die Verwendung der damit verbundenen Materialien entstehen können. Anders als bei der theoretischen und praktischen Führerscheinprüfung wird dem Antragsteller zusätzlich ein seelisches Verständnis der Tätigkeit zugesprochen. Auf den Straßenverkehr bezogen würde dies zum Beispiel die Überprüfung der psychischen Stabilität zur Rush Hour und ein Gefühl für das Wesen des Autofahrens im Gesamtzusammenhang der Natur bedeuten.

So, wie jedes Lebewesen einen Vater und eine Mutter hat, so ist für die Kogi auch jeder Gegenstand und jede Tätigkeit zwei Polen entsprungen. Daraus folgt, dass man sich Genehmigungen sowohl beim Vater als auch bei der Mutter der Tätigkeit einholen muss. Wenn also jemand zum Beispiel Bohnen pflanzen möchte, braucht er ein *sewá* des Vaters und der Mutter der Bohne. Dies zertifiziert den verantwortungsvollen Umgang mit Bohnen auf allen relevanten Ebenen. Manche Tätigkeiten benötigen sogar einen ganzen Katalog von Einzelgenehmigungen, wie zum Beispiel der Bau von Häusern, und zwar für alle in Betracht kommenden Holzarten und deren Verarbeitung und so weiter. Architekten, die sich mit staatlichen Bauämtern befassen, werden feststellen, dass es bei den Kogi nicht unkomplizierter zugeht. Da das Fällen von Bäumen die Abtrennung eines lebendigen Baumes vom Leben beinhaltet, muss dieser Akt auf spiritueller Ebene ausgeglichen und rückgängig gemacht werden. Dadurch wird das Haus wiederbelebt, so dass die Kogi fortan in Häusern aus lebendigen Materialien leben. Kenntnisse und Fertigkeiten auf diesem Gebiet gehören in den Kreis der Hausbau-*Sewás*. Insgesamt gibt es so viele mögliche *sewás* wie es Tätigkeiten und Materialien gibt, wobei manche *sewás* den Mamos und Sakas vorbehalten sind. Auch diese erhalten jedoch nie alle verfügbaren *sewás*. Sie werden mit einer Ausnahme nur an Volljährige vergeben, und zwar abhängig von Geschlecht, Alter, Erfahrung und

Strand im Parque Tayrona. Dort haben die Kogi früher *pagamiento* gemacht. (Seite 55)

Mama José Gabriel Alimako (Bunkwámaku) mit seinen Enkeln. Er spricht von der Akademie. (Seite 257)

Ein Kogi-Mann beim Weben (männliche Tätigkeit)

Frauen beim Kokablätterpflücken (weibliche Tätigkeit)

Mama Bernardo Mascote-Zarabata auf dem Weg zu höher gelegenen Feldern

Unsere Hütte im Dorf Machukúmake (die mit dem Skorpion) (Seite 145)

Der 104jährige Mama Bernardo Simungama-Mamatacan erzählt von der Dunkelheit. (Seite 96)

Seine Frau und seine Tochter sitzen vor der Hütte.

Yuli, die Tochter von Arregoces Coronado

Kogi-Kinder beim Verzehren einer Frucht

Mama Bernardo Mascote-Zarabata mit dem *zhatukwa* Orakel neben sich (Seite 111)

Der Autor mit der Familie von Mama José Gabriel (Seite 145)

Abgelegenes Haus eines Mamos mit seiner Familie in den Bergen

Antonio Zarabata beim Bearbeiten einer hölzernen Form für die Herstellung von *panela* (Seite 125 f)

Männer bei nächtlichen Gesprächen im *nuhué* (Seite 182)

Goldarbeiten der Tairona, der Vorfahren der Kogi, im Museum in Santa Marta (Seite 22

Funktion. Die Volljährigkeit erreicht ein Kogi ungefähr mit dem 18. Lebensjahr. Jedes *sewá* erweitert das Bewusstsein des Trägers im Gefüge des Lebens, da er den ganzheitlichen Umgang mit etwas erlernt hat.

Mama Ramon Gil Barros sagt dazu:

Jedes Volk auf der Welt hat eigene Kriterien und Prozesse, um die Gedanken zu ordnen und um das traditionelle Wissen weiterzugeben. Sewá kommt von Sé. Neugeborene erhalten das erste sewá. Später, wenn wir unseren poporro erhalten, erhalten wir unser zweites sewá. Dieses ist es, das uns die Verantwortlichkeiten gibt, uns den Weg zeigt und uns als Führer in unserer Beziehung und Kommunikation mit unseren Energien dient. Es ist die materielle Macht, die das traditionelle Wissen über die uns überlieferten Gesetze seit dem Ursprung garantiert. Um irgendeine Art von Arbeit durchzuführen, angefangen vom Fällen eines Baumes bis hin zur Ausübung einer traditionellen Autorität oder eines Mamo, ist es notwendig, das entsprechende sewá zu erhalten. Nur so können wir unsere Aufgaben erfüllen.

Um das sewá zu erhalten, ist es notwendig, alle erforderlichen Arbeiten vorher zu vollenden: Wir verstehen sie dann alle, setzen sie in die Praxis um und zwar jedes einzelne Prinzip aus dem Gesetz des Ursprungs, das dafür relevant ist. Erst dann kann das, was ein materielles Symbol der spirituellen Verantwortung ist, übergeben werden. Wenn es einmal erhalten wird, folgen wir ihm. Wir können dann nicht mehr einfach herumlaufen und immer die Gesellschaft der Mamos suchen, um sie ständig zu befragen. Ein sewá kann nicht einfach nur als materielles Objekt gesehen werden: es ist die Verkörperung von Wissen, von Kultur, von spiritueller Ordnung. Nicht jeder kann jedes sewá haben. Ein sewá ist zum Ordnen und zum Erfüllen der Prinzipien des Ursprungs. Wenn man dies nicht erfüllt, wird das sewá verletzt, man widerspricht dem Ley de Sé, und daraus entstehen Probleme.

Das sewá kann nur einem Mann übergeben werden, nachdem er den poporro erhalten hat, und einer Frau, nachdem sie die Zere-

monie ihrer Entwicklung vom Mädchen zur Frau durchlaufen und die Spindel erhalten hat. Vorher ist dies nur bei der Geburt einmal möglich, da man weder das Wissen noch die nötige Weisheit oder Reife hat. Um ein sewá zu erhalten, muss der Mensch sich zuerst hinsetzen und die Gedanken ordnen, den Geist ordnen und dann alles ordnen, was das individuelle Verhalten angeht. Das sewá bestimmt den Ort, wo die nötigen Arbeiten durchgeführt werden müssen, und die nötige Zeit, die dafür gebraucht wird. Zuerst muss man das nötige Wissen erwerben: 30 oder 40 Jahre braucht es, um ein Mamo zu werden. Zwischen 15 und 20 Jahre braucht es, um ein kleiner Mamo zu werden, sechs Jahre, um eine traditionelle Autorität zu werden, zwei Jahre, um ein Führer zu werden.

Das sewá selbst und die esuama der Abstammungslinie bestimmen, welcher Mamo es übergibt und wo es empfangen wird. Nach dem Erhalt des sewás wird die Aufgabe spezifiziert, die der Mensch in der Gemeinschaft ausfüllt. So kann er oder sie dirigieren, leiten, verwalten, sprechen, unterrichten oder die anderen führen und beraten, um Probleme zu vermeiden und Lösungen zu finden. Der Erhalt eines sewás bedeutet nicht, dass man bereits genug Wissen und Fähigkeiten erlangt hat, um mit seiner Arbeit fortzufahren. Die Arbeit ist ein ständiger Prozess, das sewá wird im Studium fortlaufend erneuert, und zwar auf spirituelle und materielle Art. Es zu erhalten, bedeutet eine immerwährende Verpflichtung gegenüber den Gesetzen und den Verhaltensweisen, die uns als Indianer ausweisen und definieren. Ein sewá repräsentiert und symbolisiert den Anfang einer Aufgabe und Berufung, die einem in der Gemeinschaft zusteht. Ohne dies ist es unmöglich, dass zufriedenstellende Ergebnisse erreicht werden, die im Einklang mit den Prinzipien und unserem Zusammenleben stehen.

Ein sewá gilt niemals nur für eine bestimmte Zeit oder einen Übergang. Die Verantwortung, die traditionellen Gebote in die Praxis umzusetzen, ist von Dauer. Das geschieht anhand der Geschichten und der Prinzipien. Ein sewá erlaubt uns, das Wissen, das in unserem Territorium hinterlegt ist, zu verstehen und stets anzuzapfen und ihm Bedeutung beizumessen. Auch bekommen wir Zugang zu Wissen, wie wir unsere Gesellschaft nach den Regeln unserer Vorfahren organisieren und wie wir die Abstammungslinien verwenden, um die geforderte Ordnung herzustellen. Es ist wie ein großes Stück Stoff, wie Weben, wenn die Autoritäten in ihrem fortlaufenden Prozess des Lernens und des Ansammelns von althergebrachtem Wissen durch die Kontrolle des Gesetzes des Ursprungs manövrieren.

Das Ordnen der Gedanken geschieht durch materielles und körperliches Arbeiten. Dabei erhalten wir Schritt für Schritt das Wissen über das Ley de Sé. Unsere Achtsamkeit in der Erhaltung der Natur zeigt uns die Beziehung, die unser individuelles und gemeinschaftliches Verhalten bestimmt. Dieses Wissen wird von unseren traditionellen Autoritäten durch das Übergeben des sewás zum Ausdruck gebracht. Je weiter wir unser Wissen über das Ley de Sé vertiefen, desto mehr wachsen unsere Pflichten und Verantwortlichkeiten in der Gemeinschaft, bis wir irgendwann das Niveau einer traditionellen Autorität erreichen.

Das Eigene

Verbunden mit der Idee des *sewás* ist die Idee des Eigenen, für das ich zuständig bin. Die individuelle Aufgabe eines Tieres oder einer Pflanze im gemeinsamen Gefüge des Lebens – in diesem Fall einfach des Ökosystems – scheint uns oft deutlich klarer als unsere eigene oder gar die eines ganzen Stammes. Würden zum Beispiel die Bienen aussterben, so würden die meisten Ökosysteme innerhalb kürzester Zeit zusammenbrechen, denn ohne Bienen findet kaum noch Bestäubung statt, und dies führt zu einer Kettenreaktion von Artensterben. Es ist dann nur noch eine Frage der Zeit, wann diese Kettenreaktion auch den Menschen erreicht. Bei manchen Arten mag der Beitrag zum Ökosystem nicht so offensichtlich wie bei den Bienen sein und sich vielleicht erst dem zweiten Blick offenbaren.

Das Video *How Wolves Change Rivers*[38] zeigt die Auswirkungen auf das Ökosystem im Yellowstone Nationalpark nach der Wiedereinführung von Wölfen in diesem Park. Die wenigen Wölfe veränderten einfach durch ihre Anwesenheit das Verhalten der Hirsche, die wiederum bestimmte Bereiche mieden, in denen sie leichte Beute wären. Das hatte zur Folge, dass an diesen dann unbeweideten Stellen das Gras besser wuchs, was sich auf viele weitere Pflanzen und Tiere im Ökosystem auswirkte. Diese Veränderungen führten schließlich dazu, dass sich sogar die Flussläufe veränderten.

Im Video *How Whales Change Climate*[39] erklärt George Monbiot, wie Wale mit ihrem ganz spezifischen Verhalten das Klima des Planeten verändern. Er zeigt auf, dass viele Wale zu mehr Plankton führen und einer höheren Kohlendioxydabsorption. Diese sogenannten trophischen Kaskaden zeigen, dass die An- und Abwesenheit von Spezies am relativen Ende der Nahrungskette ähnliche Effekte haben wie an ihrem Anfang. Sobald eine Art ausstirbt, brechen Ökosysteme zwar nicht sofort zusammen, aber sie verändern sich zum Teil dramatisch. Im Film *Aluna* von Alan Ereira beschreiben die Kogi die Auswirkungen der Trockenlegung der Lagune flussabwärts auf das Mikroklima oben in den Bergen.

Was sagt uns dies nun? Das Gefüge des Lebens braucht es, dass verschiedene Qualitäten ihr ureigenes Wesen zum Erhalt und Gleichgewicht des Ganzen einbringen. Den Kogi nach, gilt das auch für ganze Stämme wie für einzelne Menschen, auch wenn diese die Tragweite ihres Beitrags nicht wahrnehmen.

Mama Wintukua Kunchanawingumu spricht:

Jeder Mensch wird mit einer Aufgabe geboren. Wir dürfen niemals etwas anderes von ihm verlangen als das, was er geben kann oder das, was für ihn vom Gesetz des Ursprungs vorgesehen ist. Wenn du diese Aufgabe herausfindest und ihr folgst und sie vollendest, führst du dich damit selbst zur Gesundheit. Jeder Mensch hat bestimmte Regeln, was er tun darf und was nicht. Es ist nicht vorgesehen, dass wir alle alles tun. Manchmal ist es so, dass eine

Krankheit auftritt, weil wir nicht unserer Aufgabe folgen, die für uns von Anbeginn der Zeit vorgesehen ist. Man muss auch wissen, wie man diese Berufung entwickelt und wie man sie verwendet, sonst wird man krank, in Gedanken und im Körper. Deswegen ist es so wichtig ganz klar zu wissen, warum wir in diesem Leben sind, woher wir kommen und was es ist, das wir tun müssen.

Der Ort, an dem wir geboren werden, ist der wichtigste. Dort wird gesät, was wir in unserem Leben sein werden. Deswegen ist es so wichtig, dass wir während der Zeremonie der Geburt immer bedenken, was die Aufgabe dieses Menschen ist und wie er sie erfüllen wird. Wenn wir dies nicht tun, können Krankheiten entstehen. Dies sind die grundlegenden Eigenschaften in unserer Kultur, wie wir Gesundheit betrachten. Sofern wir überhaupt mit der westlichen Medizin zusammenarbeiten, bedenken wir dies immer. Wir sind nicht alleine auf der Welt, wir sind Teil der Welt, und bereits der Gedanke, dass man alleine leben könne, ist eine Krankheit. Deswegen ist es wichtig, die Ahnen und die Eltern und Großeltern sowie die Natur zu heilen, um so den Menschen zu heilen. Die Vertiefung dieses Verständnisses beschränkt sich auf die Ausbildung der Mamos.

Wir Indianer wissen, dass wir nicht alleine sind, dass alles verknüpft ist und dass alle Lebewesen miteinander verbunden sind. Manchmal denkt man, dass man alleine handeln könne, aber man kann es nicht, weil alles immer voneinander abhängt und sich gegenseitig beeinflusst. Deswegen ist es so wichtig, ein Verhältnis zu den Ahnen, zu den Vorfahren, aufrecht zu erhalten. Wir bringen ihnen Respekt dar, wir bestellen ihnen die Felder und ernähren sie. Wir leben im Einklang mit allen Lebewesen.

Nach den Kogi hat das *Ley de Sé* jedem einen spezifischen Ort und eine spezifische Aufgabe bereitgestellt. Diese beinhaltet, dass ich für manche Dinge zuständig bin und für manche nicht und ohnehin nicht für alles, und zwar unabhängig davon, wie gut und erstrebenswert oder sozial geachtet mir manche Zuständigkeiten erscheinen. Auch wenn die eigene Aufgabe anscheinend nicht besonders spektakulär wirkt, entfalten sich um sie herum hilfreiche Fügungen, da sie sich im *Ley de Sé* bewegt. Das Eigene fällt zudem wesenhaft leicht, da es zugleich das Natürliche ist. Das Nicht-Eigene kann und darf losgelassen werden. »Man kann nicht aus allen Rohren gleichzeitig schießen«, besagt ein militantes deutsches Sprichwort. Für die Kogi wäre es bereits verkehrt, aus dem falschen Rohr zu schießen und der bloße Gedanke, alle Rohre in Betrieb nehmen zu wollen, eine sofort mit einem Mamo zu klärende geistige Verwirrung.

Weil dem so ist, ist die bei uns verbreitete Konkurrenz um einen guten Platz widersinnig und illusionär. Der vor allem im Zusammenhang des sogenannten »Amerikanischen Traums« verbreitete Satz, man könne doch alles werden, wenn man sich nur genug anstrengt und hart arbeitet, ist das vollkommene Gegenteil von dieser Grundeinstellung. Man kann nicht alles werden und soll es auch nicht, weil das angeborene Eigene des Individuums gebraucht wird. Dieses angeborene Eigene muss im übrigen nicht der zu übernehmende Betrieb oder Beruf des Vaters sein, kann es aber und ist es oft auch. Insofern geht es weniger darum, nach außen zu blicken auf das, was mir attraktiv erscheint, sondern nach innen auf das, was mir auf eine bestimmte Weise leicht- oder gar zufällt.

Bei uns ist es üblich, dass Ausbildungen von fast allen in Anspruch genommen werden können, die dafür bezahlen. Es geschieht auch häufig, dass sich Menschen durch Nachahmung eine bestimmte Rolle aneignen, ohne zu überprüfen, was die dahinterliegende Motivation ist und ob es im Einklang mit dem Eigenen ist. Die Kogi würden sagen, dass dadurch Chaos entsteht und uneigentliche Emotionen, Gedanken und Handlungen, die dem Gefüge des Lebens im Wege stehen oder schaden. Für den modernen Menschen mag dies vielleicht wie eine unzulässige Begrenzung der eigenen Freiheit anmuten, es ist jedoch auch so, dass auch durch Willkür Verstöße entstehen können.

Die Kogi und andere Naturvölker haben also ein vollkommen anderes Verständnis von Berufung als wir. Es gibt in diesem Sinne kein »Follow your passion« (Folge deiner Leidenschaft) und schon gar keine Karriere, sondern eine lebenslange beratende Begleitung durch einen Mamo. Das Grundproblem findet sich bereits in dem Gedanken, dass ich mir selbst eine Aufgabe zuweisen will, statt mit ihr in Kontakt zu treten. Ersteres befriedigt dabei oft eher das Bedürfnis, wichtig zu sein, als dass es zu einer wirklichen Verbindung kommen kann. Was wichtig und oft auch beeindruckend wirkt, wird gesellschaftlich vorgegeben und übertönt leicht die leisere Stimme der natürlichen Orientierung. Im Kontext der weit verbreiteten Problematik von Motivationsverlust bis hin zu Depressionen, kann dieses Verständnis der Kogi eine Richtung zur Orientierung aufzeigen.

Ein weiterer wichtiger Aspekt des Eigenen ist die klare Unterscheidung vom Nicht-Eigenen. Wie sich kein Adler Aspekte einer Eiche oder eines Frosches aneignet, sondern sein Adlersein voll ausfüllt, so ist es auch für den Menschen wichtig, sich von angenommenen Uneigentlichkeiten zu trennen. Die Einzigartigkeit ist außerdem kein modisches Ziel, das zum Beispiel durch Abweichung von Gruppentrends verwirklicht wird, sondern der natürliche Ausdruck eines jeden Menschen, wie wir ihn oft noch bei Kindern finden.

Die Kogi waren aus dieser großen Achtung vor dem Eigenen auch immer sehr zögerlich, ihre Herangehensweisen preiszugeben. Mama José Gabriel zum Beispiel begann erst dann aus dem Nähkästchen zu plaudern, nachdem wir ihm zuvor von uns und unserer Weise die Dinge zu sehen und zu tun erzählt hatten. Am Anfang sprach er stets über allgemeine Prinzipien und große Zusammenhänge. Manchmal erfuhren wir jedoch auch Details, welche konkreten kulturellen Lösungen die Kogi für bestimmte Herausforderungen anwenden. Oft jedoch sah uns der alte Mamo irritiert an und fragte uns: »Warum wollt ihr genau wissen, wie wir die Dinge machen? Was habt ihr davon? Es geht darum, dass ihr eure eigenen Wege wiederfindet! Ihr wisst diese Dinge auch. Ihr müsst euch nur erinnern.«

Später erklärt Arregoces Coronado-Zarabata:

Die Mutter hat allen am Anfang ihr Wissen hinterlassen. Wenn die Kankuamo also ihr Wissen verlieren, dann müssen sie zu den Kogi gehen und sie fragen, um ihr Wissen zurückzuerlangen. Wir sind hier die vier Völker, die genau dies tun, sofern nötig. An anderen Orten ist das ähnlich. Wenn ein Volk etwas vergessen hat, dann kann es zum Nachbarvolk gehen und danach fragen, und sie können es dann erklären, sofern sie es wissen. Durch dieses Wissen kann dann der Zugang zum eigenen Wissen erleichtert werden. Aber sie werden nie alles und nie in allen Einzelheiten erklären. Es geht um eine Erinnerung. Die Erinnerung daran, die das Volk ursprünglich selbst hatte, welche Gedanken es hatte, und zwar in allen Details. Wenn wir unseren Nachbarstämmen als Kogi etwas über spirituelle Arbeit erklärt haben, dann immer nur als Türöffner, damit sie zurück zu ihrem eigenen Wissen und ihrer eigenen Form des Weges finden.

Mama José Gabriel fuhr fort:

Wenn wir uns fragen, wie wir die Dinge hüten, dann sind das die Gedanken von Sezhankua. Wir versuchen nicht, so zu leben wie ihr in Europa, und ihr sollt nicht so leben wie wir hier. Wir hier in den mittleren Lagen der Sierra leben ja nicht mal so wie die Dörfer ganz oben in den Bergen. Sogar das hat Sezhankua unterschiedlich hinterlassen. Alles hat eine Ordnung. Ihr, die ihr von dort kommt, dürft hier nicht leben, genauso wie ich nicht dort leben darf. Ich darf euch nicht sagen, was genau ihr tun sollt, denn ihr würdet dort nur Schaden anrichten.

Auch manche Indianer fangen an, sich Dinge von den Jüngeren Brüdern anzugewöhnen. Wenn wir schlecht denken, werden wir niemals den Ursprung bewahren. Ich war hier bei den Muisca Indianern in Kolumbien, und sie haben uns Kogi gefragt, wie man pagamiento macht. Wir haben sie dann zurückgefragt, ob sie das denn gar nicht wüssten? Sie meinten, nein. Wir haben sie dann gefragt, ob sie nicht auch Sezhankua kennen? Sie meinten, sie seien sich nicht sicher. Wir haben ihnen dann gesagt, dass sie ihren eigenen

Weg wiederfinden müssen und dass wir ihnen nicht sagen können, wie man pagamiento macht. Sie dürfen uns nicht nachmachen. Wenn ein Volk alles vergessen hat, dann erzählen wir ihm auch nichts. Es würde nur Schaden entstehen.

Sezhankua hat jedem Volk sein ganz eigenes Vermächtnis hinterlassen. Wir Kággaba müssen uns ins nuhué setzen und dort denken. Das heißt aber nicht, dass das jemand anderes auch muss. Wenn es irgendwo heilige Steine gibt, dann setzen wir uns dorthin und arbeiten dort mit den Energien. Für Sezhankua ist das alles das gleiche. Wenn wir diese Dinge vergessen oder nicht mehr machen, dann werden wir nicht mehr gut leben. Deswegen sage ich mit voller Wahrheit, dass wir nur eine einzige Art zu denken haben dürfen. Dann streiten wir uns nicht und arbeiten gut zusammen. So leben wir. Wir fragen uns, wie sollen wir das schaffen, alle gleich zu denken, wir sind doch Millionen von Menschen? Aber für Sezhankua sind wir ganz wenige, so ungefähr drei oder vier, nicht viel mehr. Wir werden im Einklang arbeiten, in großer Einheit. Das ist zhigoneshi. Wenn wir nicht im Sinne von zhigoneshi arbeiten, dann verlieren wir auf Dauer.

Wir werden alle von der Sonne erwärmt, wir trinken alle das gleiche Wasser, wir laufen alle auf die gleiche Art und Weise, und daher können und werden wir auch genauso gemeinsam denken! Wenn ich etwas auf eine bestimmte Art und Weise tue, wird es mein eigenes Kind genauso tun. Wir selbst bringen uns alles gegenseitig bei, niemand sonst. Das haben wir zu bedenken und darauf müssen wir achtgeben. Deshalb müssen wir alle es sein, die wieder die Gedanken des Ley de Sé denken. Die Prinzipien, die Sezhankua hinterlassen hat, gelten für alles Leben, für die Natur, für den Jüngeren Bruder und für den Älteren Bruder. Sezhankua hat keine zwei Wege hinterlassen, sondern nur einen.

Es geht nicht um eine von außen ideologisch übergestülpte Synthese, sondern um die bereits im Eigenen angelegte Verbindung mit allem anderen Eigenen. Das Eigene kann nicht in Konkurrenz oder Konflikt mit anderem Eigenem stehen, sondern nur mit Uneigentlichem. Aus dieser Perspektive ist es gleichgültig, ob wir etwas nachahmen, was nicht das Eigene ist, oder ob wir versäumen, unsere Einzigartigkeit auszudrücken oder schlicht »keinen Plan« haben, was das Eigene sein soll, und einfach irgendetwas tun: Wenn wir dem *Ley de Sé* nicht mehr folgen, erzeugt dies ein Ungleichgewicht, das der Erde, anderen Menschen und vor allem uns selbst schadet, so die Sicht der Kogi. Es wäre daher unsinnig, die Kogi, ihre Traditionen oder Tätigkeiten nach Deutschland zu holen, um sie hier auszuführen oder zu etablieren. Es sind ihre Maßstäbe und ihre Handlungen, die für sie in der Sierra Nevada de Santa Marta richtig sind; es sind unsere, die für uns passen. Die Kogi unterstützen uns durch Hinweise, uns dem Eigenen wieder anzunähern.

Je länger wir mit Mama José Gabriel zusammensaßen, desto öfter begann er darüber zu sprechen, dass wir eine Schule gründen sollten. Damals dachte ich: Was, bitte, denkt er sich? Wie soll ich eine Schule gründen, vor allem für was? Er war sich jedoch sicher, dass ich dies tun muss. Wir drehten eine Runde durchs Dorf und sahen einigen Hühnern zu, die zusammen mit einem Hahn durch die trockenen Blätter am Rand des Gartens liefen und nach kleinen Insekten suchten.

Mama José Gabriel spricht:

Das Buch, das wir gemeinsam schreiben, und die kwivi, die ihr gründen werdet, wird ein wichtiger Teil für das Lernen der Menschen. Wir fragen die Kinder und Erwachsenen in der Schule, warum die Väter und Mütter der Dinge dies oder jenes sagen oder tun. Dann denken sie darüber nach und begreifen wieder. Die Welt ist in großer Unordnung, aber hier in der Sierra laufen die Dinge noch geordneter ab. Wir sind alle Kinder von Sezhankua. Wir essen das gleiche, wir müssen auch gleich denken und gleich arbeiten. Wer kann denn normalerweise fünf Tage ohne Wasser aushalten? Ihr? Nein, wir auch nicht. Wir sind doch gleich.

Einmal kam ein Mann zu mir und sagte, dass wir Indianer viel mehr wüssten als die Jüngeren Brüder. Aber ich habe ihn gefragt, wessen Kind er ist, ob er auch das Kind von Sezhankua sei. Er bejahte dann. Also, wie kann es dann sein, dass wir unterschiedlich viel wissen? Wir sprechen unterschiedlich, wir singen unterschiedlich, aber im Kern ist doch alles gleich. Der Hahn kräht immer zur gleichen Uhrzeit, woher weiß er, wann er krähen soll? Er kräht frühmorgens und dann mittags. Das Huhn kräht nicht, warum? Sie sind Kinder von Sezhankua, er hat ihnen gesagt, wann sie krähen müssen, sie haben es sich nicht selbst überlegt. Wenn ein Huhn anfinge zu krähen, würde es die Ordnung verlassen. Das würde bedeuten, dass es den Weg von Sezhankua verlassen hätte. Die Hähne und Hühner sind wie wir Älteren Brüder, sie erinnern sich noch an die Aufgaben, die Sezhankua ihnen gegeben hat. Die Hähne krähen, die Hühner gackern, so wurde es hinterlassen.

* * *

Oft haben wir mit den Mamos auch über einen weiteren Aspekt rund um die Thematik des Eigenen gesprochen, nämlich den Auswirkungen des Ausbringens fremder Pflanzen, Gedanken und Substanzen im Territorium der Kogi. Sie betonen dabei zum einen die negativen Auswirkungen, die dies hat, sehen zum anderen jedoch auch in Einzelfällen Chancen.

Lassen wir jedoch erst Juan Mamatacan zu Wort kommen:

Die Colonos haben neue Pflanzen mitgebracht, die hier nicht hergehören. Wir haben dann begonnen, auch diese Pflanzen zu essen. Das tut uns nicht gut. Wenn man Nahrungsmittel isst, die nicht ursprünglich von dem Ort kommen, wo man lebt und wo die Vorfahren herkommen, dann vergiftet man seinen Körper. Viele Chemikalien werden in die Natur gebracht, auch die Entlaubungsmittel richten großen Schaden an. Heute haben wir einige Krankheiten, die daher kommen, dass unsere Natur von diesen Chemikalien immer mehr vergiftet wird. Wir essen diese Dinge, und dann werden wir auch vergiftet. Die ganzen chemisch hergestellten Medikamente schaden uns. Je mehr künstliche Chemikalien wir zu uns nehmen, desto mehr werden wir selbst künstlich und chemisch.

Auf die Dauer werden wir so unsere Kultur verlieren. Wir werden unsere Art zu denken verändern.

Die Regierung will uns glauben machen, dass Impfungen für uns gut sind, aber Impfungen sind sehr gefährlich für unser Denken. Wir haben das genau beobachtet. Manche Kogi, denen Impfungen von der Regierung aufgezwungen wurden, sind nicht die gleichen wie vorher. Sie denken nicht mehr gut und schnell. Die Regierung will nun, dass wir alle Kinder impfen, die geboren werden. Manchmal denken wir, dass die Regierung uns vernichten will. Sie arbeiten viel mit Maschinen, deswegen denken sie nicht mehr lebendig. Wir Kogi arbeiten dafür, unsere Kultur und Identität zu erhalten.

Auch ganz viele der Bäume, die hier wachsen, sind nicht von hier, die Arten wurden importiert. Genau, wie wir die Bäume und Pflanzen an Orten wachsen lassen, wo sie nicht herkommen, genauso machen wir es mit Menschen. Viele Menschen leben heute an Orten, die weit entfernt sind von den Orten ihrer Vorfahren. Sie vermischen sich auch mit Menschen, die nicht von ihrem Stamm sind. Damit vergessen wir, wie die Orte zu hüten sind.

Die Worte von Juan Mamatacan beschreiben eindrücklich, welche Effekte die künstlichen Eingriffe für die Kogi haben, angefangen von der Kultur, über die Landwirtschaft bis hin zu Medizin und Ernährung. Kultur ist der gemeinschaftliche Ausdruck des Eigenen, und zwar der eigenen Gedanken. Eine Vermischung von Lebensmitteln, Kultur oder Krankheiten bedeutet daher vor allem eine Vermischung von Gedanken und damit eine Störung der Ordnung. Was also tun, wenn die Ordnung gestört worden ist? Nun, das *Ley de Sé* greift auch hier. Sobald der störende Eingriff unterlassen wird, beginnt ein Prozess der Renaturierung. Solches wurde zum Beispiel bei Zuchtpflanzen beobachtet, die man hat auswildern lassen: nicht mehr in Monokulturen gepflanzt und mit Chemikalien behandelt, kehren sie zu Wildformen zurück und erhalten deutlich mehr Lebenskraft und eigene Stärke. Das geschieht ohne das Zutun des Menschen durch die Selbstregulierung der Natur.

Ein weiterer Umgang mit Beeinträchtigungen des Eigenen neben dem einfachen Weglassen von überflüssigen Eingriffen ist in dem Gedanken beschlossen, dass mit dem Problem auch die Lösung gegeben ist. Die Kogi haben das selber mit dem Kaffee in der Sierra Nevada de Santa Marta erlebt. Die Kaffeepflanze kommt ursprünglich in der Sierra nicht vor, sondern wurde mit der Kolonialisierung aus Afrika nach Kolumbien eingeführt. Heute bietet der Kaffee für die Kogi jedoch eine Möglichkeit, ihr Land von den Kolumbianern zurückzukaufen. Das Problem »Spanier« brachte die Lösung »Kaffee« mit sich. Das ist ein gutes Beispiel für die Denkweise der Kogi.

Mama José Gabriel spricht:

Als der Jüngere Bruder hier ankam, hat er viele Indianer getötet. Aber es blieben ein paar als Samen zurück, aus denen wir nun wieder wachsen. Das gleiche ist bei euch mit euren eigenen ursprünglichen Gedanken der Fall. Es gibt noch viele Tiere in den Bergen. Die Kankuamo salzen jedoch schon zum Essen das Fleisch dieser Tiere. Deswegen sterben viele Kankuamo, sagen die Mamos. Die Tiere werden hier ohne Salz gegessen, sonst werden ihre Gedanken geschädigt. Noch haben wir nicht alle verstanden, wie wir leben sollen, aber wenn ihr eine kwiwi, eine ursprüngliche Schule habt, dann unterrichtet ihr das. Und die, die es gelernt haben, geben es wieder an andere weiter. Damit werden viele Leute erreicht.

Wir Kogi dürfen nicht viele Tiere züchten. Wenn wir viele Rinder züchten, viele Hühner oder viele Schafe, dann verlassen wir das Ley de Sé. Wenn man aber denkt wie ein kwiwi, dann werden wir wieder lernen. Wir werden uns wieder daran erinnern, weniger Fleisch zu essen und ganz besonders kein gezüchtetes. Auch weniger Salz sollten wir essen. Ganz oben in den Bergen essen sie noch ganz ohne Salz und ohne Fleisch. Dort darf man weder Hunde noch Maultiere hinbringen, denn die gehören nicht dahin, sie wurden dort nicht hinterlassen. Wenn sie eine spirituelle Arbeit machen, dann machen sie das sehr gut. Alle, die wir hier auf der Erde leben, wissen noch viele Dinge. Aber einer lernt sie, der Nächste hat kein Interesse und will sie nicht mehr lernen. Deswegen haben wir große

Probleme. Auch der Jüngere Bruder weiß noch viel, aber er darf es auf keinen Fall wieder vergessen und vor allem muss er es anwenden. Ansonsten schaden wir der Erde. In Kolumbien gibt es 86 verschiedene Indianerstämme. Wir sprechen alle andere Sprachen, aber wir arbeiten gleich.

Mama Bernardo Mascote-Zarabata spricht:

Wir werden unsere Ursprünge wiederfinden. Entwicklung heißt nicht den Anfang wiederherzustellen, sondern den Ursprung zu bewahren. Wir bringen das Wissen unserer weisen Vorfahren unseren Kindern nahe, dann leben wir gut. Das allerwichtigste daran bedeutet, die Natur zu respektieren und keine großen Industrieprojekte mehr zu machen, die der Natur schaden. Die Mutter möchte unsere menschliche Existenz nicht beenden, aber wenn wir nicht wieder ihrem Weg folgen, dann hat sie keine andere Möglichkeit. Die Gesetze und Normen, die wir heutzutage erfinden, schaden der Mutter. Dinge sind nicht richtig, nur weil sie einem von Menschen erfundenen Recht folgen. Wie kommen wir darauf, selbst Gesetze zu erlassen? Diese Gesetze werden dazu benutzt, Minen zu legalisieren, aber das macht sie nicht richtig. Es ist immer noch sehr schlimm, eine Mine zu bauen, auch wenn sie eine Lizenz hat und vom Parlament befürwortet wird.

Wir folgen den ursprünglichen Prinzipien. Sie zeigen uns, wie wir die Dinge hüten können und auf alles aufpassen. Das Wasser, die Bäume, die Steine sprechen täglich zu uns von den Gesetzen der Mutter. Wir hören ihnen nur zu. Diese Gesetze wurden nie verändert, sie wurden am Anfang von Jaba Sé geschaffen und existieren seitdem. Die Politiker erfinden Gesetze, damit sie wiedergewählt werden. Nur durch erfundene Gesetze ist die Zerstörung der Natur möglich. Wenn wir unser ursprüngliches Wissen zurückgewinnen, dann wird die Mutter uns wieder zuhören und uns wieder helfen. Wenn nicht, dann folgen wir weiter dem Weg der Selbstzerstörung.

Das wichtigste für einen Menschen ist, die Prinzipien des Ursprungs und des Lebens zu kennen. Dadurch schaffen wir eine sehr klare und gute Zukunft. Wenn wir etwas tun oder etwas ler-

nen, was zum Wohl der Mutter ist, dann wird sie dies stark unterstützen. Wenn ihr euer Wissen wieder zurückgewinnen wollt und euch nicht sicher seid, ob ihr das gut macht, dann achtet einfach darauf, ob die Mutter euch hilft oder nicht. Es ist sehr wichtig, dass ihr euch auf eure traditionelle Medizin, auf die spirituelle Medizin zurückbesinnt. Die chemische Medizin ist schädlich für den Körper, auch wenn ihr die Effekte erst viel später erkennen werdet. Die natürliche Medizin kommt von der Natur, und sie gibt uns alles, was wir brauchen. Die Natur hat auch eine Mutter, sie heißt Jaba Sé. Auch sie unterstützt uns.

Wir Kogi sind auch da, um euch dabei zu unterstützen, eure Wurzeln wiederzufinden. Aber ihr seid es, die das Wissen wieder herbeidenken werdet, indem ihr immer daran denkt und es spürt. Das ist sehr wichtig. Dann wird die Mutter euch unterstützen, dass ihr dahin kommt, wo ihr hingehen sollt. Wo werdet ihr das Wissen wiederfinden? Es liegt in eurer Erde verborgen. Eure Vorfahren haben dort gelebt, und das Wissen ist mit diesen Orten verbunden. Dort werdet ihr es finden. Es liegt in den Bäumen, in den Steinen, im Wasser. Wir wissen diese Dinge noch, wir leben sie noch. Wir Menschen denken, dass wir einander unterstützen, wenn wir uns helfen uns an unser Wissen zu erinnern, aber eigentlich unterstützen wir die Erde selbst. Deswegen wird auch sie uns unterstützen.

Kapitel 6

Von hier – von dort

Nur dort, wo du zu Fuß warst, bist du wirklich gewesen.
Johann Wolfgang von Goethe

Das Ankommen bei den Kogi war ein Übergang zwischen zwei Welten, den ich nie vergessen werde. Das Dorf Machukúmake ist auf keiner Landkarte verzeichnet. Bei unserer Ankunft deutete Mama José Gabriel auf eine Hütte, in der wir unsere Hängematten aufhängen und schlafen konnten. Er sagte: »Jetzt kommt in Ruhe an. Ihr seid nun im Land der Kogi.« Er verabschiedete sich, wandte sich um und ging zurück in das männliche Zeremonialhaus *nuhué*. Was wir zu diesem Zeitpunkt noch nicht wussten war, dass wir ihn erst einmal nicht wiedersehen sollten. Vorerst waren wir auf uns gestellt, obwohl wir weder die Sprache der Kogi noch ihre Kultur verstanden.

Als wir die Hütte betraten, schlug uns der beißende Rauch des Holzfeuers entgegen. Noch wussten wir nicht, dass wir den Geruch und die Wärme des Feuers zu schätzen lernen würden. Das offene Feuer brannte in der Mitte und hüllte den fensterlosen Raum in ein sanftes, warmes Licht. Befestigt an den Konstruktionsbalken hingen rundherum einige Hängematten. Über unseren Köpfen lief das Dach kegelförmig zusammen. Die rußbedeckten Spinnenweben, die im Rauch des Feuers flatterten, erahnten wir nur. Ich fragte mich, wie viele Taranteln, Skorpione und anderes Getier wohl im Dachstuhl hauste und ob sie sich gelegentlich dazu entschieden herunterzufallen. Die Luft war schwer vom Rauch, und das Atmen fiel schwer. Ich musste husten. Wie sollten wir hier unsere Nächte verbringen? Ich schaute zu meiner Partnerin hinüber und wusste, dass sie das gleiche dachte wie ich: »Erst einmal müssen wir es nur bis zum nächsten Morgen schaffen.« Wir waren alleine in der Hütte und gingen davon aus, dass dies auch so bleiben würde.

Wir legten unsere Rucksäcke auf den Boden und kramten in den Kopftaschen nach unseren Stirnlampen. Das fahle Licht der Dämmerung reichte nicht mehr aus, um nach einem robusten Dachbalken für unsere eigenen Hängematten zu schauen. Und nun? Das erste Mal in einem Kogi-Dorf, und wir wussten nicht, wie das Leben hier funktioniert. Woher bekämen wir unser Essen? Wann essen die Kogi? Was essen sie? Wann gehen sie schlafen? Wo baden und waschen sie sich? Wann stehen sie auf? Was werden wir machen? Wir wussten gar nichts und fühlten uns vollständig orientierungslos.

In den meisten Ländern, die wir besucht hatten, gab es Anhaltspunkte, die wir erkennen und an denen wir uns orientieren konnten. Hier wussten wir nicht mal, wo die Toiletten sind. Selbstverständlich in der Natur, aber wo? Es waren die grundlegendsten existentiellen Fragen, die wir uns stellten, und sie waren eng mit dem Ort verbunden, an dem wir uns nun befanden. Gott sei Dank hatten wir aus dem letzten Dorf vor unserem Fußmarsch nach Machukúmake Essen mitgenommen, *arepas de queso*. Die Frau mit ihrem Stand vor der Kirche hatte sie für uns, in Bananenblätter eingewickelt, gegrillt. Wir aßen noch jeder eine halbe *arepa*, auch wenn wir nicht wirklich Hunger hatten, und legten uns hin. Unsere Schlafgelegenheiten waren kleine gut verpackbare Reisehängematten mit angenähtem Moskitonetz. Sie bestanden aus Kunststoff und waren mit einem Antimückenmittel imprägniert. Wir hatten das Moskitonetz für eine gute Idee gehalten, doch erst ein paar Nächte später sollte ich herausfinden, dass mir eben jenes Netz fast zum Verhängnis geworden wäre.

Wir hatten eine Weile gebraucht, die richtige Position für unsere Hängematten zu finden. Die Herausforderung war, sie so aufzuhängen, dass der Winkel der Aufhängeseile passte und man nicht zu durchhängend schlief, sie sich nicht mit den bereits dort aufgehängten Hängematten überkreuzten, sie nicht zu nah am Feuer waren, sodass der Kunststoff durchschmorte, aber auch nicht zu weit entfernt, sodass es zu kalt würde. Gleichzeitig brauchte man nach oben hin genug Platz, um das Moskitonetz aufspannen zu können, sodass es einem nicht im Gesicht hing. Nachdem wir ungefähr eine halbe Stunde unter Berücksichtigung aller Variablen die Position unserer Hängematten akribisch optimiert hatten, legten wir uns hinein. Geschafft! Wir gingen früh schlafen und hörten das erste Mal den Geräuschen der nächtlichen Sierra zu.

Ich war sehr müde, konnte aber vor Aufregung nicht wirklich einschlafen. Ich hatte viele Gedanken in meinem Kopf. Wie würde unser Aufenthalt werden? Was würden wir den ganzen Tag machen? Wie würde das Leben bei den Kogi werden? Ich begann, in einen Halbschlaf zu fallen, aus dem ich zwischendurch immer wieder hochschreckte, weil ich irgendein unbekanntes Geräusch gehört hatte. Es wurde schnell frisch und irgendwann richtig kalt. Wir waren solche Westler: Wir hatten nicht daran gedacht, das Feuer in Gang zu halten und wussten, ehrlich gesagt, auch nicht, wie man das macht, ohne jede Stunde aufzustehen und Holz nachzulegen. Meine Partnerin fasste dies folgendermaßen zusammen: »Kein Holz, kein Feuer, keine Ahnung.« Ich begann fast ein bisschen den Rauch zu vermissen, der sich auf einmal heimelig anfühlte und die Wärme des Feuers versprach. Inzwischen war es einfach nur dunkel und kalt. Wir lagen wach, denn wir hatten keine Schlafsäcke mitgenommen. Wir fuhren ja in die Tropen, da würde es auf jeden Fall reichen, nachts eine Hose anzuziehen und einen Pulli. An der Küste war dies auch der Fall, in den Bergen bei den Kogi jedoch nicht. Wir hatten offensichtlich nicht alles wirklich optimal durchdacht.

Nach gefühlten drei Stunden, es war vielleicht ein Uhr nachts, kam jemand in unsere Hütte und legte sich in eine der anderen Hängematten. Wenig später kam noch jemand. War dies doch nicht nur unsere Hütte? Schliefen wir doch nicht allein? Offensichtlich nicht.

Ich kauerte mich in Embryonal-Stellung soweit zusammen wie ich nur konnte. Die beiden Kogi schnarchten nach wenigen Minuten bereits friedlich vor sich hin. Sie lagen einfach nur in ihrer Kleidung, die sie auch tagsüber trugen, in den Hängematten, mit ihren nackten Füßen, keine Decke, nichts. Ihnen schien die Temperatur nichts auszumachen. Und ich hatte gedacht, dass ich aus dem kalten Norden Europas stammend, auch Deutschland genannt, mit Kälte umgehen könne. Weit gefehlt. Irgendwann übermannte mich ein tiefer traumloser Schlaf. Wenn ich heute an meinem Rucksack, an den Taschen der Kogi oder an dem Notizbuch, in dem wir alles notiert haben, rieche, steigen sofort die Erinnerungen und das Gefühl unserer Zeit in der Sierra wieder in mir auf.

Ein erster fahlblauer Lichtschimmer drang durch die Tür der Hütte. Die beiden Kogi waren schon weg. Ich war echt müde und erschöpft vom Frieren in der Nacht. Ich drehte mich also nochmal um und versuchte, mich noch etwas auszuruhen. Als es draußen bereits hell war, setzten wir uns vor unsere Hütte und warteten. Jetzt stieg die Sonne langsam höher, und ihre Strahlen lösten schnell die Frische des Morgens auf. Alle vorbeikommenden Kogi starrten uns an, sagten kein Wort und regten keine Miene. Wir saßen und warteten, aber es gab keine Spur von Mama José Gabriel. Wir beschlossen, eine kleine Runde durch das Dorf zu drehen und folgten einem ausgetretenen Pfad. Er führte zwischen den Hütten leicht bergan. Es waren nicht viele Kogi im Dorf. Sie arbeiteten an oder in den Häusern, und wir bemerkten das ein oder andere versteckte Augenpaar, das uns aus den dunklen Eingängen der Hütten heraus beobachtete. Wir wussten überhaupt nicht, wo wir hingehen durften und wohin nicht. Was war die kulturelle Etikette? Was waren die Fettnäpfchen? Gab es das überhaupt? Wir grüßten die Kogi mit einem »anchiga«, sie nickten nur kurz. Manche schauten uns einfach nur wortlos an. Nach etwa einer halben Stunde hatten wir das Dorf und ein paar angrenzende Gärten abgelaufen und waren wieder bei unserer Hütte angelangt. Wiederholt hatten wir nach Mama José Gabriel gefragt, doch der war nicht da.

Mittlerweile waren wir auch sehr hungrig. Die Zeit verstrich unglaublich langsam, und wir spürten, wie wenig wir daran gewöhnt sind, einfach mal nichts zu tun und keiner Form der Zerstreuung nachzugehen. Wir erfuhren eine vollständige Entschleunigung gepaart mit Orientierungslosigkeit. Um die Mittagszeit, als der Schatten so weit herumgewandert war, dass unser Sitzplatz vor der Hütte im prallen Sonnenlicht lag, kam Mama José auf uns zu gelaufen. »Habt ihr nichts zu essen?« fragte er. Wir verneinten, da wir die mitgebrachten Nahrungsmittel bereits seiner Frau ausgehändigt hatten. »Ihr seid zu spät aufgestanden, das Frühstück ist schon vorbei.« »Wo können wir uns baden?« wollten wir wissen. »Mein Enkel wird es euch zeigen«, sagte er, rief ihn zu sich und schickte ihn mit uns zum Fluss. Nachdem wir gebadet hatten und wieder vor der Hütte saßen, kam ein kleiner Junge mit einer Schale voll Essen zu uns. Es bestand ausschließlich aus Kohlenhydraten, Yucca, Kartoffeln, Süßkartoffeln und alles ohne Salz. Wir waren sehr dankbar dafür. Es war ein kleines Stück Struktur und gab uns etwas mehr gefühlte Orientierung.

Es wurde Mittag, die Kälte der Nacht war vergessen, denn die Hitze drückte jetzt auf uns herab. Wir saßen vor der Hütte, ohne etwas zu tun zu haben, außer unsere Umgebung wahrzunehmen und die Natur zu beobachten. Es zogen ein paar Wolken am Himmel auf, doch es machte nicht den Anschein, als ob es anfangen wollte zu regnen. Der trockene Wind bewegte die Blätter der Bäume, sonst war es still. Ich schaute regelmäßig auf meine Uhr, doch die Zeit schien stehengeblieben zu sein. Irgendwann wurde der Drang, etwas zu tun, weniger, wir saßen einfach nur noch da. Das war Entschleunigungskur pur. Allmählich erwarteten wir auch nicht mehr so viel. Jedwede Idee, etwas beeinflussen oder kontrollieren zu wollen, schien angesichts des Ortes und seiner Atmosphäre absurd. Die Sonne zog langsam ihre Bahn über unseren Köpfen und begann sich in Richtung der westlichen Bergketten zu bewegen. Einige Kogi kamen von ihren Feldern zurück. Und wir saßen einfach da und bekamen eine erste Ahnung davon, was es bedeuten könnte, bei den Kogi anzukommen. So verging weitere Zeit des Wartens und des Nichtstuns, bis wir Mama José Gabriel wiedersahen.

Senénulang – Territorium

Am dritten Tag kam er auf uns zu und begann uns zu erklären: »Ihr müsst euch anmelden. Das ist wie in einem Hotel. Dort meldet ihr euch an der Rezeption, und genauso müsst ihr es hier auf unserem Territorium tun. Man reinigt seine Gedanken, legt seine Absichten offen und begibt sich in ein Gleichgewicht mit dem Ort, an dem man sich befindet. Ich habe euch die Zeit gelassen, damit ihr ankommt und merkt wo ihr seid.«

Wir unterhielten uns, und er forderte uns auf, daran zu denken, woher wir gekommen waren und welche Probleme und Sorgen wir dort zurückgelassen hatten und was ihre Ursprünge sind. Wir erzählten, und der alte Mamo hörte aufmerksam zu. Er sah uns dabei nicht an, sondern schaute konzentriert vor sich und rieb den Stab seines *poporros* an dem kleinen gelben Kürbis.

Nach einiger Zeit sagte er: »Ihr habt mir verschiedene Dinge und Gedanken erzählt, doch der Kern ist nur einer. Die Jüngeren Brüder verdrehen die Gedanken und stellen die Dinge auf den Kopf. Ihr tut oft Dinge, ohne zu wissen, warum ihr sie so tut, und ohne euch zu fragen, ob es der Weg des Gleichgewichts ist.[40] Ihr denkt nicht mehr über die Welt nach, nicht mehr über euer Territorium, nicht mehr über den Ort, an dem ihr geboren seid, sondern ihr beschäftigt euch nur noch mit euren Wünschen und eurem Willen und nicht mehr mit dem, was ihr der Welt zu geben habt.«

Wir hatten in den letzten Tagen Zeit gehabt anzukommen, das Territorium der Kogi wahrzunehmen, zu spüren und uns zu entschleunigen, zwangsläufig. Mama José Gabriel sagte: »Die Gedanken der Kogi sind mit diesem Ort verbunden und nur, wenn ihr diesen Ort fühlt und versteht, könnt ihr die Gedanken der Kogi begreifen.«

Dies war der Beginn vieler Gespräche. Eigentlich war es jedoch nur ein Gedanke, der sich über viele Tage entfaltete und uns mit den Kogi, dem Dorf Machukúmake und seiner umliegenden Natur verbinden sollte. Diese Verbindung entstand mit dem Abklingen von meiner latenten Frustration darüber, dass nichts passierte, die schließlich in ein Loslassen und Stillwerden mündete. Als Besucher bei den Kogi wartet man sehr oft und sehr viel, denn das Warten ist Teil der dem Gast zugemuteten territorialen Akklimatisierung.

Menschen sind untrennbar mit Orten verbunden und Orte untrennbar mit Menschen. In den Geschichten der Kogi ist die Schaffung des Territoriums mindestens genauso wichtig wie die Entstehung des Menschen. Die Natur ist belebt, Orte haben Gedanken, die ihnen innewohnen. Die Struktur der Welt wiederholt sich in vielen Aspekten im Leben der Kogi. Jeder Berggipfel ist eine Welt, ebenso ein Haus, bewohnt von Bewusstsein und Träger von Bezugspunkten wie der Mitte, der Tür und verschiedenen Ebenen. *Jaba Sé* hat am Anbeginn der Zeit das kosmische Ei geschaffen, erzählen die Kogi, und es zwischen die sieben Bezugspunkte gestellt: Norden, Süden, Osten, Westen, Zenith, Nadir und die Mitte. Diese sieben Punkte werden mit unzähligen mystischen Wesen, Tieren, Pflanzen, Mineralien, Farben, Winden, Prinzipien und Werten assoziiert.[41] Das kosmische Ei ist zudem in neun horizontale Welten gegliedert, in der fünften Ebene leben wir Menschen. Die Ebenen sind die neun Töchter der Mutter, jede hat eine andere Farbe und ist eine andere Erde. Im Dach jedes *nuhué* sind vier Lagen eingefügt, die die oberen Welten sind, und das gleiche nehmen die Kogi unter dem Haus für die unteren Welten wahr. Damit ist die Mitte des Hauses auch die Mitte der Welt, denn es ist eine exakte Reproduktion des Universums. Jedes Haus ist auch eine Gebärmutter, genau wie jede Tasche, jedes Wasserbecken und jeder Tontopf. Das Land ist nicht einfach nur das Land, es ist das Universum und es ist der Mensch, genauso wie der Mensch das Land ist.

Mama Ramon Gil Barros spricht über Struktur und Ordnung im Territorium:

Sezhankua wurde es übertragen, die Welt dem Gesetz des Ursprungs folgend zu organisieren. Als erstes hat er die Steine geordnet, die Strukturen, die die Konsistenz und Stärke der Welt ausmachen. Danach nahm er den Faden der Gedanken, den er von Jaba Sé erhalten hatte, und führte ihn durch die Mitte, durch den Berg Gonawindua, der sowohl ein Berg ist, der in die Höhe reicht, als auch einer, der nach unten in die Erde führt. So hat er den Ort der Schöpfung geschaffen. An den drei äußersten Punkten hat er Kadukwa, Shkwakala und Shendukua manifestiert, um die physische Welt zu erhalten, und an jede ihrer vier Ecken stellte er einen Wächter, damit die materielle Welt sich weiterhin im Kreislauf der konstanten Erneuerung des Lebens bewege.

Sezhankua ist der hauptsächliche Schöpfer, die ursprüngliche Autorität, derjenige, der jedem Wesen seine Aufgabe, seine Funktion in der Natur zugewiesen hat. Auch wurden ihm die Normen und Prinzipien für Harmonie und das Zusammenleben überlassen. Jedoch gab es noch keine Fruchtbarkeit in der Welt, deswegen erschien Mutter Seynekʉn, sie war die schwarze Frau, die fruchtbare Erde. Sie war es, die alles organisiert hat, einfach alles, was auf ihr lebt. Der Zusammenschluss von Sezhankua und Seynekʉn, vom Männlichen und Weiblichen, war der Ursprung vieler Autoritäten der physischen Welt: Kalashé und Kalawia, die Autorität des Waldes und der Bäume; Gondwashi, der Luft, Mamatungwi,[42] *der Sonne, Zareymun und Zairiwmʉn, des Meeres; Zanani und Zarekʉn für die Haustiere und Wildtiere; Ulukukwi und Ulukʉn für die Schlange; Seaga für die Tiger und Pumas, Kakuzhikwi für die Ameisen und so viele weitere. Im Ley de Sé ist die Ordnung und Harmonie niedergeschrieben: in Sezhankua die Autorität und Organisation, in Seynekʉn die Führung, Ausübung und Benutzung unseres Territoriums. In diesen dreien vereint sich unsere Vision von Entwicklung und ursprünglicher Ordnung der Vorfahren des Territoriums. Sé, Sezhankua und Seynekʉn sind die fundamentalen Prinzipien, die unsere Mission als Menschen auf dieser Erde bestimmen. Es ist jedoch nicht an den Dreien, die materielle Welt instandzuhalten und zu organisieren, es ist unsere Aufgabe, dies zu tun. Deswegen sind wir am Leben, das Wissen und seine Ausübung durch die Mamas hat nur diesen einen Zweck.*

Bevor es die materielle Welt gab, wussten die Väter und Mütter, wie man auf geistige Art und Weise gebar. Sie hatten keine Körper, aber sie wussten, wie man sexuelle Beziehungen auf mentale Art und Weise lebt. Dies können wir heute in unserem Territorium beobachten. So kennen wir jeden Teil des Gebirges, alles hat seinen Namen, jeder Ort und jedes Ding seine bestimmte Art und Weise zu sein. An verschiedenen Orten arbeiten wir, und wenn die Mamos dies tun, wird das Territorium dadurch gereinigt. Wir arbeiten mit den Himmelsrichtungen, den Winden, dem Regen. Wir ordnen die Tiere und Pflanzen, indem wir an den Orten ihrer spirituellen Väter und Mütter arbeiten. Man nimmt männliche und weibliche Gedanken, bringt sie uns und legt sie an den entsprechenden Ort. So organisieren und reinigen wir. Wenn man dabei ist zu ordnen, versteht man auf ganz einfache Art und Weise unsere territoriale Ordnung. In einigen Teilen unseres materiellen Territoriums dürfen wir gar keine Bäume fällen, auf den Ebenen dürfen wir nur ein paar Bäume fällen, um dort etwas zu säen und es zu schützen. Wenn plötzlich an einem Ort Pflanzen wachsen, die dort nicht hingehören, ordnen wir dies wieder. Wir sprechen viel über Erhaltung, und wir ordnen auf materielle Art als auch in unseren Gedanken das Territorium und zwar jeden Teil.

Beim Thema Örtlichkeit und Territorium habe ich erst im Laufe der Gespräche begriffen, wie weit die Ansichten der Kogi reichen. Für die Kogi ist die Wichtigkeit des Ortes der eigenen Abstammung und des eigenen Territoriums essentiell und könnte nicht höher geschätzt werden. Das Territorium beinhaltet für jeden Menschen seine Identitätsgrundlage und verleiht Autonomie, indem es die Erfüllung aller Grundbedürfnisse einschließlich aller benötigten seelischen und geistigen Informationen ermöglicht, ohne dass dabei Abhängigkeiten und Verbindlichkeiten anderen Menschen oder anderen Gebieten gegenüber entstehen. Die Vorstellung vom »grüneren Gras auf der anderen Seite« kennen die Kogi nicht, Reisen außerhalb des Territoriums stellen für sie keinerlei erstrebenswerte Erkenntniserfahrung dar. Das eigene Territorium genügt den

Kogi vollständig, weil sie es vollständig beleben. Allein dieser Punkt ist für die meisten von uns vollkommen unvorstellbar: ein Leben ohne Fernreisen, mit nur heimischen Nahrungsmitteln, ohne Handelsgüter aus aller Welt, ohne spirituellen Input zum Beispiel aus Fernost.

Die Kogi sagen, dass unsere gedankliche Zerstreuung, unsere Zweifel, unser Nicht-wirklich-Wissen, wer wir sind, der Drang, uns neu zu erfinden, ganz wesentlich aus unserer territorialen Zerstreuung herrührt. Wir sind nicht in unserer Vollständigkeit in unserem Territorium gesammelt und präsent. Stattdessen flüchten wir uns dann in das Olympia-Prinzip: höher, schneller, weiter. Und für uns im Alltag oft auch: bequemer. Territoriale Zerstreuung und gedankliche Zerstreuung sind jedoch für die Kogi das gleiche. Wir essen Lebensmittel, die von weither kommen und die oft wenig oder gar keine Verbindung mehr zu den Orten unseres Lebens haben. Nicht umsonst sehen sich Einkaufsstraßen in Mailand, Frankfurt, Dubai und Bogotá verblüffend ähnlich.

Das Territorium ist der Schlüssel zum Leben. Der Mensch ist für die Kogi mit dem Territorium genauso eng verbunden wie mit seinen eigenen Gliedmaßen. Körperbewusste Menschen wissen, wie wichtig es ist, sich zu spüren und zum Beispiel in Kontakt mit tauben Zonen zu treten. Genauso wie es im Körper Stoffwechselstörungen, Verspannungen oder Belastungen in einzelnen Organen geben kann, so auch im Territorium. Für die Kogi ist einfühlsamer Umgang mit dieser Wirklichkeit unverzichtbar. Dass wir in der urbanen Moderne im Sinne der Kogi eine praktisch vollständige Deterritorialisierung erfahren haben, steht angesichts dessen wohl kaum in Frage. Wir leben die meiste Zeit in abgeschlossenen Blasen wie der Wohnung, dem Arbeitsplatz, dem Auto oder den sozialen Medien. Viel innere Verortung hat sich tatsächlich sogar in das Internet als Ersatz-Territorium verlagert. Wir suchen bestimmte Seiten auf und pflegen so Kontakte und Bezüge, während das eigentliche Land und auch der Körper bei diesen Aktivitäten völlig aus dem Blick geraten. Dies geht sogar so weit, dass manche Leute heimelige Gefühle zum Beispiel beim Anschauen »ihrer« Serien erfahren.

Ich erinnere mich gut an einen Tag im Mai. Ich war gerade von den Kogi zurückgekehrt und fuhr in Berlin vom Alexanderplatz mit der S-Bahn Richtung Osten. Ostbahnhof, Warschauer Straße, Ostkreuz. Die Haltestellen rauschten vorbei. Es war Abend, vielleicht kurz vor zehn. Das letzte Licht des Tages erhellte hinter mir im Westen den Abendhimmel, an dem sich vereinzelt Wolken verirrt hatten. Ich saß in Fahrtrichtung allein in einem Viererabteil und schaute rechts aus dem Fenster. Überall brannte schon Licht. Es zogen einige höhere mehrstöckige Gebäude vorbei, in denen sich Wohnungen befanden. Die Häuser waren moderner, und jede der Wohnungen hatte einen kleinen Balkon, auf dem sich Pflanzen, Sonnenstühle oder ähnliches befanden. Man sah viele Menschen beim Abendessen oder vor dem Fernseher sitzen. Auf der Straße davor standen die Autos geparkt. Die Szene hatte absolut nichts Ungewöhnliches und doch stutzte ich. Wir leben wirklich in Boxen. Wir wohnen in Boxen, oft übereinander, fahren in Boxen herum, arbeiten in Boxen. Auch ich saß natürlich gerade in einer metallenen Box, der S-Bahn.

Welche Bedeutung hat das Land noch in unseren Boxen? Könnten sie nicht irgendwo und nirgendwo stehen? In meinem Kopf befanden sich noch lebhaft die Erinnerungen an die Sierra. Ich war gerade erst ein paar Tage wieder in Deutschland. Ich dachte an die kleinen runden Hütten, den Geruch des Holzfeuers, die ganze Zeit, die wir draußen verbracht hatten. Ich war schon viel außerhalb Europas gereist, und doch hatte ich zum ersten Mal seit der Rückkehr von meinem ersten längeren Auslandsaufenthalt in Peru etwas, was ich fast als Kulturschock bezeichnen würde. Ich war sehr überrascht darüber; hatte ich doch so viel Reiseerfahrung. Es fiel mir nicht leicht, wieder in das Gefühl unserer gelebten Normalität zu kommen. An was für einem Ort war ich hier gerade? Berlin, gut. Aber was bedeutet das denn genau? Warum leben Menschen genau hier? Warum zieht der Ruf der Stadt so viele an?

Die Erfahrungen bei den Kogi hatten in mein Empfinden der Welt eine gehörige Delle gehauen. Es hatte wirklich fast etwas Gewaltsames an sich. Die Kogi hatten damit nichts zu tun, sondern es war mein Inneres, was sich zwischen den gefühlten zwei Welten befand. In diesem Moment in der S-Bahn war es der Ort, der mich in einem »Dazwischen« hielt.

Vom Ort unserer Geburt und Abstammung sprechen die Kogi als eine Mutter, die uns gebärt, genau wie es unsere biologische Mutter getan hat. Wenn wir mit den Kogi sprachen, sprachen wir immer über *aqui* und *allá* – hier und dort. Ob jemand oder etwas *de aqui* oder *de allá* ist, also von hier oder von dort, war für sie von größter Wichtigkeit. Ich versuchte, ihnen zu erklären, dass gerade wir urbane Westler immer weniger »von hier« oder »von dort« sind. Wir sind immer mehr von überall und damit von nirgendwo. Durch die Loslösung von Örtlichkeit lösen wir uns von gedanklicher Ordnung, bis wir diese nicht mehr spüren können, sagen die Kogi. Das ist die Grundlage, die uns von den Konsequenzen unseres Handelns trennt. Nur so ist das Phänomen des »nach mir die Sintflut« überhaupt möglich.

Arregoces Coronado Zarabata spricht:

Warum kann man das zhatukwa nicht mit nach Deutschland nehmen? Wenn das zhatukwa dort ist und die anderen Mamos aber hier, ist das nicht gut. Jedes Gebiet hat eine spirituelle Begrenzung, die es umfasst. Wenn ich also dort bin und nach dem Regen frage, wird das zhatukwa immer auf den Regen weisen, der hier in der Sierra ist und nicht auf den Gedanken des Regens dort in Deutschland. Warum? Weil das zhatukwa hier registriert ist und gemacht wurde, um hier in diesem Gebiet der Sierra zu arbeiten. Es kann nicht einfach irgendwo anders registriert werden. Manchmal wisst ihr nicht, wenn ihr einen Heiligen Ort seht, wofür dieser Ort heilig ist. Ob es für das Wasser ist oder für den Wind oder ob er der Ort der Bäume ist. Als ich mit Mama Shibulata unterwegs war, hat er die Orte einfach angeschaut und wusste genau, wofür dieser Ort ist und wer dort arbeiten muss.

Auch wenn die Idee des Orakels eine allgemeine ist, so ist das *zhatukwa* als spezielle Ausformung dieser Idee in einem konkreten Gebiet verortet. Dasselbe gilt für Nahrungsmittel, Häuser und Gegenstände aller Art. Dies ist für uns sehr schwer vorstellbar, da wir selbst so losgelöst von Orten leben. Anders als wir, sehen die Kogi Gedanken und Ideen nicht als ausschließlich in der Box der menschlichen Psyche vorhanden, sondern als eigenständig im Raum existierende Formen.

Wir Jüngeren Brüder leben anders, das betonen die Kogi immer wieder. Für uns spielt Technik eine größere Rolle, und wir leben weniger an einem Ort. Dies ist auch alles in Ordnung (im wahrsten Sinne des Wortes). Und es ist wichtig, dass wir die Verbindung zu den Orten unseres Lebens erhalten (und damit ist nicht nur das Lieblingscafé gemeint). Denn wenn der Mensch mit seinen ausgleichenden Energien nicht mehr anwesend ist, an anderer Stelle jedoch nimmt, dann kann der entsprechende Ort krank werden. Da alles miteinander verbunden ist, bedeutet die Krankheit eines Ortes auch zwangsläufig die Krankheit anderer Orte und damit auch die Krankheit von Menschen.

* * *

Doch zurück in die Sierra: Es war mittags und es gab Essen im Dorf der Kogi. Auf unserem Teller türmten sich Yucca, Süßkartoffel, Kartoffel, ein lilafarbenes Wurzelgemüse namens Ñamey und Kochbanane. Unsere tägliche Kohlenhydratschlacht befand sich diesmal in einer Suppe, in der etwas Linsenähnliches schwamm. Eigentlich gab es mehr oder weniger immer das gleiche, mittags jedoch in Flüssigkeit, abends und morgens trocken. Das Essen war immer warm. Als Feinschmecker muss ich sagen, dass das Essen der Kogi besser ist, als das Essen in den Städten der kolumbianischen Karibikküste. In den dortigen Supermärkten finden sich hauptsächlich Produkte, die von äußerst fragwürdiger Qualität sind. Frische ohne Chemie bekommt man nur auf den Märkten, wenn überhaupt. Das Essen der Kogi hingegen ist rein. Geschmacklich eignet es sich jedoch eher nicht zum Michelin-Stern und leider auch nicht dazu, ein Berliner Hipster-Restaurant in einem Szenebezirk zu eröffnen. Ich nahm ein Stück ungesalzene Yucca in den Mund und begann zu träumen: Ich fragte mich, warum die Kogi nicht versuchten. geschmacksintensiver, eben aus unserer Sicht einfach leckerer zu kochen. Überall wuchs frischer wilder Koriander, es gab Kakaobäume und Obst. Von den Zutaten her hätten ich spannende Gerichte mit exotischen Fruchtnoten, aromatischen Kräutern oder Schokoladensauce zubereiten können. Ich hätte den Kakaobohnen über dem Feuer eine rauchige Note verpasst, die gut mit der Säure der Orangen harmoniert hätte. Man hätte die Orangenscheiben auch wunderschön mit dem natürlichen Zucker der Kogi knusprig karamellisieren können und sie zu einem cremigen Püree der lilafarbenen Wurzel, die es am Tag zuvor gegeben hatte und deren Namen ich auf Deutsch nicht kannte, reichen können. Meine Träumerei endete abrupt, als ich mir ein weiteres Stück gekochte Yucca ohne Salz oder Gewürze in den Mund schob. Eine »puristische Interpretation von Zutaten« würden Restaurantkritiker schreiben.

Aus Erfahrung jedoch wusste ich, dass meine kulinarischen Ideen bei Mama José Gabriel keinen Anklang gefunden hätten. Knapp zwei Jahre zuvor hatten der Mamo und sein Begleiter bei meiner Familie zu Hause in Deutschland übernachtet. Für abends, nach dem Vortrag, den ich übersetzt hatte, hatte ich eine Maronen-Rosmarin-Suppe vorbereitet. Sie war cremig und duftete leicht nach Rosmarin. Der Mamo hatte damals ein paar Löffel in den Mund gesteckt und gesagt: »No se que será eso.«* Sein Begleiter fragte ihn, ob es ihm schmecke und er antwortete einfach nur kurz: »No. Ich esse jedoch alles, was mir geschenkt wird.« Er nahm ein paar weitere Löffel Suppe zu sich. Plötzlich wandte er sich Jorge Mario zu und fragte: »Sag mal, kannst du mir vielleicht für das Frühstück morgen eine fette Ratte fangen?« Sein Begleiter lachte

---

* »Ich habe keine Ahnung, was das sein könnte.«

und sagte, dass er mal schauen würde, was sich da machen ließe. Die Kogi haben einen ausgeprägten Sinn für Humor, denn selbstverständlich essen auch sie keine Ratten. Sein Wunsch nach etwas anderem wurde jedoch erhört, und er fand morgens auf seinem Teller eine gute deutsche Bratwurst. Ein Strahlen ging über sein Gesicht, und er sagte: »Ah, die hat mir Sezhankua geschickt. Sehr gut.« Er schnitt ein Stück ab und biss beherzt hinein.

Oft aßen wir im Dorf der Kogi alleine, doch diesmal setzte sich Mama José Gabriel zu uns. Er erklärte uns: »Es ist wichtig, dass ihr das Essen der Kogi esst, jetzt, wo ihr hier bei uns seid. Es ist Essen, das von hier kommt. Es verbindet diesen Ort mit euch, wenn ihr es esst. Indem ihr es esst, werdet ihr ein Stück weit zu diesem Ort.« Woraus bestehen wir? Unsere Zellen bilden sich aus den Nährstoffen, die wir zu uns nehmen. Diese kommen aus unserer Nahrung und diese aus dem Land. Wenn man Tuareg ist, lebt man (traditionellerweise) in der Wüste und is(s)t die Wüste, als Inuit is(s)t man die Arktis, als Kogi is(s)t man die tropischen Berge an der Karibik. Genau das taten wir auch gerade. Regionale Ernährung ist somit ein wichtiger Schritt auf dem Weg der Reterritorialisierung. Nahrung ist das zur Natur-Werden des Menschen und das Menschwerden der Natur. An jedem Ort wächst etwas anderes und muss auch etwas anderes wachsen, denn dort leben etwas andere Menschen.

* * *

Das Territorium verfügt über eine eigene lebendige Binnenstruktur aus Orten und Zonen mit verschiedenen Inhalten, Aufgaben und Lebenswelten. Es ist in seiner Gesamtheit von der Linea Negra wie von einem Spinnennetz einerseits von Bahnen durchzogen und anderseits auch klar umgrenzt.

Mama Bernardo Mascote Zarabata erklärt:

Das traditionelle Territorium setzt sich aus drei Bestandteilen zusammen: den esuamas, den Heiligen Orten und der Linea Negra. Es hat eine von alters her überlieferte Ordnung und bedarf eines fortwährenden Hütens durch seine Bewohner. Dazu müssen sie in einer bestimmten Art und Weise handeln und ihre Verantwortlichkeiten wahrnehmen. Dies ist die Stärke und das Fundament von uns Kogi, uns Menschen. Aus diesem Grund ordnen wir das Territorium auf materielle und spirituelle Art, in Bezug auf die drei Bestandteile esuama, nujwákala** und Senénulang*** bevor wir etwas tun. Auf materieller Ebene sind es die Berge, Seen, Flüsse und Bäche, die unser Territorium in den unteren Teilen des Gebirges begrenzen. Das Zentrum des Gebirges ist der Berg Gonawindúa, dessen Name eine sehr tiefe Bedeutung hat.*

Die Jüngeren Brüder gehen sogar zu den Seen und arbeiten dort mit großen Maschinen. Glauben sie wirklich, dass die Mutter, die Erde, es nicht gut organisiert hat? Oder warum meinen sie sonst, dass sie irgendetwas verändern müssen? Wenn sie das nicht glauben, dann ist eine Erklärung, dass sie Freude an Zerstörung haben. Warum kommen Leute, die nicht von hier sind, hierher, um hier auf unseren Bergen herumzulaufen? Sie haben doch selber Berge, sogar noch viel größere als unsere. Warum laufen sie nicht da herum? Wenn sie hier rumlaufen, widersprechen sie unseren Gesetzen. Es ist wie wenn ein fremder Mensch einfach ins Haus eines anderen geht. Er hat da nichts verloren. Wir möchten nicht, dass weiter Jüngere Brüder ohne unsere Erlaubnis hier herumlaufen.

Auch die Kogi tun also etwas für ihre Verbindung zum Land. Die Mamos der Kogi studieren fortwährend den Aufbau und Zustand des Territoriums in allen Einzelheiten. Die Weise dies zu tun, ist das Erlaufen und Erspüren. Wo liegen die Heiligen Orte? Welche Orte sind zum Leben und Wohnen gedacht? Wo befinden sich die zum Arbeiten, wo die Felder? Es geht dabei sowohl um das physische Land als auch um die dort verorteten Gedanken. Das Ordnen eines Heiligen Ortes ist immer auch das Ordnen der Gemeinschaft und das Ordnen des Individuums. Die ordnende Arbeit an einem Ort hat auf das gesamte Territorium einen Einfluss, dennoch ist es

* Orte der Macht ** Heilige Orte *** Linea Negra

nicht beliebig, wo der ordnende Impuls in das Gesamtgefüge eingespeist wird. Ich habe Mamos erlebt, die mit einem Anflug von Frustration erklärten, sie müssten nun wegen irgendeiner Angelegenheit zu einem zwei Tagesmärsche entfernten Ort laufen, weil sich die Aufgabe einfach nicht vor Ort lösen lässt. Ich habe sogar beobachtet, wie Mamos im Dorf herumgingen und fragten, wer alles noch etwas in Bezug auf diesen Ort mitzugeben habe, damit sich der Fußmarsch lohnt und sie nicht wegen jeder Kleinigkeit hin und her laufen müssen.

Manche dieser Orte sind kulturell relevant, wie zum Beispiel Orte für die Übergabe des *poporro* an die Jugendlichen, Orte für die »Taufe« der Neugeborenen, für Hochzeiten und Todeszeremonien. Es kommt dabei auf jeden einzelnen an, denn genau wie diese Aktivitäten das Territorium stärken können, können sie es auch in Unordnung bringen. Die Wichtigkeit kleinster Handlungen im täglichen Leben der Menschen als Grundlage für das Funktionieren von *Senénulang* kann bei den Kogi nicht hoch genug eingeschätzt werden.

Gesellschaftliche Rituale an Orte zu knüpfen, ist uns nicht unbekannt. Auch wir gehen zu Weihnachten gewöhnlich in die Kirche, in die die Familie schon immer gegangen ist. Geheiratet wird an Orten, die eine Verbindung zur eigenen Herkunft haben. Jedoch davon auszugehen, dass es die Orte sind, die diese menschlichen Aktivitäten als Nahrung benötigen, um dann dem Menschen wieder natürliche Gaben zu schenken, ist ein Gedanke, der bei uns viele Jahrhunderte, wenn nicht Jahrtausende, nicht mehr gedacht worden ist. Das Verhältnis von Mensch und Natur ist für die Kogi gegenseitig. Es geht für uns nicht darum, ein ähnlich komplexes kulturelles System, wie sie es haben, wieder herzustellen, sondern auf die feinen und zarten Verbindungen zu achten, die sich zwischen uns und allem Lebendigen um uns herum aufspannen.

Kagui agzain – Heilige Orte

»Se dice kagui agzain, kagui agzain, sitio sagrado«, sprach Mama José Gabriel vor, und ich sprach nach. Ausgesprochen klingen die beiden Worte *Kaguí Arsén*. Die Silben fühlten sich klebrig auf meiner Zunge an, fast wie Honig. *Kággaba,* die Sprache der Kogi, fasziniert mich sowieso. Ganz gleich, an welchem Ort ich auf meinen Reisen war, immer hatte ich versucht, ein paar Worte der einheimischen (indigenen) Sprache zu lernen: Shangana in Mosambik, Quechua in Peru, Urdu beziehungsweise Pashtu in Pakistan, Warao beziehungsweise Pemón in Venezuela. Bei *Kággaba* war es der Klang, der mich faszinierte. Ich empfand die Sprache als schwer, süßlich und kratzig und dabei irgendwie beruhigend. Eigentlich klingt sie dem Deutschen gar nicht so unähnlich, nur etwas tropischer. Ich wiederholte also noch zwei, drei Mal die Worte *kagui agzain* – Heiliger Ort, bis der Mamo zufrieden nickte. Manchmal werden die Heiligen Orte auch *nujwákala* genannt, was eigentlich »Höhle« bedeutet.

Ich brauchte sehr lange, um zu verstehen, was genau Heilige Orte für die Kogi sind und warum sie für sie so eine immense Bedeutung haben. Ich hatte ein Bild dessen, was ein heiliger Ort in meinem Verständnis ist, doch merkte ich schnell, dass dieses Bild irgendwie einfach nicht passen wollte. Egal, welchen Mamo ich fragte, mir wurde immer erklärt, dass *Sezhankua* sich an den Heiligen Orten konzentriert und diese befruchtet hat und so das Leben auf der Erde möglich wurde. Nun ist es an den Kogi das Fortbestehen des Lebens an diesen Heiligen Orten weiterzuführen. Diese Worte ergaben für mich Sinn, doch zugleich wusste ich nicht wirklich, was damit gemeint ist. Vor allem stellte ich mir die Frage: Was hat das mit uns zu tun? Ist dies einfach nur eine kulturelle Sicht der Kogi bar jeglicher Relevanz für uns? Oder können wir etwas für uns daraus lernen? Mein erstes Fazit auf diese Fragen war, dass alleine die völlig andere Sichtweise auf Land, Erde und Territorium, als wir sie in der urbanen Moderne pflegen, uns erweitert. Deswegen lade ich auch an dieser Stelle Sie, liebe Lesende, ein, weiter in die komplexe und manchmal auch befremdlich-verwirrende Sicht der Kogi auf ihr Land jenseits ihrer Kultur einzutauchen.

Heilige Orte existieren in einem Netzwerk von Bezügen. Alleine kann keiner der Heiligen Orte in der Sierra seine Funktion erfüllen, nämlich den Fortgang des Lebens und der verschiedenen Lebewesen im Herzen der Welt und damit der Welt als Ganzes zu gewährleisten. Nur, wenn ein Heiliger Ort mit anderen Heiligen Orten energetisch verbunden ist und kommuniziert, öffnet sich ein Zugang zu den in ihm angesiedelten Inhalten, sagen die Kogi. Die Kommunikation der Heiligen Orte der oberen Lagen des Gebirges mit denen der unteren Lagen ist wichtig für die Pflege des gesamten Territoriums. Ist dieser Kontakt unterbrochen, dann ist die traditionelle Ausgleichsarbeit nicht mehr wirksam. Es ist dann auch für die Mamos schwieriger, die spirituellen und materiellen Dimensionen so zu integrieren, dass keine Dissonanzen und kein Auseinanderdriften entstehen. Aus der blockierten Energie ergeben sich individuelle und gesellschaftliche Schwierigkeiten. Daher, sagen die Kogi, ist die Funktion der Heiligen Orte die Grundlage für die Ordnung eines jeden Territoriums.

Wenn die Kogi über Menschen sprechen, dann sprechen sie auch immer über das Land und umgekehrt, denn für sie ist beides untrennbar miteinander verbunden. Fehlende Wertschätzung füreinander geht einher mit fehlender Wertschätzung für das Land und umgekehrt. Ebenso entspricht die Unfähigkeit, das Heilige in anderen anzuerkennen, einer Unfähigkeit, Heilige Orte zu sehen. Wenn wir vom Land nehmen, ohne dem Land etwas zurückzugeben, dann tun wir dies in unseren zwischenmenschlichen Beziehungen auch. Insofern kann man nachvollziehen, warum für die Kogi auch Konflikte und Unfälle mit der Beziehung zum Land und zu den Orten zusammenhängen. Anders ausgedrückt, werde ich die Entsprechung eines Lebensbereichs, den ich missachte, auch in mir selbst missachten.

Die Kogi kennen zweierlei Arten von Heiligen Orten: allgemeine und spezifische. Erstere befinden sich hauptsächlich entlang der Pfade durch die Flusstäler und in den Bergketten. Diese Orte werden von allen Kogi verwendet und sind für allgemeine Aspekte des Lebens zuständig, wie auch für die Interaktion mit der Natur. Heilige Orte können zum Beispiel für alle Vögel, Insekten oder auch den generellen Ausgleich von Energien zuständig sein. Spezifische Heilige Orte werden ausschließlich von Mamos betreten, verwendet und gehütet. Diese Heiligen Orte haben viel konkretere Aufgaben. Die Mamos arbeiten dort mit bestimmten Arten von Tieren oder Pflanzen oder mit bestimmten Prinzipien und Energien. Die Kogi sagen, dass dadurch auch Naturphänomene wie Starkregen, Erdrutsche oder Erdbeben wieder ins Gleichgewicht kommen.

Mama Ramon Gil Barros spricht:

Alles hat seinen Ort. Wenn viele Hühner sterben oder viele Affen, stellt der Mamo sich an den Heiligen Ort der Hühner oder der Affen und gleicht dort das Ungleichgewicht aus. Dann sterben weniger. Wenn die Truthähne sich dezimieren, dann stellt er sich hin und heilt diesen Heiligen Ort. Wenn viele Schlangen hervorkommen, geht man an den Ort, gleicht dort aus und geht mit den Schlangen in ein Einverständnis, so dass keine Schlangen mehr hervorkommen. Dann kommen auch wirklich keine mehr. Wenn es sehr starken Sturm gibt, gehen die Mamos nach Teyuna, die ihr die verlorene Stadt nennt, und gehen zum Stein der Frösche. Er heißt Kuizbankuish. Dort wird dann die Situation angenommen, ausgeglichen und so geheilt.

Die Heiligen Orte von jedem einzelnen Ding sind gleich heilig. Die Menschen der Sierra steigen hinauf in die Berge und tragen Objekte materieller und spiritueller Art mit sich, zabiji genannt, um die Unordnung auszugleichen, die wir durch unser Leben in der Natur verursachen. Zum Beispiel nehmen sie Tribut, shémake genannt, vom Strand für die Mädchen und Jungen mit. Weiter oben in der Sierra nehmen sie msima, womit der Ausgleich für Mädchen gegeben wird. Noch weiter oben gibt es das zhukatá für den poporro. Noch weiter oben im Gebirge gibt es kwalama, das der Ausgleich für die Kinder und die Samen ist. Dieser Ausgleich geschieht energetisch, spirituell und materiell.

Situationen beruhen auf energetischen Resonanzen, die für die Kogi auch im Land Entsprechungen haben, ähnlich wie die Organe in den Fußreflexzonen. Energetische Resonanzen können angenommen werden, so dass ein Einverständnis mit der von ihnen getragenen Begebenheit in meinem Leben entsteht und sie sich paradoxerweise gerade dadurch auflöst. Dazu gehen die Mamos an die Heiligen Orte, wo die Ursprünge der jeweiligen Energien verortet sind. Dabei kann es sich wirklich um alle Arten von Inhalten handeln, von Neid über Husten bis hin zum Kinderwunsch. Die Kogi sagen, dass sie mit den Müttern und Vätern der Dinge sprechen und dass dies nichts anderes sei, als der Ursprung für eine bestimmte Situation wie zum Beispiel eine Krankheit. Wenn die Mamos also an einen Heiligen Ort gehen, um dort *pagamiento* zu machen, ist das ihre Form, die Situation anzuerkennen, anzunehmen und so Ausgleich entstehen zu lassen.

Wenn wir über Heilige Orte sprechen, so kommt die Frage auf, was mit »heilig« gemeint sei. Die Idee des Heiligen ist für viele Menschen der Moderne im Leben fast völlig verschwunden. Heilig kennen wir fast nur noch im Sinne des Kirchlich-Sakralen. Der Begriff des Heiligen ist religiös besetzt. Für die Kogi bedeutet »heilig« jedoch einfach »unberührbar« ohne sakral-zeremoniellen Beigeschmack. »Unberührbar« wiederum bedeutet, dass diese Orte von niemandem betreten werden dürfen mit Ausnahme vielleicht eines einzelnen zuständigen Mamo oder einer einzelnen zuständigen Saka. Nur sie sind mit dem Wesen des Ortes soweit vertraut, dass sie verantwortungsvoll mit den dort zugänglichen Energien und Gedanken umgehen können. In diesem Sinne und nur in diesem Sinne geht das Heilige der Kogi paradoxerweise auch mit Kontakt einher.

Für die Kogi sind Orte genauso lebendig wie Menschen, und deswegen können sie mit Orten ebenso kommunizieren und ein

Gespräch führen. Kontakt ist die Verbindung zum Leben: Kontakt zu uns selbst, zu anderen Menschen, zu allem anderen Lebendigen. Die Kogi gehen sogar so weit zu sagen, dass wir nicht mit anderen Menschen, zum Beispiel unserem Partner oder unserer Partnerin, in Kontakt gehen können, wenn wir es nicht schaffen, dies mit der Erde zu tun.

Mama Bernardo Mascote Zarabata spricht:

Es gibt viele Heilige Objekte, die die Mutter selbst in einem Gebiet plaziert hat, wo niemand hingelangt. Dort kann man nicht hingehen. Manche Menschen sind jedoch neugierig und wollen trotzdem an diese Orte gehen und die Dinge anfassen und sehen. Auf den schneebedeckten Bergen hier in der Sierra sollte niemand laufen. Wenn man an diesen Orten herumläuft, können unsere Gedanken diese Orte beschädigen, denn diese Orte wirken wie Verstärker für Gedanken. Das kann zu stärkeren Ungleichgewichten führen. Die Mamos, die lange alunayiwasi gemacht haben, sind die einzigen, die an diese Orte dürfen. Diese Orte sind nur dazu da, um beschützt und gehütet zu werden.

Heute sprechen wir über das gegenwärtig dringendste Thema. Es ist nicht gut, das Gold aus der Erde zu holen oder die Erde mit Minen zu durchlöchern. Die Mutter hat uns das Territorium so hinterlassen mit der Bitte, dass wir die Erde nicht zerstören mögen. Manchmal scheint es, als würden die Menschen danach schreien, dass die Erde unbedingt zerstört werden soll, indem sie Bodenschätze entnehmen und indem die Archäologen Gräber ausräumen. Wir verstehen das nicht. Wir leben im Paramo, jenseits der Baumgrenze, aber wir würden es nie wagen, uns an den Ufern der Bergseen anzusiedeln. Wir gehen nur sehr kurz an diese Orte, machen unsere spirituelle Arbeit und kehren in unsere Häuser zurück. Wir werfen niemals Steine ins Wasser. Wir würden niemals ein Haus am Ufer eines Sees bauen. Warum nicht? Die Mutter hat dies so bestimmt und wir haben gelauscht und alles verstanden. Alles, was unsere Jüngeren Brüder finden, wollen sie mitnehmen. Wir haben so oft klargestellt, dass die Flussmündungen jedes Flusses heilig sind und dass sie auf gar keinen Fall verändert und zerstört werden dürfen.

Diese Seen sind die Kraft der Mutter. Die Mutter atmet durch sie, es sind die Lungen. Ich habe diesen See nun ausgetrocknet gesehen. Dieser See ist mit einem anderen See verbunden, der hoch oben im Paramo zu finden ist. Diese Seen sind die Mütter des Regens, sie rufen den Regen. Als es diesen See noch gab, hatten sich die Abfolgen von Regen und Trockenheit noch nicht verschoben. Sie befanden sich im Gleichgewicht, und es regnete dann, wenn es sollte. Nie hat sich daran etwas verschoben. Heutzutage ist die Mutter wie ein Mensch in krankem Zustand. Sie atmet nur noch auf einer Lunge und ist sehr schwach.

Wundert ihr euch, dass, wenn ihr die Seen austrocknet, dann auch die ganze Mutter austrocknet? Die Mutter ist dann durstig. Alle diese Heiligen Orte sind miteinander verbunden. Wenn wir an einem Ort pagamiento machen, dann wird das weitergetragen. Wir arbeiten noch an diesen Orten, aber es ist niemand mehr da. Die spezielle Mutter ist verschwunden. In San Miguel hat mir ein Jugendlicher gesagt, dass einige Amerikaner auf einen Berg geklettert sind, auf den nicht mal jeder Mamo darf. Dort haben sie ein paar Heilige Steine mitgenommen, die dem gesamten Universum Kraft verleihen. Sie geben den Bergen Kraft, aber jetzt sind sie nicht mehr da. Sie haben sie einfach mitgenommen. Man darf nur mit ausdrücklicher Erlaubnis au f diesen Berg, aber sie sind einfach gegangen. Als der Mamo dann auf den Berg ging, um pagamiento zu machen, war niemand mehr da, um es entgegenzunehmen.

Wir konnten früher gutes pagamiento machen für die Schwangerschaft der Frau. Früher hatten Kogi-Frauen nie Probleme bei der Schwangerschaft, aber heutzutage wird es komplizierter. Woran liegt das? Ihr habt an einem Berg gegraben, der eine Frau ist. Ihre Eingeweide wurden beschädigt, ihre Organe können nicht mehr gut arbeiten. Kinder kommen heute manchmal sogar schon krank auf die Welt. Wie sollen sie auch gesund sein, wenn die Mutter Erde selbst krank ist? Der Mamo sagt uns, dass wir, die Familie Coro-

nado Shimangue, die Familie ist, die mit den Jüngeren Brüdern in Kontakt steht. Wir müssen mit ihnen kommunizieren. Wir haben schon seit einiger Zeit über das Bewahren der Erde gesprochen. Es scheint, dass sie einfach nicht verstehen. Alles war ursprünglicher Urwald, aber sie selbst haben die Bäume gefällt. Die Bäume können sich wieder erholen. Man kann den Wald eine Zeit in Ruhe lassen, und er fängt wieder an zu wachsen. Für uns ist das Aushöhlen der Erde viel schlimmer. Auch das Austrocknen der Seen ist sehr schlimm. Diese Dinge sind für immer verloren. Das ist die erste Priorität, wenn es darum geht, die Natur zu beschützen.

Viele Leute denken, dass nur wir Indianer unter diesen Dingen leiden, aber das stimmt nicht, auch in Deutschland werdet ihr diese Probleme bekommen. Es wird bei euch keine Trockenheit geben, aber große Überschwemmungen. Und es wird Krankheiten und Gewalt geben in Europa, wenn ihr nichts ändert. Dies wird nicht weit in der Zukunft sein, sondern schon bald geschehen. In Teilen geschieht es bereits. Hier im Herzen der Welt beginnen die Dinge und verbreiten sich von hier aus. Denn es ist wie im Körper des Menschen, das Blut gelangt vom Herzen in alle anderen Körperteile. Die Kraft und die Energie der Mutter ist eine einzige. Diese Energie ist in allem. Ihr Jüngeren Brüder versteht oft nicht, wie die Welt aufgebaut ist, weil ihr nur auf das Sichtbare achtet. Wenn ihr einen Fluss seht, dann denkt ihr, dass der nur wichtig ist für den Ort, an dem er fließt. Aber er ist mit allem verbunden. Eine Veränderung am Fluss bewirkt Veränderungen an einem völlig anderen Ort auf der anderen Seite der Erde. Alles ernährt sich gegenseitig. Weil so viel verändert und beschädigt wurde, ist die Kraft der Mutter nicht mehr die gleiche.

Die wichtigste Botschaft der Kogi an den Jüngeren Bruder bezüglich der Heiligen Orte ist, sie in Ruhe zu lassen. Sie betonten diesen Punkt mir gegenüber unermüdlich, ebenso wie das Problem der Entnahme von Bodenschätzen. Während das Thema Bodenschätze zwar nicht leicht umzusetzen, aber zumindest leicht zu verstehen ist, gilt es in Bezug auf die in Ruhe zu lassenden Heiligen

Orte erst einmal, unsere Fähigkeit zu stärken, Orte zu erkennen und mit ihnen Verbindung aufzunehmen, ohne uns mit der Suche nach Heiligen Orten emotional zu überfordern. Wir haben noch Grundzüge eines Gefühls für Orte, welches sich auf einer ganz banalen Ebene zum Beispiel bezüglich romantischer Orte äußert. Diese Orte scheinen Pärchen förmlich anzuziehen, man trifft sie dort oft. Auch bemerken wir vielleicht, dass wir uns an manchen Orten besser konzentrieren und besser nachdenken können und sich leichter eine sogenannte Arbeitsatmosphäre einstellt. Dies hat nicht nur mit der Abwesenheit von äußeren Störfaktoren wie Lärm oder dergleichen zu tun, sondern vielleicht auch damit, dass wir intuitiv einen für das Arbeiten vorgesehenen Ort betreten haben.

Orte fungieren als Verstärker für Gedanken. Wir können uns also fragen, welche die Orte sind, an denen wir viel Zeit verbringen? Was macht sie aus? Was machen sie mit uns, und was machen wir mit ihnen?

Mama Ramon Gil Barros spricht weiter:

Viele Heilige Orte, die auf der Linea Negra liegen, bestehen aus Barrieren, die Naturphänomene, Wirbelstürme und Krankheit an ihren Orten halten. Deswegen spielen sie eine fundamentale Rolle in der Vorbeugung und für den Schutz der Gesundheit. Andere Mamos arbeiten für den Schutz von verschiedenen Materialien, die wir in unseren traditionellen Arbeiten verwenden. Weiterhin sammeln wir dort unsere Heilpflanzen, die sich nicht in anderen Klimazonen befinden. Viele Pflanzen sind den Pflanzen aus dem Hochgebirge ähnlich. Diese benutzen wir dann in den Heiligen Orten der höheren Lagen.

Es gibt auch weitere Orte, wo wir uns der spirituellen Ungleichgewichte, die der Jüngere Bruder angerichtet hat, annehmen. Denn unsere Arbeit ist für alle Menschen auf dieser Erde. Jedoch ist es so, dass trotz unserer Arbeit die Zerstörungen jeden Tag weiter fortschreiten in Form von Großprojekten, die die Situation immer weiter verkomplizieren. Wir verstehen nicht, wohin der Jüngere Bruder auf diesem Weg mit seinem Handeln gelangen möchte; er hört nicht hin, er will nicht verstehen. Es wird niemals möglich sein, positive Interventionen in unserem Territorium durchzuführen, ohne die Energien, die dabei im Einklang sind. Dafür ist ein sehr tiefes Studium der Region nötig, wo die Arbeit durchgeführt werden soll. Zum Beispiel ist es für die Wiederherstellung ganzer Lebensräume nicht ausreichend, die Gründe und Konsequenzen der Zerstörung zu eliminieren. Stattdessen ist es absolut notwendig, die Funktionen der einzelnen Orte zu kennen, damit dann die jeweiligen Aufgaben verstanden werden, die sie in dem System spielen.

Wenn die Kogi über Orte sprechen, sprechen sie über die Orte ihres Lebens. Am Fuß der Sierra befindet sich eines der größten Kohlevorkommen der Welt. In einem enormen Tagebau wird die Kohle abgetragen und hinterlässt ganze Landstriche gleich einer wüsten Mondlandschaft. Gleichzeitig entstehen an der Küste riesige Verladestellen, viele toxische Chemikalien kommen beim Abbau in die Umwelt. Natürlich hat dies weitreichende Folgen für die Natur. Es ist wichtig davon zu wissen, um die Größenordnung der Aussagen der Kogi einschätzen zu können.

Esuama – Ort der Macht und des Wissens

Immer wieder hatten ich in den Gesprächen mit den Kogi das Wort *esuama* gehört. Ich fragte Mama José Gabriel, was es denn bedeute, und er antwortete: »Esuama es el lugar de donde se maneja el territorio.«* Aha. Und was genau bedeutet das? Mama Bernardo antwortete mir auf die gleiche Frage: »Aus den *esuamas* kommt die Ordnung des Territoriums nach Art unserer Vorfahren, wie vom Ursprung her. Dort existiert das Wissen und die Weisheit.« Und Mama Ramon Gil sprach: »Dies sind die Orte, wo sich alle Abstammungslinien versammeln, wo das *zhatukwa* befragt wird und wo große Entscheidungen getroffen werden.«

---

* »Esuama ist der Ort, von dem aus wir das Territorium führen.«

Für alle vier Völker der Sierra Nevada de Santa Marta ist eine *esuama* ein Ort, an dem die Funktionen eines Territoriums verortet sind. Als ich die obigen Erklärungen das erste Mal hörte, konnte ich damit ziemlich wenig anfangen. Ich habe in unserem Kulturkreis und auch in den anderen modernen Kulturen, mit denen ich in Kontakt gekommen bin, keine Entsprechung gefunden. Die Kogi betrachten jeden Landstrich als ein intelligentes und lebendiges System, das bestimmten Regeln, Mustern und Prinzipien folgt, die sich (in Teilen) von benachbarten oder ähnlichen Systemen unterscheiden können. Flusstal zum Beispiel ist nicht gleich Flusstal, auch wenn beide benachbart in der Gegend liegen. Eine *esuama* ist innerhalb des so verstandenen Systems von einem Einzelgebiet derjenige Ort, wo ein Zugang zur Blaupause der ordnenden Prinzipien gegeben ist, die für das lebendige Ordnen des Gebiets notwendig sind. In der *esuama* wird die Lage erfasst und werden Maßnahmen bestimmt, die dann im gesamten Gebiet an den entsprechenden Orten durchgeführt werden. Der Mensch ist in diesem Zusammenhang durch seine spirituell ordnende Tätigkeit unerlässlicher Bestandteil der Aufrechterhaltung des Gleichgewichts des Gesamtsystems.

Auch wir denken in selbstorganisierenden Systemen, doch in sogenannten Ökosystemen würden wir spirituelle Aspekte wie die Idee von Vätern und Müttern der Dinge sowie einer aktiven, auch seelischen Teilhabe des Menschen an ihnen mehrheitlich leugnen. Ökosysteme in unserem Verständnis sind zwar belebt, aber noch immer auf eine mechanische Weise, nicht wesenhaft. Das Territorium, das von den *esuamas* aus gesteuert wird, ist jedoch wesenhaft lebendig wie ein Mensch und nicht wie ein Computer. Selbstorganisation findet durch die *esuama* statt, von der aus sich eine Art Verwaltung nach bestimmten Gesetzmäßigkeiten, die teils universell, teils nur lokal gelten, über das Territorium erstreckt. *Esuama* wird deshalb Ort der Macht genannt, wobei damit die Befähigung zu etwas, nicht aber die Dominanz über etwas gemeint ist.

Esuamas sind eng mit Heiligen Orten verknüpft. Innerhalb des Gebiets einer *esuama* existieren verschiedene Heilige Orte, die die sensiblen Orte des lebendigen Systems darstellen. Es sind Orte, die ihre Namen anhand ihrer Funktionen tragen, abhängig davon, was dort gehütet wird. Jeder Heilige Ort gehört zu einer *esuama* und enthält Schlüsselfunktionen zum Erhalt und zum Schutz einiger Elemente des Territoriums. Jeder einzelne Ort erhält eine andere Art von »Nahrung«.

Mama Ramon Gil Barros spricht:

Im Paramo und in den Quellen der Flüsse sind die esuamas. Das sind die Orte, an denen sich ursprünglich die spirituellen Väter und Mütter, unsere Vorfahren, niedergelassen hatten, wo wir heute unsere Studien absolvieren und wo wir unsere Gemeinschaften und die Abstammungslinien unseres Stammes ordnen. Es gibt wichtigere und weniger wichtige esuamas. In den wichtigeren esuamas konzentriert sich die spirituelle immaterielle Macht jeder einzelnen Abstammungslinie. Unter ihnen stehen verschiedene, weniger wichtige esuamas, die die internen Unterteilungen innerhalb des Territoriums unserer Vorfahren beinhalten. Die esuamas sind die Grundlage der ursprünglichen Organisation, die dem ordnenden Prinzip zur Führung und zur Handhabung des Territoriums unserer Vorfahren folgt. Sie ist wie ein nuhué, wo alles existiert und daher alles gefragt werden kann. In den esuamas bestimmen wir die Ordnung und organisieren gemeinsam den Erhalt des Lebendigen in unserem Territorium und für jede einzelne Unterteilung. Dort werden die Orte ausgewählt, wo neue Dörfer gebaut oder alte vergrößert werden, wo Zeremonien durchgeführt und pagamiento gemacht wird, wo gemeinsame Arbeiten getätigt werden, wo soziale Organisation bestimmt wird und wo die traditionellen Autoritäten ausgewählt werden.

Dieses Verhältnis drückt sich in der Gemeinschaft wie im nuhué aus, wo im gemeinsamen Einvernehmen alle ihre Aufgaben kennenlernen, was die Konkretisierung dieser gemeinsamen Organisation bedeutet. Jede esuama hat spirituelle Hüter und spezifische Mamos, die durch ihre Abstammungslinie die Verpflichtung innehaben, sich um sie zu kümmern und sie zu erhalten. Die familiäre

Abstammung, genannt tüke, ist im Einvernehmen mit Jaba Sé verantwortlich, die Regeln in jeder einzelnen esuama zu organisieren, die ihnen überlassen wurde. Ohne die Abstammungslinien hätten die esuamas keinen Sinn. Jeder Linie ist für diese Arbeit etwas übergeben worden, durch welches der jeweilige Hüter oder Mamo Zugang zur esuama erhält.

Die Beziehung des Menschen zu seinem Territorium findet sich in jeder esuama. Dies ist der Ort, wo die Gesetze der Natur niedergeschrieben sind. Dort erfahren wir, wie wir als Individuum und als Gemeinschaft das, was seit Anbeginn der Zeit bereits geordnet wurde, erfüllen können. Jeder kann an einen solchen Ort kommen und die Mamas der esuamas um Erlaubnis bitten, sich dort eine bestimmte Zeit für inneres Ordnen zu nehmen. Der Mamo bedeutet einem dann den Ort, der bezüglich einer bestimmten Geschichte mit der eigenen Frage korrespondiert. Dieser Ort liegt innerhalb einer bestimmten esuama, und von dort aus kann jeder mit seiner Ursprungs-Esuama kommunizieren. Nachdem die Ordnung wiederhergestellt ist, muss der Mensch den Ort, der ihm für diese Zeit überlassen wurde, zurückgeben und ihn wieder für die Gemeinschaft freigeben. Dies ist die Art und Weise, wie alle esuamas auf gemeinschaftlicher Ebene existieren und gleichzeitig in materieller und spiritueller Art in den übrigen esuamas präsent sind.

Wenn also eine Vereinigung zwischen einem Mann und einer Frau stattfindet, muss man wissen, wo der Ursprung der beiden sowie der Ursprung ihrer Eltern ist. Dort müssen sie ordnen und heilen, dort reinigen sie. Das erste Kind einer Frau ist wie ein erster Regenschauer, deswegen müssen sie sich in den esuamas ihrer Eltern absichern. Die Mamas und Autoritäten der esuamas erhalten Besuch von anderen Autoritäten, Familien und Individuen aus den Gemeinschaften ihres Territoriums und auch aus anderen Orten, die weit entfernt liegen, um befragt zu werden. Daran richtet sich die spezifische spirituelle und materielle Handhabung aus, die das Territorium benötigt, um die ursprünglichen Normen und Ordnungen zu erfüllen. In gleichmäßigen Abständen halten wir

Treffen ab, an denen alle Mamos und Autoritäten aller einzelnen Gemeinschaften der Orte der Zuständigkeiten teilnehmen. Zusätzlich werden auch Mamos und Autoritäten aus anderen Tälern eingeladen.

In den esuamas haben unsere Vorfahren bestimmte Orte hinterlassen, damit diese von Mamos aus jedem der drei anderen Stämme eingenommen werden. Das Befragen und das Gespräch zwischen den Ältesten war schon immer die Art und Weise, wie wir das Wissen um unsere gemeinsame Geschichte bewahren.

Während Heilige Orte die reinen Ursprünge verschiedener Lebensformen in der Natur darstellen, sind die *esuamas* die Orte der Stammväter, also in der Natur angelegte Orte menschlichen Ursprungs. Menschliche Ursprünge sind auch die Anfänge des Sozialen und der sozialen Ordnung, weswegen *esuamas* auch die Orte der menschlichen Organisation sind. Diese Organisation besteht wesentlich aus einer territorialen Ordnung von Zuständigkeiten und Abstammungslinien. Jede Abstammungslinie hat ein bestimmtes *sewá*, um einen konkreten Teil des Territoriums zu führen. Das Wirken der Abstammungslinien ist, wie alles andere, in die dynamische innere Ordnung der Natur integriert.

Die Ordnung der Gesellschaft beginnt nach dem Verständnis der Kogi mit den Gedanken des Individuums, das die wesentliche Grundlage für jede Art von sozialem Zusammenleben darstellt. Dies führt dazu, dass das innere Ordnen, das Strukturieren der eigenen Gefühle und Gedanken eine der wichtigsten Aktivitäten ist, die die Kogi in den *esuamas* durchführen. Dabei gehen sie sehr spezifisch auf bestimmte Fragen ein, die stets mit bestimmten Geschichten korrespondieren. Das Ziel dabei ist eine Verbindung zum Ursprung der Welt und der eigenen Familie. All dies geschieht über und durch die Ursprungs-*esuama,* denn sie bietet den Zugang zum Ursprung des eigenen Selbst. Diese Art der Organisation des gemeinschaftlichen Lebens bietet über die territoriale Verortung Zugänge zu einer tiefen Verwurzelung und Weisheit.

Die tiefere Bedeutung der *esuamas* und der Heiligen Orte ist für westlich geschulte Leser nur zu erahnen. In unserem Kulturkreis haben wir heutzutage nichts wirklich Vergleichbares mehr. Vielleicht erinnern einige von uns noch die Dorflinde, unter der sich die Alten zum Reden trafen und die dann einer Kreuzung mit Ampelanlage weichen musste, oder an den wöchentlichen Schwatz auf dem Marktplatz. An herausragenden Aussichtspunkten oder auf ehemals keltischen Plätzen stehen heute Denkmäler oder Kapellen. Das Prinzip der *esuama* ähnelt vielleicht noch am ehesten den altgermanischen Thing-Stätten, an denen die Belange der Gemeinschaft organisiert und geordnet wurden. Eric Julien titelt einen seiner Vorträge mit dem Wortspiel *Du paysage au pays sage**. Dieses treffende Wortspiel im Französischen offenbart die im Lande selbst enthaltene Weisheit.

Wo hört Gesellschaft auf und wo fängt Natur an? Ergibt diese getrennte Sichtweise überhaupt Sinn? Das System der Kogi, Konflikte zu lösen, präventive Gesundheitsvorsorge zu betreiben und menschliche Belange im Einklang mit anderen Lebewesen zu organisieren, ist alles andere als primitiv. Die Kultur der Kogi existiert seit mehr als 4.000 Jahren ohne schriftliche Überlieferung. Alleine das beschriebene komplexe Geflecht war in dieser Zeit in der Lage, auf der einen Seite Anpassung an neue Gegebenheiten und auf der anderen Seite Bewahren sinnvoller Tradition zu gewährleisten. Die Tatsache, dass jemand in einer kleinen Hütte lebt, heißt nicht, dass jemand primitiv ist, nicht nachdenkt und keine relevanten Erkenntnisse mit der Welt zu teilen hätte. Auch wenn uns eine direkte Anwendung des Prinzips der *esuamas* erst einmal nicht umsetzbar scheint, so ist doch die Leistung der Kogi in Bezug auf eine äußerst hoch entwickelte und wahrhaft nachhaltige soziale Organisation zu würdigen. Beschaffenheit von Orten in unsere Überlegungen einzubeziehen, kann uns jedoch als Inspiration dienen.

---

* »von Landschaft zum weisen Land«

Landwirtschaft und Kaffee

Die erstaunlich fruchtbare Landwirtschaft der Kogi beruht, unter Berücksichtigung sowohl materieller als auch spiritueller Aspekte, auf einer sehr ausgeklügelten Synergie der verschiedenen Pflanzen. Das Beispiel des Kaffees macht ihr Vorgehen deutlich. Kaffee gehört nicht zu den ursprünglich in der Sierra wachsenden Pflanzen, wird von den Kogi jedoch im Gegensatz zu anderen Neophyten (eingeführten Pflanzen) wachsen gelassen und unter anderem nach Deutschland an das Unternehmen Urwaldkaffee Kogi verkauft, um von den Erlösen Landrückkäufe zu ermöglichen. Dabei haben die Kogi den Plan, zuerst die Heiligen Orte Schritt für Schritt zurückzukaufen und in zweiter Linie Siedlungsgebiete.*

So spricht Mama José Gabriel:

Als ich in Deutschland war, kam ich, um über den Kaffee zu sprechen. Ich habe erklärt, dass wir keine Setzlinge aus den Kaffeesamen ziehen, sondern dass wir die Samen einfach auf den Boden fallen lassen, und was dann neu wächst, lassen wir wachsen. Manche sagen, dass man Kaffee unbedingt im Schatten anbauen muss, aber das machen wir nicht. Wir lassen den Kaffee einfach mit den Limonen, den Orangen, der Yucca, den Bananen und den Avocados zusammen wachsen. Deswegen schmeckt er auch so gut nach diesen Früchten. Die Bäume geben dem Kaffee Stärke, und der Kaffee stärkt die anderen Bäume. Die Natur richtet schon genau ein, was woneben wachsen soll. Das wissen wir noch. Wenn wir den ursprünglichen Gesetzen vollständig folgen, leben wir gut. Man darf nie nur eine Pflanze irgendwo pflanzen. Das gibt es nirgendwo in der Natur. Die Colonos zum Beispiel pflanzen den Kaffee unter die Aguamo-Bäume. Der hat aber keine Kraft, denn er hat keine anderen Pflanzen, die ihn unterstützen. Es scheint dann, dass der Kaffee gut wächst, aber er hat keine Energie.

---

* Der Autor hat für die Zusammenarbeit mit den Kogi den Verein »Lebendige Zukunft« gegründet. Weitere Informationen dazu im Anhang unter »Über den Autor«

In Deutschland wurde mir gesagt, dass wir doch ein Buch schreiben sollten, aber ich habe sie gefragt, wer das denn lesen werde. Aber jetzt, wo ich dich kenne und du hergekommen bist, denke ich, dass ein Buch sehr wichtig ist. Denn die Leute werden es lesen und verstehen. Sie werden wieder anfangen zu denken und zu fühlen. Wir gehen Stückchen für Stückchen vor, so lange, bis wir als Menschen in einem einzigen Gedanken angelangt sind. Das haben uns auch die Ältesten gesagt.

Die Kogi leben als Bauern von der Landwirtschaft, jagen kaum und sammeln zusätzlich einige Wildpflanzen. Ihre Landwirtschaft ist ausgesprochen ertragreich, bietet qualitativ hohe Nährwerte, und ihre Feldfrüchte werden kaum von Schädlingen befallen. Sie hatten Jahrtausende lang nur die genaueste Beobachtung der Natur und ein vorsichtiges Verändern der Parameter als Möglichkeit, um ihre Lebensmittelsicherheit zu garantieren. Die Mamos kennen die Natur so genau, dass sie die Lebenszyklen der einzelnen Tiere bis auf den Tag genau bestimmen können. Wenn das Orakel anzeigt, dass es dieses Jahr viele Schädlinge geben würde, verschieben die Kogi die Aussaat um wenige Tage, so dass sie asynchron mit den Lebenszyklen der Schädlinge wachsen und so nicht befallen werden. Allein diese Praxis ist eine erstaunliche Experten-Leistung.

Neben der intelligenten Aussaat achten die Kogi auf Synergien zwischen einzelnen Pflanzen. So essen sie zum Beispiel zwar selbst keine Tomaten, pflanzen diese aber neben bestimmte andere Pflanzen, damit die dort herunterfallenden Tomaten durch ihren Geruch während des Fäulnisprozesses andere Pflanzen stärken und vor Krankheiten bewahren. Die Kenntnisse der Kogi über das Zusammenwirken von Pflanzen und Tieren beruhen auf einem systematischen Wissenskörper, wobei Zeitpunkte, Orte und jeweilige Anpassungen mit dem Orakel geprüft und bestimmt werden. Die Kogi sind mit diesem System ausgesprochen erfolgreich und verfügen über eine üppige Auswahl an qualitativ sehr hochwertigen (Bio-) Lebensmitteln.

Bei einem Spaziergang durch seinen Garten erklärte uns Mama José Gabriel:

Ich habe in Deutschland gesagt, dass unser Kaffee stark und kräftig ist. Warum ist das so? Wir pflanzen ihn zusammen mit Malanga, mit Banane, mit Limone, mit Ñamey, deswegen ist der Kaffee gut. Die Leute haben mich immer gefragt, warum wir das machen? Ich habe aber die Wahrheit gesagt, du siehst ja die Büsche hier. Hier ist auch das Zuckerrohr. Wir benutzen nie irgendwelche Chemikalien. Wir werfen die Samen auf den Boden, und sie wachsen. Niemals verwenden wir Dünger. Der Kaffee hier ist rein, wie das Essen.

Als wir Kogi vor ungefähr 30 bis 40 Jahren anfingen, wieder aus unseren sehr zurückgezogenen Höhenlagen der Sierra herunterzukommen, fanden wir in den Wäldern eine Pflanze vor, die wir nicht kannten. Sie kam nicht ursprünglich aus der Sierra Nevada de Santa Marta, aber nun wuchs sie da. Wir sahen, dass die Jüngeren Brüder die Pflanze kultivierten und dass Männer kamen, um die Samen der Pflanze aufzukaufen. Wir Mamos setzten uns zusammen und berieten, was das zu bedeuten hatte. Ziemlich bald kamen wir zu dem Schluss, dass der Kaffee, diese neue Pflanze, ein Geschenk von Kalashé, dem Vater des Waldes war.

Wir hatten verstanden, dass die Jüngeren Brüder aus den Samen der Pflanze ein Getränk machen und dass sie viel davon trinken. Und das nicht nur in Kolumbien, sondern überall auf der Welt. Die Samen der Kaffeebäume aus Kolumbien gingen in die ganze Welt zu den Jüngeren Brüdern. Wir berieten uns wieder, und wir Mamos hatten begriffen, dass wir unsere Botschaft, die Botschaft der Älteren Brüder an die Jüngeren Brüder, über den Kaffee verbreiten konnten. Gleichzeitig hatte Kalashé uns die Möglichkeit gegeben, Geld mit dem Handel von Kaffee zu verdienen, damit wir die Heiligen Stätten auf der Linea Negra wieder zurückkaufen konnten. Als wir uns dafür entschieden hatten, das Kaffeeprojekt anzufangen, haben wir nach internationalen Partnern gesucht und welche gefunden. Inzwischen haben wir Partner in den USA, Australien und Deutschland.

Die ganze Produktion des Kaffees von den Kaffeebäumen über das Ernten bis zum Trocknen und Rösten ist in der Hand von uns Kogi. Das war nicht immer so. Am Anfang hatten wir die Jüngeren Brüder um Rat gefragt bei der Produktion des Kaffee, aber ihre Organisationen und Experten wollten alles verändern. Sie wollten den Kaffee nicht einfach nur in der Natur wachsen lassen, weil er mehr Ertrag bringt, wenn man ihn kultiviert und düngt und vielleicht auch ertragreichere Sorten anpflanzt. Das wollten wir nicht.

Wir düngen die Pflanzen nicht, und der Kaffee kann einfach frei im Wald wachsen. Wir benutzen auch keine biologischen Dünger, da die Natur schon weiß, wie sie ihre Pflanzen geschaffen hat, dass sie gut wachsen. Selbstverständlich benutzen wir auch keine Chemikalien in irgendeiner Art und Weise, weder als Dünger noch als Pestizide. Die Jüngeren Brüder benutzen Pestizide, weil sie die Natur nicht verstehen. Sie verstehen nicht, dass Schädlinge nur kommen können, weil etwas im Ungleichgewicht ist. Es ist völlig normal, dass ein Teil der Pflanzen auch als Nahrung für andere Lebewesen dient, aber nicht, dass sie im Übermaß kommen, um alles aufzufressen.

Wenn es bei uns mal vorkommt, dass Insekten oder Schädlinge unseren Kaffee befallen, dann machen wir ein pagamiento, um das Gleichgewicht wieder herzustellen. Wir Mamos benutzen dann unser zhatukwa, um herauszufinden, welches Ungleichgewicht entstanden ist, und wo und wie wir ein pagamiento machen. Wir machen natürlich auch für jeden Schritt der Produktion des Kaffees ein pagamiento. Wir erhalten etwas und wir geben etwas dafür zurück. Das pagamiento ist für jede Etappe des Prozesses anders, und wir bestimmen es immer neu.

Wir handeln den Kaffee auf eine Art und Weise, die auch unserer Kultur entspricht. Wir sehen alle, die an dem Prozess beteiligt sind, als gleichberechtigte Partner: die Kogi, die Partner und die Konsumenten. Alle sollen ihren fairen Anteil erhalten und nicht nur wir, die Kogi. Das Prinzip nennen wir zhigoneshi – Ich helfe dir und du hilfst mir, der Eine Gedanke – und das wenden wir auf alle

Bereiche unseres Lebens an. Genau das trägt der Kaffee mit sich: unsere Kultur, unsere Art die Erde zu schützen und unsere Form des Zusammenlebens und des gemeinsamen Handelns. Wenn man diesen Kaffee trinkt, schafft man damit kein Ungleichgewicht auf der Erde, denn es wurde ein pagamiento gemacht, um etwas an die Erde zurückzugeben. Mit dem Geld des Kaffees kaufen wir unsere heiligen Stätten zurück. Wir konnten schon ein Areal an der Küste zurückkaufen und nun wieder der Natur übergeben, ein Kohlehafen sollte dort entstehen.«[43]

Kapitel 7

Dunkelheit

Komponiert ist schon alles, aber geschrieben noch nichts.
Wolfgang Amadeus Mozart

Aluna – Die Welt der Gedanken

Ich muss mich tief bücken, um durch die niedrige Tür das *nuhué* betreten zu können. Im Dunkel kann ich gerade so den orangefarbenen Schein der Feuerstelle ausmachen. Meine Augen brauchen einen Moment, um sich an die Dunkelheit zu gewöhnen. Langsam tauchen die vom Feuer spärlich beleuchteten Gesichter der Anwesenden auf und lassen mich schemenhaft die Gestalten erahnen. Rechts von mir hängt eine leere Hängematte, und ich setze mich hinein. Sie war eindeutig für Menschen unter 1,70m gemacht und nicht für meine 1,94m. Sie ist aber immer noch bequemer als die etwa 30 Zentimeter hohen, massiven vierfüßigen Holzhocker, die im *nuhué* stehen und auf denen mir innerhalb einer Viertelstunde die Beine einschlafen. Nachdem meine Partnerin wieder nach Deutschland abgereist war, wurde ich abends mit ins *nuhué* der Männer genommen.

Es ist schon ein paar Stunden dunkel, vielleicht kurz nach dreiundzwanzig Uhr, und draußen war es bereits deutlich frischer geworden. Die Wärme der Feuer, die Dunkelheit, die schabenden Geräusche der *poporros* ließen in mir ein Gefühl von Geborgenheit aufsteigen und von tiefer Ruhe. Das *nuhué* ist das Weltenhaus der Kogimänner. Es ist immer dunkel im *nuhué*, die Feuer glimmen eher vor sich hin, als dass sie wild und hell lodern. Es scheint, als wäre die Geborgenheit kein Widerspruch zum Gefühl einer unglaublichen Weite, die durch die Dunkelheit entsteht.

Jeden Abend nach Einbruch der Dunkelheit füllt sich das Weltenhaus langsam mit Männern allen Alters. Nach dem Abendessen mit ihren Familien kommen sie nach und nach im *nuhué* zusammen. Es werden die schweren Tontöpfe hervorgeholt und auf die Feuerstellen gestellt. Aus einer ihrer Taschen ziehen die Männer die Kokablätter, die ihre Frauen tagsüber für sie geerntet haben, und beginnen sie in den inzwischen heißen Tontöpfen trocken zu rösten. Dies ist eine Kunst, die ein männlicher Kogi im Laufe seines Lebens perfektioniert. Die Blätter dürfen weder zu feucht noch zu trocken sein und besonders nicht zu heiß geröstet werden, sondern so, dass ihr zartes Grün gerade noch erhalten bleibt. Nur die Männer kauen die Blätter, da nach der Erzählung der Kogi die Kokapflanze die große Mutter selbst ist. Wenn die Männer diese kauen, verbinden sie sich mit dem weiblichen Aspekt, was zum Ausgleich übermäßiger Männlichkeit führt, die sich sonst in destruktiver Aggression ausdrückt. Frauen brauchen dies nicht, da sie auf Grund ihres Frau-Seins nicht die Gefahr dieser Art von Ungleichgewicht in sich tragen, erklären die Kogi. Kokablätter zu kauen, hat so viel mit Kokainkonsum zu tun, wie das Essen von Roggenbrot mit einem Wodka-Besäufnis: nämlich gar nichts.

Im Laufe des Abends haben immer mehr Männer ihren Vorrat an Blättern für den nächsten Tag wieder aufgefüllt und beginnen nun intensiv, ihren *poporro* zu benutzen. Durch die Bewegungen des Stockes materialisieren sie ihre Gedanken. Sie meditieren, indem sie das Gemisch aus Speichel, Kalk und dem Saft der Kokablätter aus ihrem Mund auf den Hals des Flaschenkürbises reiben, auf dem über die Jahre eine feste gelblich-weiße Schicht entsteht. Es wird lange gesprochen, mal ruhiger, mal aufgewühlter. Es werden Geschichten erzählt, es wird über den Tag gesprochen, es wird daran gedacht, was es am nächsten Tag zu tun gibt. Manchmal sind es Gespräche in Zweier- oder Dreier-Gruppen, die die Kogi in gedämpfter Lautstärke führen, manchmal in großer Runde. Immer aber spricht nur einer, und erst wenn er geendet hat, folgt der nächste Redebeitrag.

»Wie ist es euch heute ergangen? Was habt ihr gepflanzt, was habt ihr geerntet, was habt ihr hergestellt? Woran habt ihr gedacht? Was werdet ihr morgen tun?« Manchmal ist es der Mamo, der diese Fragen stellt. Es wird gemeinsam erdacht und erspürt. »Wie werden wir leben? Wie werden wir unser Wissen an unsere Kinder weitergeben? Wie stellen wir sicher, dass es allen gut geht? Was bedeutet es für die Welt, dass ich hier bin? Was habe ich der Welt zu geben?« Die Stimmen klingen in der Dunkelheit, und oft ist nicht auszumachen, wer gerade spricht. Es werden lange Reden gehalten, zuweilen sogar bis zu einer Stunde. Es ist nicht von Belang, denn die Kogi haben keine Uhren. Die Zeit ist erfüllt, wenn die Geschichte vollständig erzählt ist. Es geht dann um Geschichten, um die Altvorderen, die Tayrona und um die Zukunft. »Wie können wir ausführen, was uns von der großen Mutter aufgetragen wurde?« Zwischendrin wird geschwiegen; das Gesagte wirkt langsam nach. In der Stille und in der Dunkelheit des *nuhué* wird Zuhören zu Denken, denn für die Kogi ist beides dasselbe. Ob sie einander zuhören oder ob sie den Geräuschen der Natur und des Feuers lauschen, es sind immer Geschichten, die gerade erzählt werden. Diese Geschichten sind Gedanken, sie werden mit den Bewegungen des hölzernen Stabes des *poporros* in diese Welt geholt und zu Materie.

Je später es wird, desto mehr verschwimmen meine Wahrnehmungen, desto müder werde ich. Ich beobachte, wie auch andere immer wieder zeitweise einnicken und nach einer Weile wieder aufwachen und sich am Gespräch beteiligen. Niemand würde einem anderen einen Vorwurf daraus machen, dass jemand eingeschlafen ist, während er gesprochen hat. Im Weltenhaus verschwimmen die Welten, es gibt einen Raum dazwischen, Gespräch und Traum wechseln sich ab, Wachheit geht immer wieder in ein kurzes Dösen über. Was habe ich gerade gehört? Was geträumt? Das Bewusstsein gewährt dem Unterbewusstsein einen immer größeren Raum, indem die Kontrolle, die

Anspannung und der Wunsch, irgendetwas zu tun, immer mehr schwindet. In der einfachen Anwesenheit entstehen Ideen, der Kreativität wird freien Lauf gelassen, und gute Gedanken kommen zum Vorschein. Die Atmosphäre saugt auch mich förmlich in sich ein, und ich werde zwangsläufig Teilnehmer dieser Zusammenkunft. Es ist gar nicht möglich dort im *nuhué* nur als Beobachter zu verweilen. Die Wahrnehmungen und Empfindungen werden immer poröser. Alles scheint sich in der Weite der tiefschwarzen Dunkelheit aufzulösen. Gedanken, Träume, Erinnerungen, Kategorien…

Die Kogi sagen, dass Ideen und Kreativität am besten in tiefer, schwarzer Dunkelheit hervorkommen. Warum schreiben viele Schriftsteller nachts? Warum sagen sie, dass sie dann die besten Ideen haben? Warum werden viele Künstler mit der typischen Flasche Wein assoziiert? Ist das ihr Versuch, die Kontrolle abzugeben und einem anderen Teil ihres Seins die Führung zu überlassen? Ist es nicht das sogenannte Nachtleben, in dem Menschen in unserer Welt versuchen, an tief vergrabene Sehnsüchte zu gelangen und vielleicht sich selbst ein Stück weit zu erfahren und zu ergründen? Auch dort scheint es, dass in der Dunkelheit Normativität porös wird und alles der Suche nach Kontakt zu anderen und zu uns selbst untergeordnet wird. In eben jener Dunkelheit, in der auch ich mich hier im *nuhué* befinde, scheint alles größer, die Gefühle intensiver. Allmählich kann ich mich beim besten Willen nicht mehr wach halten. Vielleicht bin ich auch schon ein oder zweimal kurz weggedöst, ich weiß es nicht mehr. Ich beschließe, mich einfach der Dunkelheit hinzugeben und rolle mich behaglich in meine Hängematte und schlafe ein. Im Hintergrund gehen die leisen Gespräche der Kogi noch lange weiter.

Als ich am nächsten Morgen um kurz vor sechs aufwache, ist das *nuhué* beinahe leer und alle sind bereits in ihren Häusern, wo die Frauen seit dem ersten bläulichen Licht der Dämmerung das Frühstück vorbereiten. Die Kogi-Männer und -Frauen schlafen sehr wenig, im Durchschnitt nur drei bis vier Stunden pro Nacht. Lange verstand ich überhaupt nicht, wie sie das schaffen und trotzdem einen energiegeladenen und kräftigen Eindruck machen. Im Laufe meines Aufenthalts begriff ich jedoch, dass dies mit ihrem Verhältnis zur Dunkelheit zusammenhängt.

* * *

Gedanken sind eng mit der Dunkelheit verwoben, in der alle Möglichkeiten vorhanden sind.

Mama Bernado Mascote Zarabata spricht:

Im Ursprung wurde alles von der Mutter sehr gut organisiert. Um überhaupt existieren zu können, wurden wir im Wasser platziert. Das ging von Jaba Sé aus und wurde in verschiedenen Etappen durchgeführt. Jaba Sé gab es schon lange bevor die Sonne am Himmel war. Alles befand sich in Dunkelheit in diesem Moment. Das war Jaba Sé. Es gab zu diesem Zeitpunkt aber auch Jaba Aluna, die Mutter der Gedanken. Keine der beiden gab es vor der anderen. Sé ist für uns die Zeit, wenn wir in der Dunkelheit sind und noch im Wasser. Ein Kind im Bauch seiner Mutter ist noch im Sé, es hat aber auch Aluna, es hat Gedanken.

Arregocés Conchacala spricht weiter:

Als Indianer bereiten wir uns immer erst in Gedanken vor, bevor wir handeln. Dies ist der Grund, warum jemand einen spezifischen gedanklichen Prozess durchläuft, bevor er in ein anderes Dorf oder zu einer Finca reist, ein Haus baut oder etwas pflanzt. Bevor man etwas auf materieller Art und Weise tut, ist es wichtig, inneres Ordnen durchzuführen. Wenn wir dies beendet haben, haben wir die traditionelle Erlaubnis, dies nennen wir Sewá.

Und Mama Pedro Juan Noevita spricht:

Es gibt ausschließlich spirituelle Welten, die sich materialisieren, weil alles, was wir brauchen, bereits in Gedanken vorhanden ist. Jate Shilkuakan begann ein Haus zu bauen, um es Jaba Sé zu geben. Er sagte ihr, dass sie dort leben könne, aber es war schlecht gebaut und stürzte zusammen, und er musste es erneut bauen. Daher hat Jaba Sé die spirituelle Architektur geschaffen, die besagt, wie man ein Haus erschafft und wie man sich organisiert, damit es sich gut materialisiert und man dort leben kann. Jaba Sé hat das Haus gebaut, um die Gedanken zu ordnen, zu organisieren und um Entscheidungen zu treffen. Dieses Haus ist das nuhué.

Jaba Sé und *Jaba Aluna*, die Mutter der Dunkelheit und die Mutter der Gedanken, teilen sich den Ursprung der Welt. Anders als bei uns, ist für die Kogi die Dunkelheit etwas Positives, und manchmal bekomme ich fast den Eindruck, dass sie sich bedeutend wohler fühlen, wenn es dunkel ist. Die Kogi begeben sich im *nuhué* in die Dunkelheit, in die Welt des Unsichtbaren, um dem Sichtbaren einen Sinn zu geben. Das Sichtbare und das Unsichtbare sind zwei verschiedene und doch zusammengehörende Welten. Das vergessen wir oft. Die Welt der Dunkelheit ist die Welt, in der alles geschrieben steht, wo die Gesetze des Lebens ihre Wurzeln haben, wo die Dinge in Wirklichkeit existieren. Die Welt des blendenden Lichtes ist die Welt, in der wir angesichts der Erscheinungen oft das Wesentliche vergessen.

Im *nuhué* werden die Anteile der verschiedenen Energien, die jeder Mensch in sich trägt, ausgeglichen. Dies geschieht in der Dunkelheit, denn dort werden die Sterne sichtbar. Die Sterne sind für die Kogi ein absoluter Ausdruck kosmischer Ordnung, der in der Finsternis aufleuchtet. Das Zeitempfinden bei Nacht im *nuhué* ist anders, denn die Zeit scheint sphärisch zu verlaufen und erzeugt ein Gefühl der Gleichzeitigkeit. Beim Betreten des *nuhué* tritt man in eine schwangere Dunkelheit ein, in der die eigenen Energien, Gedanken und Gefühle geborgen liegen. Wenn von *Aluna* als Welt der Gedanken die Rede ist, ist es wichtig zu begreifen, dass es sich dabei wirklich um eine andere Welt handelt.

Ade Wiwa Ramon Gil Barros spricht:

Aluna ist ein Wort, das wir verwenden, um die Gedanken und auch die Welt der Gedanken zu benennen. Eine genaue Übersetzung ist jedoch sehr schwierig, da unsere Worte Wünsche, Gefühle, Empfindungen, Kraft und Weisheit enthalten. Das Ordnen dieser Gedanken erreichen wir durch energetische und körperliche Arbeit.

Dabei erhalten wir Schritt für Schritt das Wissen um die Prinzipien des Ursprungs. Jeder Stamm und jedes Volk auf der Welt hat eigene Kriterien und Prozesse, um die Gedanken zu ordnen und um das traditionelle Wissen weiterzugeben.

Was also ist *Aluna*, die Welt der Gedanken, die wahre Welt in der Vorstellung der Kogi? Der berühmte Ethnologe Reichel-Dolmatoff hat hierzu den Versuch einer Beschreibung zusammengetragen. Wenn die Kogi Spanisch sprechen, übersetzen sie das Wort *Aluna* mit *espíritu, memoria, pensamiento, vida, voluntad, alma, intención,*[44] auf deutsch: Geist, Erinnerung, Gedanken/Denken, Leben, Seele, Wille, Absicht. Am häufigsten wird das Wort *pensamiento*, »Gedanke«, verwendet, wobei in diesem Wort »Gedanke« auch Energie, Idee, Gefühl, Emotion und Empfindung mitschwingt.

Aluna ist am besten durch Beispiele zu beschreiben. Ein *pagamiento* kann in Ausnahmefällen auch in *Aluna* durchgeführt werden, wenn man sich nicht an dem für das *pagamiento* zuständigen Ort befindet. Es wird dabei die Intention gesetzt, dass das *pagamiento* in *Aluna* geschieht. Ein Mann möchte ein Haus bauen und sieht das Haus in seinem Geiste vor sich. Er sieht es in *Aluna*. Aber nicht nur das, er sieht auch das *Aluna* des Hauses, die Idee.[45] *Aluna* bezeichnet also Gedanken in ihrer Gesamtheit, das Denken als Prozess, wie auch den konkreten Gedanken im Sinne einer Idee. Der Vorgang des Erschaffens durch Gedanken in *Aluna* wird in den Mythen der Kogi oft thematisiert. Auch bedeutet *Aluna* »ursprünglich« und »unsichtbar«, die gemeinsame Aussprache heißt *alunayiwasi*.

Alle sichtbaren Formen haben ihre Entsprechung in *Aluna*. So wie *Sé* die Welt des ungeteilten Seins ist, so ist *Aluna* das ordnende und formbildende Prinzip, das das Reservoir aller realisierbaren Möglichkeiten darstellt. Auch wenn *Sezhankua* und *Seinekʉn* die Erde geschaffen haben, obliegt dem Menschen ihre Instandhaltung und Ernährung durch die Pflege der Gedanken.

Mama José Gabriel spricht:

Wenn wir Menschen geboren werden, ist unsere Geburt sehr eng mit der Erde verbunden. Wenn wir im Bauch unserer Mutter sind, dann befinden wir uns im Sé. Sé ist die Dunkelheit. Wir kommen aus dem Wasser. Dann erst entsteht alles andere, und genauso war es auch mit der Erde selbst. Am Anfang war auch sie in der Dunkelheit, dann entstand das Wasser und dann alles andere. Das Leben, jedes Leben, entsteht aus der Dunkelheit und aus dem Wasser.

Nachts träumen wir, dass uns auf unserer Reise etwas zustoßen wird, und deswegen überprüfen wir die Energien, bevor wir gehen. Das sind die Gedanken selbst, die uns leiten. Wir können uns nie außerhalb der Gedanken befinden. Heute habe ich euch gesagt, was wir morgen machen. Die Gedanken wissen schon, was morgen passiert, denn die Energie ist immer bereits da. Bevor es Menschen in physischer Form gab, existierten sie in Gedanken. Die Gedanken sterben nicht, sie leben weiter.

Diese ungeheure Bedeutung der Welt der Gedanken ist uns, abseits der bei vielen Menschen im Hintergrund mitschwingenden Frage nach dem erfolgsverheißenden sogenannten »Mindset«, nicht mehr bewusst und ihre Relevanz für den Alltag wird verkannt. Anders als das Mindset, das sich als Betriebssystem ausschließlich in unserer Psyche befindet (natürlich auch durch unser Umfeld beeinflusst), befindet sich die Welt der Gedanken für die Kogi sowohl innen als auch außen. Wenn sie zum Beispiel ein Stück Land zurückgekauft haben, das in den letzten 500 Jahren nicht von ihnen besiedelt war, dann beginnen sie zuallererst, fremde Gedanken von dort zu entfernen, um eine Wiedereingliederung des Landes in die Gedanken der Vorfahren und damit in die Gedanken von *Jaba Seinkʉn* zu ermöglichen. Ich habe zum Beispiel bei den Kogi erlebt, wie in einem Dorf in einem wiederbesiedelten Gebiet der Gedanke aufkam, man könne doch ein bisschen Tourismus zulassen. Als dies dem zuständigen Mamo zu Ohren kam, wurde nach Gespräch und Konsultation in *Aluna* entschieden, dass dieser Gedanke an die Väter und Mütter dieser Verirrung zurückzugeben sei. Die Tourismusfrage hatte sich damit erledigt.

* * *

Nach einigen Tagen bei den Kogi hatte ich mich an das Leben im Dorf gewöhnt. Ich wusste nun, wie sie meinen grundlegenden Bedürfnissen gerecht werden konnten. Die Mamos behandelten mich respektvoll und unterhielten sich mit mir. Auch die Kogi, die mich nicht kannten, hatten sich an mich gewöhnt. Doch viele machten den Eindruck, als ob sie mir nicht wirklich über den Weg trauten. Einer fragte mich, ob ich gekommen sei, um ihr Land zu kaufen und eine Mine zu bauen. Ich erklärte ihm, dass ich hier sei, um mit den Mamos und Sakas zu sprechen und die alten Geschichten seines Volkes zu hören. Er sah mich etwas verunsichert an, schwieg einen Moment und sagte »wuá« als Ausdruck des Wohlgefallens.

Dies war der Beginn eines langen Gesprächs. Der Kogi war sehr daran interessiert zu hören, wie wir in Deutschland leben. Ich zeigte ihm ein paar Fotos, Aufnahmen aus Frankfurt und von Landschaften in Deutschland.

Da sah er mich verwundert an und staunte: »Ihr habt ja auch Natur in Deutschland!«

»Ja natürlich, wieso erstaunt dich das?« fragte ich zurück.

Daraufhin erklärte er mir Folgendes: »Die Mamos sagen zwar, dass es überall auf der Welt Natur gibt, aber das konnte ich mir irgendwie nicht vorstellen. Ihr Jüngeren Brüder denkt doch nur ans Geld und an Maschinen, aber nicht die Gedanken der Mutter. Deswegen habe ich gedacht, dass es bei euch auch nur solche Dinge gäbe.«

Von seinen Worten fühlte ich mich betroffen. Für die Kogi sind Gedanken keine abstrakten Informationen, sondern lebendige Wesen, Kinder mit Müttern und Vätern, die sich als lebendige Wesen in der Wirklichkeit fortpflanzen. Auch wir haben im Deutschen noch die Redensart »wes Geistes Kind« etwas oder jemand sei. Gedanken bewegen sich im Raum, wollen etwas und können auch wie kleine Kinder im Kaufhaus ihren Eltern zurückgebracht werden, wenn sie sich an Orten (oder in Menschen) verirrt haben, wo sie nicht hingehören, oder falls sie zu arg randalieren.

Mama José Gabriel Alimako erklärt diese Zusammenhänge:

Gedanken sind aber auch wie streunende Hunde. Triffst du einen auf dem Weg, fängt er an, dir hinterherzulaufen, und du wirst ihn nicht mehr los. Einer fragt: Ich sehe sie nicht, wie kann es sein, dass die Gedanken da sind? Diese Gedanken kommen nachts in die Hütte. Sie bleiben ein bisschen in der Tür stehen und warten darauf, dass sich jemand ihrer annimmt. Wenn man dann schläft, dann kommen sie zu einem. Deswegen sind die Mamos nachts so lange wach und bewahren ihre eigenen Gedanken. Wenn wir in dieser Zeit gut denken und gut reden, dann kommen auch gute Gedanken zu uns, wenn wir aber schlecht denken und schlecht reden, dann kommen schlechte Gedanken zu uns. Es kommt immer das zu einem, was sich bei einem wohlfühlt.

Wenn jemand sein Feld bestellt, ein Haus baut, eine Familie hat, dann werden diese Gedanken weitergetragen, und auch die Kinder erhalten sie. Negativität hat nur wirklichen Eingang in unsere Gedanken, wenn wir schlafen und es nicht merken. Positivität kann auch während des Wachens kommen. Dein eigenes Denken bestimmt, welche Energien Zutritt zu dir haben. Wenn du schlecht denkst, öffnest du das Tor für Negatives, wenn du aber gut denkst, dann öffnest du das Tor für Positives, das kommt, um dich zu unterstützen.

Warum jemand krank ist, hat immer etwas mit seinen Gedanken oder Handlungen zu tun. Wenn er dann jedoch zur staatlichen Gesundheitsstation geht, geben sie ihm eine Pille und sagen, dass er damit wieder gesund wird. Die negativen Gedanken aber bleiben, und das Problem wird nicht gelöst. Das folgt nicht dem Ley de Sé. Nach kurzer Zeit werden sie dann einfach wieder krank, weil die Ursache nicht behoben ist. Wir brauchen keine Pillen, um gesund zu werden, wir müssen nur unsere Gedanken reinigen. Das ist auch eine Form von Zhigoneshi. Gedanken vermehren sich von selbst, gute ebenso wie schlechte Gedanken.

Und zu mir gewandt sagte er: »Wie gut, dass du ein Buch schreibst, so können auch die Jüngeren Brüder dort verstehen, was die Älteren

Brüder erzählen. Sie können ja nicht alle hierherkommen, um mit uns zu sprechen.«

Manch eine der obengenannten Ideen mag uns bekannt vorkommen: dass dauerhaft negatives Denken sich nicht gerade optimierend auf die eigene Gesundheit auswirkt, dass Gedanken einem »einfallen«, denn irgendwie »macht« man sie nicht wirklich, und dass es sinnvoll ist, sich dem Positiven und Lebensförderlichen zuzuwenden. Was mich allerdings immer wieder erstaunt hat, ist, dass die Kogi dies wirklich vollständig in ihrem Alltag leben und beachten. Ihre Ansichten sind keine Philosophie, die dazu dient, die langen Abende am Feuer zu füllen, sondern die Grundlage ihrer Kultur. Überhaupt sind philosophische Fragen für die Kogi zentral, und sie können absolut nicht nachvollziehen, warum wir sie uns nicht öfter in unserem alltäglichen Leben stellen. Dabei muss man verstehen, dass für die Kogi überhaupt kein Abgrund zwischen Theorie und Praxis klafft, es keine lebensferne Intellektualität gibt und sie deswegen nie auf die Idee kämen, dem Nachdenken die praktische Relevanz abzusprechen. Die Kogi gehen davon aus, dass unser Leben von den Fragen, die wir uns stellen, beeinflusst wird. Wie oft haben wir auf den Steinen gesessen oder vor der Hütte, und sie fragten uns immer und immer wieder: Warum denkt ihr nicht über das Leben nach? Warum beschäftigt ihr euch immer nur mit eurem Alltag und der Materie? Seid ihr glücklich damit und fühlt ihr euch wohl?

Doch nicht nur mit den Grundfragen zur Entfaltung und Klärung des eigenen Lebens anzufangen, ist ein zentrales Anliegen der Kogi. Sie haben uns auch dazu geraten, Gedanken, die nicht unsere sind, wieder an die zurückzugeben, von denen sie kommen. So stellen wir unseren eigenen gedanklichen Ursprung wieder her. Dass wir den Ursprung verlassen haben, war der Lauf der Dinge. Nun ist es notwendig, wieder zum Ursprung und zu den Prinzipien des Lebens zurückzukehren. »Not-wendig« ist hier im Wortsinn gemeint, denn die durch das Verlassen des Ursprungs entstandene

Not wird dadurch gewendet. Konkret gefragt: Wessen Gedanken denke ich gerade? Woher kommen sie? Von meinen Eltern? Von einem Freund? Von meinem Chef? Von den Medien, der Gesellschaft oder der Kirche? Oder sind es tatsächlich meine eigenen Gedanken, die zu mir gehören?

Diese Art der Gedankenhygiene der Kogi erstreckt sich auf alle Bereiche des Lebens und beginnt bereits lange vor der physischen Geburt eines Menschen. Kinder spielen eine sehr große Rolle bei den Kogi, da sie nicht nur neue Menschen, sondern neue Welten darstellen. Daher beginnt die Pflege und Ordnung dieser neuen Welt bereits während der Schwangerschaft, denn das Kind wird unter anderem von den Gedanken seiner Mutter, aber auch denen anderer Familienmitglieder, in seiner Entfaltung gestärkt oder geschwächt. Gute, gesunde und starke Kinder sind ein Zeichen von guten Gedanken. Denken, nähren und befruchten ist das gleiche für die Kogi. Gute Gedanken werden fortwährend genährt und nicht nur einmal kurz gedacht, weil sie Lebewesen sind. Die pränatale Gedankenhygiene ist für die werdenden Eltern ein wesentlicher Bestandteil für die gelingende Menschwerdung des Kindes, wozu das Erkennen der eigenen Aufgabe gehört.

Mama Bernardo Simungama Mamatacan spricht:

Es ist wichtig, die spirituelle Arbeit mit dem Kind bereits im Mutterleib zu beginnen. Durch das Kind entsteht eine neue Welt, und diese Welt muss gut geschaffen werden. Es ist wie ein Haus, wenn es am Anfang schon schlecht gebaut ist, dann wird es später schnell kaputtgehen und Schaden anrichten. Wir würden ja auch keine Früchte oder Essen von minderer Qualität zu uns nehmen. Genauso ist das mit dem Kind. Wenn wir für das Kind im Mutterleib bereits gut erdenken, was die Aufgabe dieses Kindes sein wird und dass es sie gut erledigen wird, dann halten wir Negatives von ihm fern. Alles, was wir tun, ist Energie. Die Kinder im Mutterleib spüren alles und nehmen alles auf. Für uns sind Kinder sehr heilig, denn jedes Kind ist eine neue Welt. Sie sind die Früchte der Frauen, wie die Bäume auch Früchte tragen. Wir behandeln die Kinder sehr gut und denken gut über sie, denn nur so können wir sicher sein, dass sie gesund und stark werden. Wenn ein Kind geboren wird, dann ist das ein Leben, das eine bestimmte Aufgabe für die große Mutter erledigt.

Wir haben gehört, dass manche von euch glauben, dass man mehr als einmal geboren werden kann. Ihr nennt das Reinkarnation. Wir denken das nicht. Alle Kinder, die zu uns kommen, sind neu, genauso wie jede Frucht, die eine Pflanze hervorbringt, neu ist, aber sie kommt immer vom gleichen Baum. Diese Früchte waren vorher noch nie hier. Aber die Gedanken sind nicht neu, die das Kind mitbringt. Es gab diese Gedanken schon vorher. Wenn ein Kind geboren wird, verjüngt sich dadurch die große Mutter selbst. Es verjüngt sich dadurch auch die Abstammungslinie, wie zum Beispiel von Sezhankua oder von Siukukwi.

Wir sprechen immer über die Zahl neun. Alles müssen wir neun Tage lange machen, neun Tage Taufe, neun Tage Aussprache, neun Tage Übergabe des poporros. Neun heißt bei uns itagua. Die sieben ist bei uns eine negative Zahl. Negative Tiere und negative Gedanken haben die Zahl sieben. Vier ist auch eine wichtige Zahl bei uns. Die Welt hat vier Säulen, auf denen sie steht. Jeder Stuhl hat vier Beine, im nuhué gibt es vier Feuer, es gibt vier Himmelsrichtungen. Wir Kogi leben in der Sierra Nevada auch mit drei anderen Stämmen, wir sind hier also vier Völker, die die Stabilität wahren. Deswegen ist die Kurzform unserer Zeremonien mindestens vier Tage und vier Nächte.

Kinder sind die Früchte. Sie sind die Konzentration von allem, was wir ernähren. Das Leben kommt aus den Pflanzen. Wir essen Bananen und Süßkartoffeln, aber auch Ñekes und Guatinajas. Auch dafür machen wir neun Tage und neun Nächte unsere Arbeit. Wir sind nicht anders als die Natur, wir sind die Natur. Es gibt nichts anderes. Es gibt nichts außerhalb der Natur. Wir essen das, was aus der Natur kommt, und werden so zu ihr. Die Kinder, die geboren werden, sind deswegen Familienmitglieder der Vögel und der Pflanzen. Sie sind auch Verwandte des Windes und des

Wassers. Dies sind unsere Großväter, genau wie die Steine. Das war schon immer so und kann auch nur als Einheit funktionieren. Deswegen muss eine schwangere Frau regelmäßig zur Aussprache, um alles von dem Kind fernzuhalten, was diese Einheit beeinträchtigen könnte.

Durch Denken erschaffen

In der Sprache der Kogi hat der Begriff Mensch eine besondere Bedeutung: Das Wort *kággaba* heißt »Mensch« und das Verb dazu, *kagbei,* bedeutet sowohl »denken« als auch »erschaffen«. Dies ist so, als würde es zum deutschen Wort Mensch ein Verb »menschen« geben, das diese Wortbedeutung hätte. Außerdem ist bemerkenswert, dass »denken« und »erschaffen« nicht voneinander unterschieden werden, sondern in eins fallen. Wichtig ist hierbei anzumerken, dass die Kogi nicht zwischen Denken und Empfinden unterscheiden und hier kein rein mentaler Vorgang gemeint ist, sondern gefühlte Bewusstseinsbewegung, ein belebter Inhalt.

Als denkendes Wesen nun hat der Mensch Zugang zu *Aluna* und damit enorme schöpferische Gestaltungsmöglichkeiten, die jedoch im Rahmen des *Ley de Sé* wahrgenommen werden sollten. Zum Beispiel sagen die Kogi, dass es für den Jüngeren Bruder durchaus richtig sei, Technologien und Maschinen aus dem Raum der Gedanken zu konstruieren. Dies sollte jedoch im Einen Gedanken mit der Natur und dem Kosmos geschehen und nicht auf die verworrene und teils zerstörerische Art und Weise, wie des zur Zeit größtenteils der Fall ist. Die Kogi legen bei ihrer Arbeit mit und in *Aluna* großen Wert darauf, Gedanken wirklich zu Ende zu denken und alle ihre Konsequenzen umfassend zu überblicken. Auch hier attestieren sie dem Jüngeren Bruder mangelnde Gründlichkeit.

Schwierigkeiten entstehen für die Kogi jedoch nicht nur dadurch, dass halbgare Gedanken voreilig umgesetzt werden, sondern auch darin, dass die Umsetzung bestimmter wichtiger, lebendiger Gedanken ausbleibt. Wer zum Beispiel denkt: »Ein anderer wird es schon richten«, der versäumt seine eigentlichen Verantwortlichkeiten wahrzunehmen und fehlt durch Trägheit im Gefüge des Lebens. Viele Geschichten der Kogi handeln davon, dass die Väter und Mütter der Dinge erkannt haben, dass ihre Gedanken sich materialisieren müssen, um das Leben wirksam fortzuführen.

Am Vorabend einer wichtigen Zusammenkunft sitzen bei den Kogi die Mamos zusammen und erdenken den genauen Verlauf dieses Treffens in *Aluna*. Dies ähnelt jedoch eher einem sanften Folgen von Impulsen aus der Welt der Gedanken, als einem krampfhaften Visualisieren ihrer Wünsche und Vorstellungen. Dabei betätigen sie intensiv ihren *poporro*, der sie mit dem Prinzip der Umsetzung und Manifestation in dieser Welt verbindet. Die Kogi sagen, dass die Bewegungen der Hände Bewegungen in *Aluna* seien. Jeder Kogi-Mann verwendet täglich mehrfach seinen *poporro*, der ihn in einen meditativen Manifestationszustand versetzt. Er dient als ständige Erinnerung an das, was ein erwachsener Mensch im Sinne der Kogi ist: ein aktiver Mitgestalter der Welt. Die kreative Teilhabe am Weltgeschehen ist für die Kogi ein wesentlicher Bestandteil des Eigenen.

Mama José Gabriel spricht:

Am Anfang war alles Gedanke. Aber Sezhankua und Jaba Senekʉn haben gesagt, dass sie das ändern werden. Vorher gab es nichts als Gedanken. Dann wurden wir Wasser und schließlich zu Fleisch und Blut. Wenn ein Kind geboren wird, dann weint es, aber spricht nicht. Wenn es dann größer wird, dann fängt es an zu laufen, zu sprechen, zu arbeiten, Häuser zu bauen. Die Gedanken jedoch sind schon längst da. Sezhankua sah, dass die Welt ohne Menschen nicht gut war, worauf er uns erschuf. Aber wir alle sind Kinder von Sezhankua. Alles existierte zuerst in Aluna. Auch heute denken wir noch, was wir morgen tun werden, was wir morgen essen werden, und ihr denkt, wer mir morgen Geld geben wird. Die Gedanken verändern sich nie, sie bleiben immer bestehen. Erst denken wir, dass wir an einen bestimmten Ort gehen, dann erst tun wir es. Oder wir denken, dass wir uns am Nachmittag baden und erst dann tun wir es. Die Gedanken bestehen von Anfang an, so hat es Sezhankua hinterlassen.

Es gab eine Zeit, da haben wir uns nur von Gedanken ernährt. Dann haben wir die Nahrungsmittel gepflanzt und angefangen, sie zu essen. Aber davor haben wir sie schon in Gedanken gegessen, warum hätten wir sie denn sonst gepflanzt? Alles, was nun wächst, essen wir jetzt, aber diese Gedanken kommen von Sezhankua. Genauso wie wir zuerst aus Wasser bestanden und jetzt aus Fleisch und Blut sind, genauso existierte erst alles in Gedanken und dann erst in Materie. Ein Mann, der alleine denkt, schafft absolut gar nichts. Er muss mit der Frau zusammen denken, dann kann etwas entstehen. Wenn eine Frau schwanger ist, dann trägt sie das Kind in sich, genauso trägt sie die Gedanken in sich und lässt sie wachsen. Deswegen leben Männer mit Frauen zusammen. Die Kinder kommen dann zu beiden, nur so leben ihre Gedanken weiter. Wir dürfen die Gedanken nicht aufhören lassen.

Kreativität ist für die Kogi ein Anzapfen einer bereits existierenden Welt der Möglichkeiten und keine wie auch immer geartete gedankliche Neuerung. Die Mamos begeben sich in *Aluna* und verbinden sich mit dieser unsichtbaren Welt der Möglichkeiten, denn wenn alle Probleme in *Aluna* bereits vorhanden sind, sind es auch alle Lösungen. Es kann gar kein Problem ohne Lösung geben, da in jedem Ungleichgewicht bereits die Komponenten des Gleichgewichts enthalten sind. Dabei bedarf es weniger eines trennenden und analysierenden Auseinandernehmens der Situation, als eher eines einfachen Zugangs zu einer bereits vorhandenen Lösung.

Juan Mamtacan spricht:

Wenn der poporro übergeben wird, dauert dies neun Tage. Der junge Mann konzentriert sich dann sehr gut. Diese Konzentration ist die gleiche Konzentration, die er benötigt, um gut für seine zukünftige Frau und seine Familie zu sorgen. Wenn er aber den poporro fallenlässt und sich nicht gut konzentriert, dann ist das ein schlechtes Zeichen. In diesen neun Tagen erdenkt sich der junge Mann sein Leben als Erwachsener. Er denkt daran, dass er in Zukunft eine Frau haben wird, er denkt daran, wie er sie gut behandelt, wie er mit ihr Kinder bekommt, wie er ein Haus baut, wie er die Felder bestellt, wie er Hühner und Schweine hat und wie er in der Gemeinschaft lebt. An dies alles denkt er, ohne zu schlafen neun Tage und neun Nächte lang. Er denkt an alles. Er denkt auch daran, was er nicht tun wird, dass er nicht stehlen wird, dass er niemandem die Frau wegnehmen wird, dass er sich nicht streiten wird. In dieser Zeit darf er nicht herumlaufen, mit niemandem sprechen außer denen, die zu ihm kommen, um ihm Ratschläge zu erteilen und seine Gedanken zu fördern. Er sitzt still. Er hört den Mamos zu. Die Mädchen sitzen sieben Tage, wenn sie zur Frau werden. Die Mädchen werden dann wie die Männer in eine Höhle oder in ein großes nuhué gebracht. Dort sitzen sie und denken und denken und denken. Die Frauen kommen dann zu ihnen und geben ihnen Hinweise und Rat. Wir machen auch eine ähnliche Arbeit für Kwalama, für die Lebensmittel. Wir tun dies im allgemeinen und also nicht nur für unser Dorf oder unseren Stamm, sondern für den ganzen Planeten und für die gesamte Menschheit.

Konzentration bedeutet für die Kogi, anders als für uns, zuerst einmal die Abwesenheit von Zweifel und Zerstreuung. Daraus entsteht für sie eine offene Präsenz und ein Kontakt mit einem Thema beziehungsweise einer Energiequalität. Konzentration im Sinne eines fokussierten, zielgerichteten Tunnelblicks kennen die Kogi nicht. Die Zeit, die sich die Kogi für ihre Rituale nehmen, erlaubt es ihnen, in einer wirklichen Klarheit der Gedanken die Dinge zu Ende zu denken und somit Konsequenzen und die Zusammenhänge ihres Handelns sowie die Umsetzung desselben zugleich zu berücksichtigen.

Mama José Gabriel Alimaku spricht:

Mama Kakamunkue hat uns beigebracht, wie man den Regen ruft. Das war am Anfang der Zeit. Er sagte, dass es mittags regnen werde. Wir haben ihm nicht geglaubt, aber wir wollten, dass es mittags regnete. Er hat uns gefragt, ob wir wollen, dass er pagamiento dafür mache, und wir wollten das. Wir haben ihm Bergkristalle gegeben. Er hat seine Arbeit gemacht, und mittags hat es geregnet. Wenn es zu viel Regen gab, haben wir ihm gesagt, dass wir Sommer bräuchten, dass die ganze Ernte zerstört werde. Er hat sich dann hingestellt, und am nächsten Tag war Sommer, aber es war wie ein Spiel. Das war früher, heute machen wir solche Spiele nicht mehr. Wir machen einfach unsere Arbeit, so wie alles hinterlassen wurde.

Im Moment sind Wolken da, aber es regnet nicht, deswegen machen wir bald wieder unsere Arbeit. Die Mamos werden für vier Stunden arbeiten, dann nochmals. Wir arbeiten so, dass wir den Regen rufen. Wir schauen, wo die Wolken sind und laden sie zu uns ein. Und dann regnet es. Wir laden sie in unseren Gedanken ein, dann kommen sie gerne. Wenn wir wollen, dass sie kommen, passiert nichts. Die alten Mamos sagen, dass alle Gedanken bereits seit dem Anbeginn der Zeit existieren. Aber man muss vollständig und gut denken. Wenn man unvollständig denkt, passiert überhaupt nichts, deswegen denken manche, dass es nicht funktioniert. Man denkt an alle Aspekte des Lebens, an die Bäume, an die Büsche, an die Frösche, an die Schlangen, an die Vögel. Wir denken, dass auch alle diese Wesen Wasser brauchen, damit auch sie nicht mehr leiden. Wir hüten sie, dann hilft Sezhankua auch uns. Wenn wir uns bewusst sind, dass wir alle Brüder und Schwestern der Bäume und Tiere sind, dann wird es regnen. Wenn wir aber Regen nur für uns rufen, dann passiert auch wieder nichts. Auch gehen wir immer erst in ein Einverständnis mit der Situation. Wenn ich gut denke, dann werde ich auf der anderen Seite gehört. Wenn ich mich aber streite oder schlecht spreche oder auch nur irgendjemanden kritisiere, dann bin ich nicht auf dem Weg von Sezhankua. Wir müssen alles sehr vorsichtig hüten.

* * *

Juan Mamatacan kommt aus einem Dorf in den tieferen Lagen der Sierra. In seinem Dorf existiert eine von der kolumbianischen Regierung angelegte Schule. Verbunden mit dem Lernen von Lesen und Schreiben des Spanischen, ist die Heranführung der Kinder an die kolumbianische Kultur. Inzwischen werden auch Kogi als Lehrer eingestellt, die die eigene Sprache unterrichten, die inzwischen auch verschriftlicht worden ist. Trotzdem sehen viele Kogi die Schule mit anderen Augen, da sie erkennen, wie sich ihre Kinder verändern. Einige Schulen wurden auch bereits wieder geschlossen. Eine der Gefahren, die die Mamos sehen, ist die gedankliche Vermischung und somit kulturelle Zerstreuung.

Juan Mamatacan spricht:

Wir hier dürfen uns nicht mischen. Wenn wir dies tun, verlieren wir unsere Kultur und vor allem unsere Gedanken. Gedanken müssen sich ergänzen und sich nicht vermischen. Die Kinder hier fangen an, Krieg zu spielen, weil sie Filme mit Kampf in ihrer Schule gesehen haben, und das machen sie jetzt nach. Die Verantwortung für die Gedanken der Kinder tragen die Väter und Mütter. Die Kinder werden wieder den Vögeln lauschen und hören, was sie zu sagen haben, und keine Filme in der Schule des Jüngeren Bruders sehen. Die Vögel sind manchmal fröhlich, manchmal rufen sie den Regen, oder sie erzählen etwas. Es ist nicht nur die Aufgabe der Mamos, die Kinder zu unterrichten, jeder Vater und jede Mutter muss das gleiche tun. Die Mamos helfen dabei, die negativen Gedanken der Kinder aufzunehmen und zu verarbeiten und ihre guten zu fördern.

Wir erklären den Kindern, dass es kein Spiel gibt. Wie meine ich das? Wenn ich im Spiel aus Spaß sage, dass ich jemanden töte, dann habe ich ihn wirklich getötet. Weil wir es fühlen. Überlege mal, wie viele Menschen schon getötet haben, nur in ihren Gedanken. Diese Gedanken müssen wir alle zu den Mamos geben, denn sonst gibt es keine Möglichkeit, die in Gedanken Getöteten wieder zum Leben zu erwecken. Die Mütter und Väter helfen dabei. Die Kinder, die ganz hoch in den Bergen leben, sind da noch anders. Sie haben noch nie in ihrem Leben einen Fernseher gesehen und auch noch nie einen Jüngeren Bruder. Wenn sie einen Fremden sehen, dann kommen sie nicht wie in meinem Dorf und sprechen mit ihm, sondern sie ziehen sich zurück. Sie spielen auch anders. Sie imitieren die Erwachsenen. Sie bauen kleine Häuser aus Stöckchen. Aber die künstlichen Gedanken hier in unseren Kindern werden sich vermehren, wenn sie weiter in die Schule des Jüngeren Bruders gehen. Die Kinder oben in den Bergen sind sehr schwarz, denn ihre Kleidung ist nicht sauber gewaschen. Die Mamos der oberen Sierra sehen die Kinder hier unten als mit zu wenig von Mutter Erde auf ihrer Kleidung.

Die Kinder in den Dörfern der Kogi in den Bergen, ohne Kontakt zur Außenwelt, kennen tatsächlich keine Spiele in unserem Sinne. Das heißt aber nicht, dass sie kein Spiel kennen. Meine vielen Fragen nach dem Spielen haben die Kogi beantwortet und mir erklärt, dass sie zwischen zwei Arten des Spielens unterscheiden: sich selbst genügende Spiele und freies, imitierendes Spiel. Spiele wie Fangen oder Verstecken sind nicht Teil dessen, was die Aufgaben eines Kogi sind, denn die Idee des Wettbewerbs spielt in ihrer Kultur keine Rolle. Ihre Kultur beruht auf Kooperation.

Alle Kinder im Alter unter drei Jahren beschäftigen sich mit dem, was sie finden, und mit ihren eigenen Geschwistern. Je älter sie werden, desto mehr beginnen sie, im Spiel die Erwachsenen zu imitieren und erhalten kleine Aufgaben, die ihrem Alter entsprechen. Die Kleinsten holen zum Beispiel Wasser vom Fluss oder waschen ihre noch kleineren Geschwister. Je älter sie werden, desto größer werden ihre Aufgaben. Nie habe ich gesehen, dass Kinder sich über die Aufgaben beschwert hätten oder diese mit missmutigem Gesicht erledigt hätten.

Freies Spiel als pädagogisches Konzept existiert bei den Kogi nicht. Die Kinder bekommen eine Aufgabe, aber ihnen wird dabei nicht unbedingt erklärt, wie diese zu erledigen ist. Hier kommt ihre eigene Kreativität ins Spiel. Zeit spielt dabei keine Rolle, im Vordergrund steht für das Kind die Entdeckung der eigenen Kreativität und des eigenen Weges. So kann es sein, dass achtjährige Jungen kreative Lösungen dafür finden müssen, Steine zum Hausbau vom Fluss auf ein Maultier und dann ins Dorf zu befördern. Die Steine sind jedoch zu schwer, als dass sie sie alleine heben könnten. Nun beginnt ihr spielerisches Lösen des Problems, das ich oft habe beobachten können. Anders als bei uns, kommt niemand, um ihnen zu helfen oder ihre Lösung zu bewerten. Sie sind mit der Herausforderung konfrontiert, bis sie sie selbst gelöst haben. Somit lernen sie, nie aufzugeben. Ich habe insgesamt nur ein- oder zweimal Kinder gesehen, die geweint haben.

Das Prinzip der Annahme

Wieder einmal saßen wir mit Mama José Gabriel in der Hütte und tauschten uns aus. Plötzlich trat ein Mann in die Hütte, ein Kolumbianer. Er platzte in unser Gespräch und sagte: »Ich möchte mich vorstellen. Ich bin Ingenieur und von der Regierung beauftragt, dieses Gebiet anzuschauen.« Er hatte eine Schachtel mit Donuts dabei und bot sie uns an. Mama José Gabriel sah ihn kurz an, schmunzelte, bedankte sich und griff beherzt zu. Ich, der ich überhaupt keine Donuts mag, zögerte. Außerdem hatte ich die Befürchtung, dass der gute Mann hier war, um in Wahrheit nach den Möglichkeiten Ausschau zu halten, eine Mine zu bauen und die Donuts als billigen Bestechungsversuch an den in seinen Augen »dummen« Indianer verwendete. Mama José Gabriel forderte uns auf, uns zu bedienen. Wir griffen in die Box mit den Donuts und nahmen uns jeder einen. Die Chemie der rosafarbenen Zuckerglasur verlieh dem Gebäck einen ausgesprochenen Barbie-Flair. Den sollte ich nun wirklich essen? Mitten in der Sierra, in einem Indianerdorf? Ich kam mir vor wie im falschen Film.

Mit dem angebissenen Donut in der Hand erläuterte Mama José Gabriel:

Hier seht ihr, wie das Leben funktioniert. Wir sprechen die ursprünglichen Worte von Sezhankua. Wer hat dem Mann gesagt, dass er uns Essen bringen soll? Sezhankua selbst war das. Er weiß, dass wir Hunger haben, und er hat uns Essen gesandt. Wir arbeiten sehr gut. Das ist ein Zeichen. Wenn man am Sprechen ist und jemand kommt, um einem Essen zu bringen, darf man es nie zurückweisen, auch wenn man es nicht mag, so erzählt die Geschichte. Denn wenn man das tut, dann kritisiert man das Leben selbst. Es passiert nicht oft, dass jemand kommt, um uns hier Essen zu bringen. Wir machen sehr gute Arbeit. Sezhankua selbst hat das Essen geschickt, deswegen müssen wir es essen. Für das, was wir schaffen, erhalten wir etwas als Ausgleich, so funktioniert das. Wenn wir das aber wollen, dann passiert nichts. Wenn wir vier Tage arbeiten und niemand kommt, um uns etwas zu geben, so erzählen unsere Geschichten, dann haben wir nicht gut gearbeitet. Wir sind süß, wie die Süßigkeiten, die wir bekommen haben. Das heißt, dass wir süße, also gesunde und starke Gedanken haben. Wir denken schön.

Ich biss also beherzt in den Donut und blickte zu meiner Freundin hinüber, die schon munter drauflos aß. Der Donut schmeckte pappsüß. Ich übersetzte ihr kurz, was der Mamo gesagt hatte. Sie nickte und biss nochmal hinein. Trotz des nicht sonderlich überzeugenden Geschmacks, spürten wir die Worte des Mamo: der Geschmack des Donuts und die Absichten des Kolumbianers waren völlig irrelevant, denn wir hatten ein Geschenk erhalten, und das Leben hatte uns dieses Geschenk gemacht. Wir nahmen es also an, und auf einmal schmeckte es uns auch durchaus passabel.

Mama José Gabriel kaute fertig und fuhr fort:

Wir machen viel energetische Arbeit. Wir machen diese Arbeit hier, und wer macht sie dort bei euch? Der Anfang ist, aufzuhören, andere zu kritisieren oder schlecht zu denken und stattdessen anzunehmen, was kommt. Es ist wichtig, keine Angst zu haben, wenn jemand kommt, um einen zu töten. Das wäre auch völlig unnötig. Wenn der Moment zu sterben gekommen ist, dann ist das so, und man kann es nicht ändern, und genau deswegen sollte man keine Angst haben. Hier in der Sierra gibt es viele Konflikte zwischen der Regierung und der Guerilla. Wir bleiben einfach in unseren Häusern und auf unseren Feldern und tun niemandem etwas, sondern machen genau das, was wir sonst auch tun und gehen weiter diesen

Tätigkeiten nach. Wenn dann die Armee kommt, dann grüßen sie uns und ziehen weiter. Wenn die Guerilla kommt, dann grüßen sie uns, und auch sie ziehen weiter. Wenn jemand kommt, um sich zu bereichern, dann sollen sie kommen. Wir haben hier einen Stuhl oder einen Holzstock, den können sie mitnehmen, wenn sie möchten. Wir werden uns nicht wehren, denn so bleiben wir auf dem Weg von Sezhankua. Die Kankuamo wollten für die Guerilla kämpfen, und viele von ihnen wurden getötet; wir Kogi haben nicht mal an Konflikt gedacht, und deswegen leben wir in Frieden. Die Leute kamen mit den Waffen, aber sie hatten kein Interesse an uns, aber an den Kankuamo schon, obwohl sie auch Indianer sind.

Wir kritisieren nicht. Jedem wurde alles hinterlassen, was er braucht. Manche haben den Zugang dazu verloren, aber deswegen kritisieren wir sie nicht, denn sie haben das Wissen, es ist nur verborgen. Wenn du das Buch schreibst, dann wirst du auch die Bedeutung von Pflanzen und Tieren nennen. Nur wenn wir alles integriert haben, gibt es ein echtes Gleichgewicht. Der Adler zum Beispiel heißt hier Kwiwi. Wenn er fliegt, dann ist alles in Ordnung. Er hat keinen Motor, und doch fliegt er seit Anbeginn der Zeit, so wie er es heute noch tut. Dann werden wir gesund bleiben, wir werden gut laufen und gut arbeiten. Es gibt viele Tiere und Pflanzen, und alle haben eine bestimmte Aufgabe und eine bestimmte Bedeutung.

Die Kogi verändern ihre Tätigkeit bei augenscheinlicher Gefahr oder Bedrohung in keiner Weise, sondern tun weiterhin das, was sie auch sonst tun würden. Sie erledigen ihre Aufgaben und gehen auf ihre Felder oder in ihre Gärten. Sie unternehmen nichts gegen die Bedrohung oder ändern ihretwegen ihr Verhalten. Es geht dabei nicht um ein Leugnen oder Ignorieren der Situation, sondern um eine neutrale unverstrickte Kontaktaufnahme zu dem, was geschieht. Sie erklären, dass sie dadurch der Gewalt keine Angriffsfläche bieten.

Diesen Gedanken kannte ich bereits aus der fernöstlichen Philosophie. Hier in der Sierra war ich nun bei einem Volk angelangt, das diesen Umgang mit Widrigkeiten in einer Radikalität lebt, die ich so noch nirgendwo zuvor gesehen habe. An dieser Stelle muss kurz der Zusammenhang klargestellt werden, in dem wir uns hier bewegen: Es handelt sich um Kolumbien, nicht um die Schweiz. Dazu ein paar Zahlen: der Kolumbianische Binnenkonflikt hat in den Jahren zwischen 1958 und 2012 über 200.000 Opfer gefordert und zu zwischen 4,7 und 5,7 Millionen Vertriebenen geführt. Es gab dabei eine lange Zeit eine Vielzahl von Interessensgruppen und gewalttätigen Akteuren: mehrere Guerilla-Gruppierungen, die Paramilitärs, verschiedene Drogenkartelle und Mafia-Organisationen sowie die kolumbianische Regierung, die allesamt nicht gerade für ihr zimperliches Vorgehen und ihre sanften Methoden bekannt sind. In diesem Zusammenhang haben die Kankuamo tatsächlich bedeutend mehr Todesopfer zu beklagen als die Kogi, von denen (fast) niemand zu Tode kam. Dies ist eine bemerkenswerte Leistung in einem derart gewaltgeprägten Land. In Worten der Kogi, ließen sie die streunenden Hunde einfach streunende Hunde sein. Dies mag ungeheuerlich erscheinen oder schlichtweg dumm. Es hätte auch schiefgehen können, und sie wären alle massakriert worden. Es ist aber nicht schiefgegangen, sie sind dageblieben und leben, ohne dass sich daraus eine Garantie für die Zukunft ableitet.

Das Prinzip der Annahme, wie es die Kogi praktizieren, ist das Fundament ihrer Strategie des Umgangs mit allen durch den Jüngeren Bruder an sie herangetragenen Herausforderungen. Gegen Ende des letzten Jahrhunderts erlebten die Kogi einige Jahrzehnte lang eine Zeit des kulturellen Verfalls. Sie litten unter den Einflüssen der Kolonisierung, des Landraubs und der gedanklichen Zermürbung durch den Versuch der Christianisierung, in erster Linie durch die katholische Kirche, jedoch auch durch evangelikale Gruppen. Hinzu kam als weiterer Faktor der Versuch der Eingliederung in die kolumbianische Gesellschaft durch den Bau von regierungsfinanzierten Schulen für die Kogi-Kinder. All dies beeinträchtigte ihre Lebensweise und hatte eine Schwächung des Eigenen zur Folge, die sich teils sogar in Krankheiten und Nahrungsmittelknappheit äußerte.

Die Antwort der Mamos auf diese Bedrohungen war die konsequente Rückkehr zu und Stärkung von ihrer ursprünglichen Kultur, unter Einbeziehung des Prinzips der Annahme dessen, was ist. Annahme heißt nicht Hinnahme. Die ursprüngliche Kultur der Kogi hat ihnen Stück für Stück ihre Kraft zurückgegeben, aus der heraus sie sich nun sogar der Rückgewinnung ihres verlorengegangenen Landes durch den Kaffeeanbau und sogar der Wiederausbreitung ihrer Lebensweise widmen können. Ohne den Versuch der kolumbianischen Regierung hinzunehmen, sie zu assimilieren, haben sie die Existenz von Schulen dennoch angenommen und in etwas für sie Dienliches verwandelt: Sie schicken nur diejenigen Kogi-Kinder in die Schulen der Kolumbianer, die mit der Aufgabe geboren sind, mit dem Jüngeren Bruder in Kontakt zu treten. Dort lernen sie das, was in unserer Welt unerlässlich ist: Lesen und Schreiben sowie unsere Sprache. Dadurch wirken die Kogi in die Richtung der bestmöglichen Lösung: der einvernehmlichen Einigung mit dem Jüngeren Bruder, die vom Standpunkt der kulturellen Abschottung her so nicht ohne weiteres möglich gewesen wäre. Man bedenke, dass die meisten Kolumbianer die Kogi für irrelevante Primitive halten und ihnen überhaupt keinen Wert beimessen.

Dabei ist absolut wesentlich, dass sie all dies durch Stärkung ihres Eigenen leisten. Diese Stärkung des Eigenen wiederum bewahrt sie fast vollständig vor Vermischung, Beeindruckung, Verwässerung und Schädigung dessen, was ihnen ihre Kraft verleiht: ihre Kultur, ihre Gedanken und ihre Sicht der Welt. Wer sich wirklich in ihre Lage hineinversetzt und alle möglichen Handlungsoptionen durchspielt, wird erkennen, dass die Kultur der Kogi ihnen sowohl kurz- als auch langfristig die beste Strategie an die Hand gegeben hat. Diese Leistung ist enorm und bewundernswert. Die Art, wie sie den Kontakt zum Jüngeren Bruder aufnehmen, stärkt sie im größtmöglichen Maße. Sie hat auch mich ungeheuer bereichert und inspiriert.

Wenn wir uns um die Welt kümmern, kümmert sich die Welt auch um uns, davon sind die Kogi überzeugt. Gute und schöne

Gedanken sind Gedanken, die den Menschen mit der Welt verknüpfen. Ein wesentlicher Teil davon ist die Annahme. Die Kogi pflegen die Grundeinstellung, dass das Leben nicht gegen sie, sondern für sie ist. Deswegen werden auch widrige Situationen als eine Gabe des Lebens angenommen und das Einverständnis damit erklärt. Durch diese Grundeinstellung wird der Blick für Möglichkeiten offengehalten und die Handlungsfähigkeit, insbesondere in widrigen Situationen, gestärkt. Mama José Gabriel spricht beim Thema Annahme übrigens auch aus eigener Erfahrung: Er wurde von der Guerilla entführt und kurz danach einfach wieder freigelassen. Die Kraft der Annahme und der eigenen ursprünglichen Präsenz kann enorm sein.

* * *

Es war der Abend desselben Tages, an dem der Ingenieur gekommen war und wir mit Mama José Gabriel über Annahme gesprochen hatten. Wie jeden Abend, machten wir uns hängemattenfertig. Was ich jedoch nicht wusste war, dass in dieser Nacht meine Fähigkeit zur Annahme direkt auf die Probe gestellt werden würde. Nicht unbedingt zum Wohlgefallen meiner Partnerin habe ich die Angewohnheit, zu Hause meine Sachen überall herumliegen zu lassen. Diese Angewohnheit ist mit der Ankunft bei den Kogi nicht plötzlich verschwunden, was dazu führte, dass ich an jenem Abend meine Kleidung erst zusammensuchen musste, um schlafenzugehen. Abends war es in der Sierra immer noch zu warm für das, was ich im Verlauf der Nacht anziehen würde, um nicht so sehr zu frieren.

Nach dem Zähneputzen ging es in die Hängematten, die wir zur Isolation mit Handtüchern ausgelegt hatten. Mein Merinopullover und meine Regenjacke verstaute ich am Fußende. Wenn ich, wie jede Nacht, irgendwann frierend aufwachte, hätte ich so Pullover und Jacke griffbereit und mit etwas Glück die Chance, von da an bis zum Morgen durchzuschlafen. Die stundenlangen Gespräche hatten uns sehr müde gemacht, so dass wir schon bald einschliefen.

Mitten in der Nacht wachte ich plötzlich auf. Diesmal jedoch nicht wegen der Kälte wie sonst, sondern weil ich ein Rascheln direkt neben meinem rechten Ohr hörte. Ich verhielt mich still und lauschte erneut. Da war es wieder, und es war sehr nah, höchstens zehn Zentimeter von meinem Ohr entfernt. Da war irgendetwas. Ich dachte mir: Beruhige dich Lucas, deine Hängematte hat ein Moskitonetz. Was auch immer es ist, du bist durch ein feinmaschiges stabiles Netz von ihm getrennt. Trotzdem wollte ich nachsehen. Ich griff mit meinem linken Arm hoch an die im Moskitonetz eingenähte Innentasche, in der sich meine Brille und meine Stirnlampe befanden. Erst setzte ich mir vorsichtig im Dunkeln die Brille auf. Da war das Rascheln wieder. Ich schaltete die Stirnlampe an und erstarrte. Direkt neben meinem Kopf war ein Skorpion in meiner Hängematte, der versuchte auf dem glatten Nylonmaterial nach oben in Richtung Kopfende zu klettern. Sein Schwanz war nach oben gebogen, und ich konnte direkt vor meinem Gesicht den gekrümmten Stachel sehen. Ich brauchte einen Moment, um zu erkennen, dass das Moskitonetz jetzt zu meiner Falle geworden war. Der Skorpion war drin, ich auch, und das Netz war zu.

Das ziemlich aufgeregte Spinnentier versuchte weiter hochzuklettern und schaffte es irgendwie, an den Ansatz des Netzes zu kommen, wo es Halt fand und sich festkrallte. Da hing es nun, und der Stachel bewegte sich wild hin und her.

Ich rief »Skorpion!!!...in meiner Hängematte!!!«

Sie antwortete mit einem leicht seufzenden Laut und murmelte: »Was'n los? Ich schlafe...«

Ich sagte: »Ich habe einen Skorpion in meiner Hängematte. Bitte hilf mir.«

Meine Partnerin sagte noch sehr verschlafen: »Muss ich aufstehen? Es ist saukalt...«

Ich etwas panisch: »Äh ja, musst du! Ich habe einen Skorpion zehn Zentimeter neben meinem Kopf!«

Meine Partnerin erkannte erst jetzt, was ich sagte: »Was? Ein Skorpion?!« Sie öffnete den Reißverschluss ihrer Hängematte und stöhnte: »Immer muss ich ihm mitten in der Nacht aus der Patsche helfen...ich war gerade so schön eingemummelt.«

Der Skorpion war in dem spitz zulaufenden Moskitonetz inzwischen noch weiter nach oben geklettert, so dass er nun exakt über meinem Kopf hing und relativ instabil vor sich hin baumelte. Ich versuchte, absolut bewegungslos zu bleiben. Meine Partnerin stand inzwischen neben mir und fragte mich, was sie machen sollte. Meine Gedanken rasten. Wir mussten irgendwie den Reißverschluss der Hängematte öffnen und das, ohne zu viel Erschütterung, damit das Ungeheuer möglichst an seinem Platz blieb. Ich erinnerte mich an unser Gespräch vom vergangenen Mittag: Einfach annehmen, wenn die eigene Stunde geschlagen hat. – Der Mamo hatte gut reden.

Ich wusste, dass der Stich der meisten Skorpione für den Menschen nicht tödlich ist. Ich hatte mal irgendwo, bei Indiana Jones oder so, die Faustregel gehört: Je kleiner der Skorpion, desto giftiger. Ich schaute nach oben, doch aufgrund meiner mangelnden Skorpion-Erfahrung konnte ich nicht wirklich verlässlich einschätzen, ob es sich hier nun um eine vergleichsweise kleine oder große Spezies handelte. Auf jeden Fall wäre ein Stich ziemlich schmerzhaft gewesen.

Notgedrungen versuchte ich, meine Aufmerksamkeit langsam vom Skorpion weg und zurück zu mir zu verlagern. Einfach entspannen, wahrnehmen, was ist, und in die Annahme gehen. Ich musste fast lachen, so absurd kam mir das alles gerade vor. Unsere beiden Kogi-Hüttennachbarn schliefen trotz der hell leuchtenden Stirnlampe tief entspannt in ihren Hängematten weiter.

»Mach bitte ganz langsam den Reißverschluss auf und bewege das so frei zu bewegende untere Ende des Moskitonetzes horizontal nach innen unter den Skorpion.«

Ich war ob meiner präzisen Anleitung selbst etwas überrascht. Meine Partnerin öffnete in Zeitlupe den Reißverschluss, und ich beobachtete den Skorpion. Und wieder: Entspannen, fühlen und atmen. Nachdem sich nun die eingeklappte Seite des Moskitonetzes zwischen mir und dem Skorpion befand, bewegte ich zuerst mein rechtes Bein vorsichtig Richtung Boden und dann mein linkes.

Ich sagte zu meiner Partnerin: »Achtung, ich springe raus! Halt einfach weiter das Netz horizontal!«

Gesagt, getan. Ich stand mit meinen Socken auf dem Erdboden der Hütte und leuchtete mit meiner Stirnlampe den Skorpion an, der sich immer noch im Moskitonetz verkrallt hatte. Was sollten wir jetzt tun? Ich hatte eigentlich vor, diese Nacht noch einmal weiterzuschlafen. Also muss der Skorpion aus der Hängematte heraus und ich hinein. Ich ging also zu unserem Rucksack und holte eine leere Tupperdose heraus, öffnete sie und führte sie vorsichtig unter dem geöffneten Moskitonetz entlang unter den Skorpion. Dann schüttelte ich das Netz etwas, und der Skorpion fiel in die Dose. Schnell zog ich die Dose aus der Hängematte, während das arme Geschöpf verzweifelt versuchte, den glatten Plastikrand zu erklimmen. Deckel drauf und durchatmen. Am nächsten Morgen zeigten wir Mama José Gabriel unseren Fang. Er schien sich sichtlich zu freuen, was der Jüngere Bruder da in der Nacht erbeutet hatte. Er leerte die Dose mit dem noch lebendigen Skorpion auf den Boden aus und sagte: »Gallina va a comer.«* Tatsächlich kam sofort ein Huhn angerannt und vertilgte das arme Geschöpf bei lebendigem Leibe.

Wir rätselten noch etwas, wie es der Skorpion in meine Hängematte geschafft hatte. Das Moskitonetz was einwandfrei und hatte nirgendwo ein Loch. Die Nähte waren noch alle intakt. Wir kamen zu dem Schluss, dass er sich vermutlich tagsüber in meinem Pullover versteckt hatte, den ich unbedachterweise einfach in der Hütte hatte herumliegen lassen. War dies nun eine Lektion in Ordnung oder in Annahme? Vermutlich beides.

---

* »Ein Huhn wird es fressen.«

Kapitel 8

Ich-Menschen, Wir-Menschen

Gemeinsame geistige Tätigkeit verbindet enger als das Band der Ehe.
Marie Freifrau von Ebner-Eschenbach

Gemeinsam lebendig

Überall auf der Welt leben Menschen mit anderen Menschen zusammen. Dieses soziale Zusammenleben findet in Zelten, Hütten, Häusern, Dörfern, Städten oder Metropolen statt. Wir alle, mit wenigen Ausnahmen, treffen jeden Tag auf andere Menschen, sei es in der Familie, im Berufsleben oder einfach nur beim Einkaufen. Bei jedem dieser Zusammentreffen spielen Gefühle, Bedürfnisse, Wünsche, Sehnsüchte, Vorstellungen, Erwartungen und Emotionen eine große Rolle. Zwar könnten wir potentiell auch alleine leben, wie es die wenigen Einsiedler der Welt tun, für die meisten von uns ist das jedoch eine schauerliche Vorstellung. Einzelhaft ist selbst innerhalb von Gefängnissen eine Strafe. Wir alle sind mit der tiefen Erfahrung menschlicher Verbundenheit auf diese Welt gekommen. Das gelingende Zusammenleben mit anderen Menschen scheint folglich einer der wichtigsten Faktoren für Lebensqualität zu sein.

Zahlreiche Studien aus der Stress- und Glücksforschung haben mittlerweile gezeigt, was seit Generationen intuitiv bekannt ist:

Eine gute und erfüllende soziale Einbettung vermindert Stress, macht glücklich, stärkt das Immunsystem und verlängert sogar die Lebenserwartung. Menschen brauchen Menschen. Gleichzeitig liegt im Zusammentreffen mit anderen Menschen auch das größte Unglück in Form von Konflikten, Gewalt, Krieg, Verletzung und Verlust begründet. Menschen verletzen Menschen. Es wundert daher nicht, dass das soziale Zusammenleben das Denken seit Anbeginn der Zeit beschäftigt hat, sei es in Form von kulturellen Traditionen, organisierten Religionen oder politischen Ideologien. Damit verknüpft sind Fragen nach Handel und Ausgleich, Gerechtigkeit und Versöhnung, Stände und Status, Abstammung und Herkunft, Distanz und Nähe.

Das soziale Zusammenleben kann dabei zwei Grundformen annehmen: die Form einer Gemeinschaft oder die eines Kollektivs. Für diese Unterscheidung sind die Bedeutung und der Wert des Individuums zentral. Gemeinschaften bestehen aus authentischen, eigenständigen Individuen, deren wesentlichen Unterschiede die Grundlage und Kraft der gemeinsamen Ordnung darstellen. Die verschiedenen Individuen unterstützen sich gegenseitig bewusst und unbewusst in der Entfaltung ihres Eigenen im tiefen Vertrauen auf die daraus natürlich entstehenden Synergieeffekte. Dies ähnelt einem gesunden Ökosystem oder einer gesunden Familie. Das Gemeinsame besteht in der organischen Entfaltung des Individuums innerhalb der Gemeinschaft, aber auch der Gemeinschaft als Ganzem im Kontext des Planeten.

Kollektive hingegen beruhen auf der ideologischen Gleichschaltung des Individuums, bei dem das wesentlich Eigene sich im kollektiven Ganzen verliert und auflöst. Identität geschieht ausschließlich über Gruppenzugehörigkeit und nicht mehr über Eigenständigkeit. Offensichtliche Beispiele sind totalitäre Staaten, Sekten und politische Ideologien. Es gibt jedoch auch weniger offensichtliche Beispiele, wie viele sogenannte moderne Subkulturen, Modetrends, Hypes und Peer-Groups aller Art. In Kollektiven wird letztendlich das menschliche Bedürfnis nach Zugehörigkeit an den Verzicht auf das Eigene geknüpft und somit missbraucht. Es können sich auch Kollektive bilden, die vorgeben, sich auf Individualismus zu gründen, wie dies bei den sogenannten Hipstern beobachtet werden kann. Dies ist ein Beispiel für eine Kollektivierung durch bestimmte Wertungen und Stilvorgaben, die den Individualismus als bloßes Etikett entlarven.

Anders als die blütenweiße Einheitskleidung der Kogi vermuten lässt, handelt es sich bei ihnen um eine Gemeinschaft. Der Grad der Eigenständigkeit und Unabhängigkeit der Kogi-Familien innerhalb ihres Volks ist um einiges höher als bei uns. Sie ernähren, bekleiden und behausen sich, ohne auf andere Kogi existenziell angewiesen zu sein. Ihre Kultur ist selbsttragend und bedarf keiner zentralen eingreifenden Steuerung, die über eine beratende Tätigkeit der Mamos und Sakas hinausgeht. Es gibt keine Steuern, keine Strafen und so gut wie keine Kriminalität bei ihnen.

Ein zentraler Bestandteil einer Gemeinschaft ist die Mitverantwortung eines jeden Individuums am Geschehen. Dies spiegelt die Erkenntnis wider, dass jede Handlung und jeder Gedanke, auch die nicht ausgesprochenen, in das Gesamtgefüge einer Situation gehören. In der Gemeinschaft der Kogi ist jeder ein Teilnehmer, und es gibt in unserem Sinne keine unbeteiligten Beobachter. In kollektiven Hierarchien hingegen wird nur den Führungskräften als Repräsentanten des Kollektivs Verantwortung zugesprochen, nicht jedoch der ihnen untergebenen Ebene, die, etwa beim Militär oder in Unternehmen, weisungsgebundene Befehlsempfänger sind. Das bedeutet nicht, dass nicht auch in Gemeinschaften ein koordinierendes und strukturierendes Element möglich und wünschenswert ist. Daher ist bei den Kogi, wie in jeder Gemeinschaft, das emotionale und gedankliche Gleichgewicht des Individuums für das Gleichgewicht der Gemeinschaft wesentlich.

Wir merken schnell, dass es uns Menschen eher entspricht, in Gemeinschaften als in Kollektiven zu leben. Daher lohnt es sich für uns an dieser Stelle, einen Blick in die seit über 4000 Jahren bestehenden sozialen Regulations- und Kanalisierungsmechanismen der

Kogi zu werfen, die als Menschen den gleichen Grundsatzfragen und Herausforderungen des sozialen Zusammenlebens gegenüberstehen wie wir. Ihre konsequente Gewaltlosigkeit, emotionale Ausgeglichenheit und auch ihr Fortbestehen über die Jahrhunderte ist eine tätige Leistung ihrer Kultur und wäre ohne diese Kultur in dieser Form nicht gegeben. Es ist in Anbetracht einer solchen Leistung der sozialen Nachhaltigkeit angemessen, ihnen den Rang einer Autorität auf diesem Gebiet zuzuerkennen.

Mit René Descartes berühmtem Satz »Cogito ergo sum« – »Ich denke also bin ich«, hat sich eine Geisteshaltung offenbart, bei der das Ich wie in einer Box mit dem eigenen Denken alleine ist. Diese Vorstellung, die sich aus dem Zweifel an allem »Input« entwickelt hat, ist jedoch älter und hat ein Menschenbild geprägt, das bis heute unser Zusammenleben, Wirtschaften und Arbeiten in hohem Maße beeinflusst. Daraus hat sich ein Verständnis von geistiger Autonomie entwickelt, das dem Misstrauen einen größeren Stellenwert beimisst als der Übereinkunft. Jeder verteidigt »seine« Gedanken; die Welt ist ein Hort uns infragestellender Irrtümer. Wenn ich so denke, werden Dialoge zu Strapazen.

Für die Kogi leben alle Menschen und überhaupt alles, was ist, gemeinsam im Raum der Gedanken. Sie verstehen das eigene Sein daher auf der Wirklichkeits-Ebene als ein fortwährendes In-Beziehung-Sein. Das Streiten ist von diesem Standpunkt aus vollkommen absurd. Es gibt keine Alternative zum Finden einer geordneten Form des Einvernehmens, das jedoch jenseits von platter Toleranz angesiedelt ist. Alle halten sich auch innerlich im selben Raum auf, daher kann iemandes Fühlen und Denken folgenlos ignoriert werden. Unsere »Festung des Cogito« (Festung meines »Ich-Denke«) erzeugt eine Scheinwelt, in der das, was geschieht, zusammenhangslos ist und Gefüge und Verbindungen nicht gesehen werden.

Es gibt viele Fälle in der Geschichte der Menschheit, in denen Gesellschaften innerhalb von kurzer Zeit völlig verschwanden. Warum haben diese Gesellschaften die Vorzeichen ihres eigenen Niedergangs nicht erkannt? Die Antworten sind vielschichtig. Generell wird oft angenommen, dass durch bestimmte Entscheidungen und Handlungen eine kurzfristige Abwendung der negativen Konsequenzen möglich war, deren Folgen alle Beteiligten mittelfristig jedoch eingeholt haben. Beispiele dafür finden sich auch in unseren heutigen Gesellschaften reichlich, wenn wir bereit sind, genauer hinzuschauen.

Die Sierra Nevada mit ihren indianischen Bewohnern kennt eine solche Entkopplung vom gemeinsamen Raum der Lebendigkeit nicht. Der Kontrast der beiden Welten könnte manchmal nicht krasser sein.

Mama Pedro Juan Noevita spricht:

Wenn wir uns jeden Tag unterstützen, werden wir stärker. Auch am Firmament stehen die Sterne in Gemeinschaften. Deswegen sehen wir dort oben viele Sterne, anstatt nur den Mond. Alle haben sich gemeinschaftlich versammelt und leben gemeinsam. Wir richten unser gemeinschaftliches Leben an den Rhythmen des Universums aus, um uns zu ordnen und Gemeinschaftlichkeit zu organisieren. Von Januar bis Mai oder Juni arbeiten wir gemeinsam. Dann kommt Nabusizha zwischen Juni und Dezember, die gemeinschaftlichen Arbeiten wandeln sich zu individuellen Arbeiten. Wir können säen, den poporro erhalten, wir können heiraten, zabiji machen. Diese Zeit, in der wir zu den individuellen Arbeiten zurückkehren, heißt Nabusizha. Wir schauen und analysieren alles tiefgehend. Die Hälfte der Zeit machen wir die gemeinschaftliche Arbeit, die andere Hälfte die individuelle. Einige Menschen wollen ihre zu verrichtenden Aufgaben nicht erfüllen, genau deswegen entstehen bestimmte Dinge mit schlechten Gedanken, schlechten Informationen und schlechten Ausrichtungen.

Jetzt wird teilweise anders gedacht, was daran liegt, dass wir es unterlassen haben, uns und unsere Gedanken gemeinschaftlich zu organisieren. Es gibt einige Dinge, die erfüllt werden, die gemeinsam gemacht werden und andere nicht. Dies bedeutet aber nicht, dass wir einem anderen Weg folgen werden, dass wir immer dort sein werden. Genauer gesagt, vereinbaren wir neue Treffen, um uns auf gemeinschaftliche Art und Weise ins Einverständnis zu bringen, uns zu vereinen und in der Gemeinschaftlichkeit voranzuschreiten. Heute werden wir weiterarbeiten, uns stärken, und die Einheit der Gemeinschaftlichkeit entstehen lassen, sowohl in der Natur als auch mit allem, was ich vorher genannt habe. Nur so können wir weiter auf gemeinschaftliche Art im Einklang mit dem Gesetz des Ursprungs leben. Ich bin als kwivi aufgewachsen und denke, dass ich bis heute nur die Aufgaben erfülle, die unsere Vorfahren uns hinterlassen haben.

Die Zusammenkünfte unserer Gemeinschaften finden anhand des Laufs der Sonne durch das Jahr statt. Jede Gemeinschaft hat einen örtlichen *Rat der Mamos, Sakas und Autoritäten, die damit beauftragt sind, die Gemeinschaft beim Organisieren und Strukturieren zu unterstützen. So wird die Ordnung des Gebietes sowie die Ordnung der Individuen und Gemeinschaften erhalten. Jede Frau, jedes Kind und jeder Mann sind durch ihre täglichen Gedanken und Handlungen verantwortlich für die Gemeinschaftlichkeit.*

Die Verbindung von menschlichem Handeln und den Rhythmen der kosmischen Ordnung ist uns heute eher fremd. Damit meine ich nicht die private Verwendung eines Mondkalenders, sondern die Bedeutung der Zeitqualität im öffentlichen und beruflichen Leben jenseits von linear angelegten futuristischen Fortschrittsphantasien. Und dennoch haben sich fast alle ursprünglichen Völker der Welt natürlicherweise an diesen Parametern orientiert. Für die Kogi ist das Erkennen des *Aluna* des Kosmos das höchste philosophische Gut. Auch wir kennen mit der Astrologie noch Überbleibsel einer solchen Beschäftigung.

Das Leben der Kogi in der traditionellen Gemeinde, *ñikuma* auf *kággaba*, orientiert sich an Eckdaten im Jahreskreis für ihre Treffen und bestimmte Rituale der Instandhaltung der gemeinschaftlichen Grundordnung. Diese schließt neben den Menschen auch Pflanzen, Tiere und sogar den weiteren Kosmos ein. Genau wie alles übrige Leben rhythmisch getaktet ist, ist auch der Rhythmus für die Kogi ein essentieller Bestandteil der konkreten Ausübung ihrer Kultur.

Damit ist die Struktur ihrer kulturellen Praktiken keine willkürliche oder rein problemorientierte, sondern eine mit einem größeren Kontext verknüpfte. Diese Verknüpfung bedeutet eine regelmäßige erhaltende Arbeit, und sie entsteht nicht im platten Sinne aus einem »Liebsein« und Vorsich-hinleben.

Weil die innere Ordnung jedes Einzelnen die Grundlage für das Funktionieren einer Gesellschaft und die Ausgeglichenheit einer Gemeinschaft ist, werden alle zwei Wochen klärende Aussprachen mit den Mamos und Sakas gehalten. Die Tatsache, dass die Kogi Weisheit als den einzigen gesellschaftlichen Status und als einzige Autorität bei Entscheidungen anerkennen, macht sie zu wahre Philosophen, zu Freunden der Weisheit. Ihre Gesellschaft ist daher auch keine wissensbasierte Technokratie im Sinne von Expertengremien, die Entscheidungen treffen oder vorbereiten. Weisheit ermöglicht ganzheitlich weitblickende Lösungen für komplexe Herausforderungen und ist der äußere Ausdruck innerer Ordnung. Stärke, Besitz, Ansehen und Gesundheit eines Individuums sind Eigenschaften, die aus Weisheit folgen können, aber nicht müssen.

Gerechtigkeit

Eine Missachtung der Gesetze ist in unserer Welt eine Straftat, in der Welt der Kogi eine Ordnungswidrigkeit – im wahrsten Sinne des Wortes. Daher wird nicht der verkehrt handelnde Mensch als schuldig betrachtet, sondern vielmehr werden die Zusammenhänge gesucht, warum er oder sie es an Achtung für die Ordnung hat fehlen lassen. Es gibt keine Opfer bei den Kogi und daher auch keine Täter, es gibt nur an dem Geschehen Beteiligte. Oft wird derjenige als hauptverantwortlich für ein Verbrechen angesehen, der dem »Täter« nicht das Nötige beigebracht hat und es damit versäumt hat, das Gleichgewicht auf lange Sicht sicherzustellen.[46] Die Tat ist eher ein Symptom dieser Vernachlässigung. Oft gestaltet sich die Situation jedoch komplexer, und es wird ermittelt, wer alles einen Anteil an dem Vergehen hat, was größere Gruppen von

Menschen und mehrere Generationen umfassen kann. Das Ziel ist dabei niemals Gerechtigkeit im Sinne von richtig und falsch, Täter und Opfer, Bestrafung und Schadensersatz, sondern eine Wiederherstellung der Ordnung. Diese bedeutet zugleich Prävention für die Zukunft.

Die Kogi kennen Vergehen sozialer und individueller Art. Das Vergehen kann sich auf Besitz beziehen oder es sind Vergehen allgemeiner, sexueller und religiöser Art. Jede Art von physischer Destruktivität ist bei den Kogi ein Vergehen, ebenso wie das Unterlassen von ökonomischer Zusammenarbeit im familiären Rahmen und Geheimnisverrat in Form von Weitergabe von Wissen an andere Völker, die selber kein adäquates Wissen mehr haben. Vergehen in Gedanken werden Vergehen in Taten gleichgesetzt. Schon der Gedanke daran, Yucca zu stehlen, ist dasselbe wie die ausgeführte Tat.

Aussprachen zu Vergehen finden öffentlich statt, und alle Beteiligten äußern sich zu dem Vorfall in der Versammlung. Mögliche Konsequenzen können zum Beispiel im Lernen von Sagen und Geschichten bestehen, die Parallelen zum eigenen Verhalten aufweisen und die Auflösung der Vorkommnisse in ein Gleichgewicht beschreiben. Als Strafe würde das bei den Kogi niemand bezeichnen, bei uns auch nicht. Unser Gerechtigkeitsempfinden hinsichtlich von Zwang und Gewalt ist daran gebunden, wer den Zwang und die Gewalt ausübt und ob sie als legal oder illegal bezeichnet wird. In unserer Gesellschaft dürfen vom Volk gewählte Staatsbedienstete Steuern eintreiben oder Menschen in Gefängnisse sperren. Tun dies einzelne nicht gewählte Menschen, handelt es sich um Raub beziehungsweise Freiheitsberaubung. In die Sierra Nevada kam unsere Vorstellung von Strafen mit dem Versuch der katholischen Kirche, die vier Stämme der Sierra zu christianisieren. Außer bei den Kankuamo missglückte dieser Versuch jedoch.

Es spricht Ex-Governador Kogi Arregoces Conchacala:

Wir sagen zur Gerechtigkeit sezhagawi, und sie beschreibt die Ordnung der Menschen und das Verhältnis von Gesellschaft und

Territorium. Kwalama nennen wir das Ausführen und Erfüllen von Gerechtigkeit. Die traditionellen Autoritäten jeder Gemeinschaft haben diese Verantwortung inne. Um etwa 1890 hat die Regierung des Jüngeren Bruders begonnen, sich hier zu etablieren. Mit dem Inspektor des Jüngeren Bruders erschienen in unseren Gemeinschaften die Strafen, die Sanktionen, die Schrift, die Bezahlung mit Geld für Erde, die Züchtigungen, das Gefängnis und die Kirche: Man musste sich taufen lassen, die Heirat ist auf diese Art, man musste so und so zusammenleben. Viele Indianer haben das gemacht. Dadurch wurde unser kwalama geschwächt. Wir sollten alles tun, was ihr künstliches Gesetz uns vorschrieb. So begann sich die Unordnung breitzumachen. Die esuamas wurden schwächer, wir verloren die Möglichkeit der gemeinschaftlichen Prävention, die wir früher durchgeführt hatten, und der Widerstand gegenüber der Kultur begann. Unsere Autoritäten entfernten daraufhin mit großer Klarheit die Kirche, die sich in San Antonio niedergelassen hatte. Heute sprechen wir wieder von den esuamas.

Wir haben einige Schwierigkeiten, die uns die Schule der letzten 120 Jahre hinterlassen hat. Um aus all dem herauszukommen, brauchen wir Geduld. Es gab sogar Orte, an denen die Jüngeren Brüder wollten, dass Strafen bezahlt würden, und an denen es verschiedene Bußgelder gab. Die Probleme der künstlichen Rechtsprechung blieben hier als negative Gedanken, die uns der Jüngere Bruder gebracht hat. Dies war ein Verlust. Deswegen denken heute manche sogar, dass die Art und Weise, wie ein Problem gelöst wird, darin besteht, eine Frau vor dem nuhué zu bestrafen. Dies war die Art und Weise, wie die Inspektoren der Jüngeren Brüder Probleme angingen: Sie schlugen dort die Frauen. Unser großes Problem ist, dass viele Kinder dies sahen und damit aufgewachsen sind. Wenn wir heute sagen, dass wir verschiedene Heilige Orte besuchen, um unser Verhalten zu ordnen, fällt es manchen Indianern nicht leicht, teilzunehmen, denn sie wurden an Strafen gewöhnt. Daran sieht man zum Beispiel, wie sich schlechte Gedanken einnisten.

Autonomie

Die Kogi leben in einem starken Gebilde aus Selbständigkeit und sozialer Einbindung. Mit Selbständigkeit ist gemeint, dass jeder innerhalb einer Gemeinschaft selbst in der Lage ist, für seine Grundbedürfnisse und die seiner Familie zu sorgen. Jeder ist in der Lage, die eigene Nahrung zu erzeugen, ein eigenes Haus zu bauen und seine eigene Kleidung herzustellen. Jeder hat Zugang zu sauberem Wasser, sauberer Luft und Brennmaterial. Wir sprechen viel über Selbständigkeit im wahrsten Sinne des Wortes, also die Fähigkeit selbst im Leben zu stehen, ohne von anderen abhängig zu sein. Jede Kogi-Familie ist selbständig. Sie ist nicht abhängig von anderen Menschen, sondern nur von der Erde. Damit sind die Kogi in einem sozialen Zusammenhang eingebunden, der jedoch, anders als bei uns, nicht von materieller Abhängigkeit geprägt ist.

Die Kogi sagen, dass die Abhängigkeit von anderen Menschen die Grundlage der allermeisten (sozialen) Probleme ist. Dies leuchtet ein, denn es ist die Abhängigkeit, die einen Menschen zum Beispiel daran hindert, beim Streit mit Kollegen oder bei Unwohlsein das Büro zu verlassen. Da niemand die Situation verlassen kann, kommt es dazu, dass derjenige immer wieder herausgefordert wird und der Widerstand sich über die Zeit stärker aufbaut. Erst dann wagen einige zu kündigen. Die Kündigung kann mit einem Einbruch des Selbstwertes und Selbstbildes oder sogar mit dem Verlust der Lebensgrundlage einhergehen. Kogi haben die Möglichkeit, einer derartigen Situation einfach aus dem Weg zu gehen, indem sie sie verlassen. Das Verlassen bedeutet für sie jedoch nicht den Verlust der Lebensgrundlage. Die Gemeinschaft der Kogi ist hier wie die Natur: Jeder ist für sich überlebensfähig und allein auf das Ökosystem angewiesen, von dem er Teil ist.

Die Kogi-Gesellschaft ist eine Ordnung in einem Umfeld globaler Unordnung. Die allerwenigsten von uns sind wirklich in der Lage, ihre Grundbedürfnisse eigenständig zu erfüllen, ohne dabei auf andere angewiesen zu sein. Dies scheint erst einmal nur ein banaler Effekt unserer postindustriellen Gesellschaft zu sein. Wenn wir uns darauf einlassen, merken wir, wie es sich anfühlt, wenn wir zum Beispiel selbstgekochtes Essen zu uns nehmen, selbst gezogenes Gemüse essen oder etwas verwenden, was wir selbst für uns hergestellt haben. Nicht umsonst sagt man, dass Selbstgekochtes am besten schmeckt. Wie kommt das? Die allermeisten Menschen haben nicht das kulinarische Niveau eines professionellen Kochs, und doch scheint es uns oft besser zu schmecken, als jeden Tag in die Kantine zu gehen.

Welche Produkte, die wir regelmäßig benutzen oder verbrauchen, sind denn noch wirklich selbständig hergestellt? Nicht mehr viele. Es scheint, als wären wir selbständig, unabhängig und individuell, wenn wir uns mit unserem verdienten Geld Dinge oder Dienstleistungen kaufen, die wir, zumindest zum Teil, auch für uns selbst herstellen oder ausführen könnten. Die Indianer der Sierra Nevada haben auf der einen Seite viel mehr Autonomie als wir und auf der anderen Seite, vielleicht sogar deswegen, mehr Gemeinschaft.

Abstammung

Die Familie ist für die Kogi wie für uns die Grundeinheit des sozialen Zusammenlebens. Sie besteht allerdings mehr als nur aus Vater, Mutter, Kindern und weiteren lebenden Verwandten, sondern auch aus den Ahnen und den noch ungeborenen Familienmitgliedern.

Mama José Gabriel spricht:

Es ist sehr wichtig, einen Partner oder eine Partnerin zu haben. Wir Männer suchen uns eine Frau und leben mit ihr zusammen, und die Frauen leben mit einem Mann. Mann mit Frau und Frau mit Mann. Deswegen sind wir auch immer vier, wenn wir das zhatukwa befragen. Auch gibt es deswegen hier vier Stämme, die Kogi, Arhuacos, Kankuamos und Wiwa in der Sierra. Sezhankua hat nicht entschieden, dass hier nur ein einziger Stamm leben soll, nein, wir leben hier gleichermaßen zu viert. Deswegen leben wir Männer auch mit einer Frau zusammen. Wenn wir vier arbeiten, sind wir nie vier Männer oder vier Frauen. Wir sind zwei Frauen und zwei Männer, die die Arbeit mit dem zhatukwa machen. Wenn zum Beispiel ein Kind krank wird oder ein Mann oder eine Frau, dann arbeiten wir zu viert für die Heilung. Genau das werden wir den Kindern in der Schule beibringen. Wir sind immer zu viert. Es ist wie ein Hocker. Wenn ein Bein fehlt, fängt er an zu wackeln, wenn zwei Beine fehlen, fällt er bereits um. Zuerst hat sich Mukueke hingesetzt, dann Siukukwi, dann Teyuna, dann setzte sich Mukuakukui. Dann kamen immer mehr und mehr Menschen, wie eine Familie, dann wie ein Stamm. Sie waren wie Kinder. Sie ließen sich nieder und wurden groß und hinterließen uns ihr Vermächtnis. Deswegen gibt es heute verschiedene Völker. Wir denken manchmal, dass die Altvorderen uns helfen werden, aber wenn wir nicht ihrem Weg folgen, dann helfen sie uns auch nicht. Das wissen wir noch alles. Und deswegen sind wir auch immer vier, die die Heiligen Orte hüten.

Jeder Kogi-Mann und jede Kogi-Frau hat ab einem bestimmten Alter einen Partner beziehungsweise eine Partnerin. Die Vorstellung als Single in der Gemeinschaft zu leben gibt es nicht. Männer und Frauen werden anhand von Abstammungslinien verknüpft. Der Mann zieht dann zu seiner Frau und seinen Schwiegereltern. Dort arbeitet er für eine Weile auf dem Feld des Schwiegervaters, während er sein eigenes Haus baut. Danach beginnt er auf seinen eigenen Feldern zu arbeiten. Es gibt in diesem Sinne kein Eigentum am Land, sondern nur der angebauten Feldfrüchte. Es ist jedoch so, dass in aller Regel auf einer bestimmten Parzelle die nächsten Jahre auch wieder von derselben Familie gepflanzt wird.

Mamo José Zarabata spricht:

Nach dem, was unsere Mamos uns sagen, sind für unser Volk die Abstammungslinien das, was im Einklang mit dem Gesetz des Ursprungs die Normen für jede einzelne unserer esuamas sind. Wir sind die Abstammungslinien, sowohl die Mamos als auch alle weiteren Menschen. Jede Linie hat von ihrem Ursprung an die Aufgabe ihre esuama sowie alle Heiligen Orte innerhalb des Territoriums zu erhalten und zu ernähren. Das gleiche tun die verschiedenen Tier- und Pflanzenarten, sie folgen den natürlichen Zyklen der

Fortpflanzung, der Ernährung, des Nestbaus und der Migration zwischen den verschiedenen Höhenlagen in den verschiedenen Flusstälern des Gebirges.

Tüke sind die männlichen Abstammungslinien und dake sind die weiblichen Linien. Es ist charakteristisch für unsere Abstammungslinien, dass sie eine sehr große Bedeutung für die territoriale Ordnung, das Bewahren der Natur und im Besonderen für die Lebensmittelsicherheit innehaben. Die beiden Arten von Abstammungslinien erlauben den weiteren Spezies der Natur die Fortpflanzung. Unsere Mamos erzählen uns, dass jede tüke und jede dake mit bestimmten Arten von Pflanzen, Tieren, Nahrungsmitteln, Gebieten, Sternen und weiteren Lebensformen der Natur korrespondieren. Deswegen ist die Wahl des Partners oder der Partnerin eine sehr intime Verbindung, und es bedarf tiefen Wissens, denn die Verbindung mit einem Menschen ist gleichzeitig das Beleben von spezifischen Verbindungen in der Natur.

Abstammungslinien sind der Schlüssel zum Erhalt der Umwelt. Dies ist eine unserer großen Herausforderungen, denn dazu müssen wir die Organisation unseres Territoriums noch besser verstehen. Genauer gesagt, ist die Abstammungslinie als Idee und kulturelle Praktik von allergrößter Wichtigkeit für uns Kággaba, denn sie hängt mit verschiedenen anderen notwendigen kulturellen Praktiken zusammen, die mit der Landwirtschaft und dem Erhalt der Wälder und des Wassers verknüpft sind. Unser soziales Leben ist Bestandteil der Natur.

Wenn die Abstammungslinien ins Ungleichgewicht kommen, dann müssen Verantwortlichkeiten einer bestimmten Linie durch eine andere übernommen werden. Die Konsequenzen daraus sind direkt in der Natur sichtbar. Das kann Verlust oder Erkrankung von Nahrungsmitteln bedeuten, was bereits in einigen Gemeinschaften beobachtet werden kann. Ein Mangel an Erfüllung der Verantwortlichkeiten einer Abstimmungslinie bringt Ungleichgewicht ins Territorium und führt dadurch wiederum zu sozialer Unordnung.

Die soziale Ordnung ist eine Ordnung verschiedener Energien und hat große Auswirkungen auf das tägliche Leben. Anders als bei uns, muss ein Kogi nicht wirklich die eigene Position in dieser Ordnung finden, sondern sie ist allen bereits von Geburt an bekannt, und es geht im Leben darum, sie auszufüllen. Diese soziale Einbindung ist ein Rahmen für das eigene Sein, und die Zugehörigkeit zu einer Abstammungslinie ist ein wichtiger Teil der eigenen Identität. Sind die Kogi deswegen fremdbestimmt? Auf meine Frage hin, ob sie mit ihrer Abstammungslinie und den damit verbundenen Aufgaben zufrieden seien, schauten mich die befragten Kogi etwas irritiert an und sagten, sie verständen meine Frage nicht. Es wäre so, als würde ich einen Papagei fragen, ob er zufrieden sei, ein Papagei zu sein, oder das Wasser, ob es nicht lieber ein Stein wäre.

Natürlich gibt es fremdbestimmte Identitätsstiftung. Da kommt jemand und versucht zu beeinflussen, wer man sei und was man zu tun habe. Das mag Gesellschaft, Elternhaus, Schule oder die Peer-Group sein. Auch tauchen Bilder der letzten Jahrhunderte in Europa in uns auf, in denen Geburt im Adelsstand oder gemeinen Volk, in Reichtum oder Armut, in Ansehen oder sozialer Verachtung den Lebensweg beeinflusst hat. Die Stände und der Feudalismus scheinen nicht fern. Anders als wir, sind die Kogi jedoch keine hierarchische Gesellschaft, die auf einem Machtgefälle beruht. Niemand wird besser oder schlechter behandelt, weil er nur mit Holz arbeitet anstatt mit Stein oder Ton. Selbst die Mamos genießen zwar ein hohes Ansehen, haben jedoch für sich genommen keine Gewalt über andere oder gar Privilegien.

Die Kogi nehmen ihre Zugehörigkeit zu einer Abstammungslinie mit all den einhergehenden Aufgaben und Verantwortlichkeiten genauso wenig als fremdbestimmte Entscheidung wahr wie wir die Tatsache, welche zwei Menschen unsere Eltern sind. Hinzu kommt, dass sie sich dazu entscheiden können, aus welchen Gründen auch immer, ihrer Abstammungslinie nicht zu folgen, genauso wie auch wir die Möglichkeit haben, im Erwachsenenalter den Kontakt zu unseren Eltern abzubrechen. Dies geschieht bei ihnen zwar sehr selten, aber es kommt vor. Trotzdem bleiben wir die Kinder unserer Eltern und die Kogi Mitglied ihrer Abstammungslinie.

Zu den Aufgaben der weiblichen Abstammungslinien, der *dake,* gehört es, im Einklang mit dem Individuum die *sewás* zu bestimmen, die ein Kogi im Laufe seines Lebens erhalten kann, und damit das, was wir als Beruf bezeichnen würden. Diese Art des Umgangs mit dem Thema Berufung gibt dem Kogi nicht nur eine klare Orientierung, sondern auch ein tiefes Vertrauen in die Grundlagen seines Lebens. Dies gilt gleichermaßen für den einzelnen, für die Abstammungslinie und das Volk als ganzes. Zusätzlich zeigen die Abstammungslinien, wie fundamental die Kogi mit der Natur verwoben sind: Jeder Mensch ist wichtig für das Gesamtgefüge der Natur und kein möglicherweise überflüssiger Esser in einem Überlebenskampf um knappe Nahrungsmittel. Die Tiefe der Konsequenzen, die eine Verbindung bestimmter Linien mit bestimmten Elementen der Natur bedeutet, ist für uns nur zu erahnen. Die Heirat von zwei Abstammungslinien bewirkt eine Belebung und Stärkung von energetischen Verknüpfungen der Natur.

So spricht Mama Ramon Gil Barros:

Einige tüke sind mit der Durchführung von Gerechtigkeit betraut, andere stellen Berater, wieder andere sind Mamos und sind mit dem Unterrichten vertraut. Deswegen kann man kein sewá eigenständig oder eigensinnig erhalten. Viele sehr große Mamos müssen im Laufe ihres Studiums das Wissen erlangen, das ihnen erlaubt, auch Aufgaben von verschiedenen Abstammungslinien wahrzunehmen. Jeder Mamo hat eine spezielle spirituelle Aufgabe. Das bedeutet, dass nicht jeder Mamo jede beliebige Arbeit durchführen kann. Manche erhalten ein sewá, um mit dem Wasser zu arbeiten, andere arbeiten mit dem Wald, andere sind für das Heilen von Krankheiten zuständig, wieder andere für Gerechtigkeit oder um das zhatukwa zu befragen. Auch das trägt dazu bei, dass es eine Ordnung gibt und dass sich alle gegenseitig mit ihren Wissensgebieten ergänzen.

Unsere energetische Arbeit ist nicht für jede Abstammungslinie gleich, denn jede einzelne Linie hat verschiedene Traditionen, paga-

miento zu machen. Allgemein gesprochen, organisieren wir uns nach Geschlechtern, denn die Handhabung und Ratschläge für Männer und Frauen sind unterschiedlich. Wir indianische Familien leben auf unseren Bauernhöfen und treffen uns von Zeit zu Zeit in den Dörfern, wenn eine Zusammenkunft veranlasst wird. Jede Familie hat auch ein Haus im Dorf.

Gemeinsames Arbeiten nennen wir zhigonezhi yuluka. Es bedeutet, etwas Gemeinsames zu bauen beziehungsweise zu schaffen durch das Zusammenwirken und die Kombination einer materiellen sowie spirituellen gemeinsamen Arbeit. Dafür vereinigen wir die materiellen und spirituellen Beiträge und organisieren und verteilen somit die materielle Arbeit. Auf diese Art und Weise errichten wir Brücken, reparieren Wege und bauen unser gemeinsames nuhué. Dies ist der Ort der Zusammenkunft unserer Gemeinschaft und die Repräsentation unseres Territoriums. Daher bedeutet der traditionelle Name eine Verbindung zwischen dem Männlichen und dem Weiblichen. Dort organisieren wir die Gemeinschaft bezüglich der kollektiven und persönlichen Prävention in unserem Territorium. Dort werden sowohl persönliche und soziale als auch innere und äußere Konflikte gelöst.

Im nuhué werden alle Handlungen des Alltags und persönlichen Rituale besprochen. An diesem Ort erlaubt die gemeinsame Unterstützung den Autoritäten, die Gemeinschaft vereint zu beraten. Das nuhué alunayiwasi ist ein öffentlicher Ort, an dem die Autoritäten zuhören und Ratschläge in persönlicher oder gemeinschaftlicher Form geben. Zum Beispiel wird darüber gesprochen, welches der richtige Moment für Zeremonien wie die Übergabe des poporro an einen Jungen, die Übergabe der Spindel an ein Mädchen oder für kwalama ist. Diese gemeinschaftliche Ordnung erhalten wir durch traditionelles Wissen, durch die Ausbildung in unseren Traditionen, den Tänzen für die Pflanzen, die Intentionen für das Wasser, den Tänzen an die Erde. Unsere soziale Ordnung hat traditionelle Prinzipien, die die Grundlage der Organisation der Menschen und der Gemeinschaften der ursprünglichen Völker in unserem Territorium bilden.

Es ist ganz offensichtlich, dass für uns eine Imitation des Abstammungssystems der Kogi nicht in Frage kommt. Ihre kulturellen Praktiken werfen jedoch einen Blick auf etwas, was uns sehr wohl betrifft: Das ist der Gedanke des Menschen als Wert an sich, nicht als Parasit. In gewissen Teilen der ökologischen Bewegung grassiert der Gedanke, die Erde sei ohne den Menschen besser dran. Dies mag angesichts der Auswirkungen vieler menschlicher Tätigkeiten auf das ökologische Gleichgewicht verständlich sein, verkennt aber das, was der Mensch für die Natur sein kann und im Falle der Kogi auch ist.

Dieser Gedanke des Menschen als potentiell überflüssiger Esser schlägt sich auch in der gängigen Bilanzierungspraxis nieder, in der Mitarbeiter in Form ihrer von der Firma zu zahlenden Gehälter unter Kosten auf der Soll-Seite geführt werden. Ein Bürotisch hingegen schafft es als Teil des Unternehmensvermögens auf die Haben-Seite. Dies mag bilanzierungstechnisch Sinn ergeben, offenbart aber dennoch eine subtile Geringschätzung des Menschen.

Aussprache

Ein zentraler Bestandteil der kulturellen Stabilität der Kogi ist ihr Umgang mit Emotionen, die weder unterdrückt noch geächtet werden. Emotionen können auf zwei Arten ein zerstörerisches Potential entfalten: Wenn sie unterdrückt werden, richten sie sich gegen den einzelnen zum Beispiel in Form von Krankheiten, wenn sie unkontrolliert ausbrechen, können sie sich gegen andere richten. Auch wir sind uns dessen bewusst, wobei die Kontrolle, also Unterdrückung bestimmter Emotionen zumindest im öffentlichen Raum und oft auch in der Familie gefordert und Ausbrüche getadelt sowie zum Teil so schwer sanktioniert werden, dass man den Missetäter, oder »Misse-Fühler«, aus der Gemeinschaft ausschließt.

Wir kennen die Handlungsbreite: von der Kündigung eines cholerischen Mitarbeiters über die Medikamentierung eines Kindes mit Aufmerksamkeitsdefizitsyndrom bis hin zur Tötung eines gefährlichen Terroristen. Der Gedanke dahinter ist immer, dass der einzelne einen Fehler macht, von dem durch Sanktionen abgeschreckt und der letztendlich ausgemerzt werden soll. Viele Emotionen als lebendiger Ausdruck des Menschen sind in den meisten Zusammenhängen gar nicht vorgesehen oder erwünscht. Damit sind auch die Informationen und schöpferischen Möglichkeiten ausgeschlossen, die sie bergen, und das dahinterliegende Bedürfnis des fühlenden Menschen wird nicht gesehen. Mit dem als Krankhaft-Erklären, der Pathologisierung eines emotionalen Ungleichgewichts wird der Umgang mit »problematischen« Empfindungen in den therapeutischen oder sogar psychiatrischen Raum verschoben und befindet sich damit außerhalb unserer alltäglichen Lebenswelt. Die Konsequenz ist eine Kultur des Nicht-Fühlens oder zumindest Unterdrückens auf der einen Seite und des emotionalen »Extremismus«, des unkontrollierten Ausbruchs auf der anderen.

Auch die Kogi kennen die Gefahren, die aus einem unbewussten Umgang mit dieser Thematik entstehen, gehen jedoch vollkommen anders damit um. Negative Emotionen werden von Anfang an als Bestandteil des Lebens gesehen und gehören deswegen auch dazu. Dadurch verlassen die Kogi die Spaltung, in der nur »gute« Emotionen erlaubt und »böse« verboten sind. Ihre zentrale Praxis im Umgang mit Emotionen und Gedanken ist etwas, das sie in Anlehnung an das Vokabular der Missionare auf Spanisch *confesar* nennen, wörtlich übersetzt: *beichten*. Selbstverständlich hat dies nichts mit der katholischen Beichte zu tun. Die Kogi nennen es in ihrer Sprache *alunayiwasi*. Das treffendste deutsche Wort dafür ist »Aussprache«, bei der das, was sich an Gedanken und Emotionen im Inneren befindet, auf umsichtige Art und Weise der Gemeinschaft und den Mamos und Sakas zum Ausdruck gebracht wird. Der soziale Rahmen der persönlichen und gemeinschaftlichen Aussprache ist außerordentlich einladend und wirksam: Es findet keine Bewertung, keine Ausgrenzung und keine Beschuldigung oder Beschämung statt. Die Aussprache ist ein wesentlicher ritualisierter und regelmäßiger Teil der Kultur, wodurch die Teilnahme zur Selbstverständlichkeit jedes Kogi ab einem gewissen Alter wird. Einer der Kernpunkte dabei ist, wie die Kogi sagen, das vollständige Bewohnen des eigenen Hauses, womit der eigene physische und feinstoffliche Körper gemeint ist.

Mama Ramon Gil Barros erklärt dazu:

Wir organisieren uns bereits bei der Befruchtung, bei der Geburt, beim Erhalt des poporros und während der Ehe. Dabei ordnen wir unsere Sicht, unser Hören, unsere Sprache, unser Herz, das Männliche und das Weibliche. Wir machen ruamashká,[47] *das ist das Ordnen von ruama. Wenn jemand sich nur im Inneren ordnet, wächst er nicht, wenn er sich nur im Außen ordnet, auch nicht, aber wenn er sich im Innen und im Außen ordnet, dann wächst er. Ruama ist innen und führt. Es ist die Essenz, die Reinheit, die Kraft, das Wissen, die Weisheit. Wenn ruama geht, ist der Körper nicht zu gebrauchen. Wenn wir an einem bestimmten Ort sind und unsere Gedanken an einem anderen, erinnernd oder träumend, geht das, was wir in uns haben, hinaus. Wenn wir hinausgehen und teilweise Jahre draußen verbringen, verlieren wir uns. In unser Haus können dann Schlangen oder andere Dinge eindringen, Ungeziefer wird geboren und alles geht zu Ende. Wenn wir jedoch unser Haus bewohnen und es hüten, bleiben wir erhalten und lebendig, wir verfallen nicht leicht. Wenn wir ruamashká praktizieren, das Ordnen unseres Selbst, leitet und führt es uns. Wir machen ruamashká, damit ruama nicht aus unserem nuhué entweicht, damit es nicht fortgeht.*

Innere Ordnung hat auch immer einen äußeren Ausdruck. Die Kogi sagen, dass sie uns an unseren Körpern ansehen, wie wir denken. Eigentlich befindet sich der Schwerpunkt im Mittelpunkt des menschlichen Körpers und zwar dort, wo die Japaner das Hara-Zentrum verorten. Betrachten wir jedoch das männliche Schönheitsideal mit breiten, muskelbepackten Schultern, so stellen wir eine Verlagerung des Schwerpunkts über die Körpermitte fest. Damit sind nicht nur extreme Auswüchse wie die Bodybuilder gemeint, sondern das Ideal, das uns tagtäglich von Werbeplakaten oder Fernsehern entgegenblickt. Die Kogi lesen daraus, dass wir uns über das Leben stellen und nicht im Gleichgewicht sind.

Mama Ramon Gil Barros fährt fort:

Unser persönliches Ordnen beginnt bereits vor der Geburt und dauert bis zum Tod. Es ist besonders intensiv in den vier Etappen des Lebens, die am wichtigsten sind: der Geburt, des Beginns der Pubertät und damit des erwachsenen Lebens, der Heirat und des Todes. In diesen vier Momenten ordnen wir unser Verhalten im materiellen Leben, in unserem Körper, in unseren Gedanken, Wünschen und Erinnerungen an unser Leben. Die persönliche Erfüllung der gemeinschaftlichen und territorialen Ordnung beginnt mit der Zeremonie der Geburt: Wir nennen sie gonatushi. Für neun Tage und neun Nächte präsentieren die Mamos das Kind den Elementen der Natur, die es in seinem Leben treffen wird: dem Wasser, dem Feuer, der Nahrung, den Tieren, den Menschen und den Bäumen. Auch die Mutter und der Vater müssen alles bereinigen, deswegen dauert es neun Nächte und neun Tage. Wir arbeiten durch alunayiwasi mit dem Paar, seit der Befruchtung und allem, was sie denken, tun und allem, was sie träumen.

Aussprachen finden einerseits in einem regelmäßigen Rhythmus, andererseits nach Bedarf statt. Vor jeder Veränderung, jeder größeren Entscheidung und jeder neuen Aktivität wird ein Mamo oder eine Saka konsultiert. Werdende Eltern gehen regelmäßig zur Aussprache und auch vor jeder Reise, Ernte, dem Bauen eines Hauses oder wichtigen wirtschaftlichen Handlung finden individuelle Aussprachen statt. Zu diesem Zweck wendet sich ein Kogi an einen Mamo oder eine Saka und teilt seinen Wunsch nach einer Aussprache mit. Der Mamo oder die Saka beginnt dann das Gespräch durch Fragen zu allen Bereichen des Lebens zu führen und zu leiten. Sie gehen davon aus, dass alles, was in *Aluna*, also in Gedanken geschehen ist, genauso wirkt wie alles, was in die Tat umgesetzt worden ist. Es werden Fragen gestellt wie: »Was hast du gedacht, als du erfahren hast, dass deine Frau schwanger ist? Hast du an die Bäume gedacht und sie mit Respekt behandelt? Hast du etwas Schlechtes über deinen Nachbarn gesagt?«

Für die Kogi wäre es nicht normal mit jemandem in einer Paarbeziehung zusammenzuleben, gegen den man irgendeine Form von Vorbehalt hat, mit dem man sich langweilt oder nicht wohlfühlt. Das Paar wird mit solchen Zuständen nicht alleine gelassen, sodass die Scheidungsrate bei den Kogi deutlich unter der unsrigen liegt, ohne dass darin materielle Zwänge angesprochen würden. Wenn sie sich über einen Belang geeinigt haben, dann haben sie sich wirklich geeinigt, sind in ein Einverständnis gegangen und leben nicht nur in Form eines halbherzigen Kompromisses nebeneinander her.

Zusätzlich zu den individuellen Aussprachen führen die Männer und die Frauen des Dorfes getrennte öffentliche Aussprachen in größeren Runden durch, bei denen jeder nacheinander alles Gute und alles Schlechte, was er oder sie über andere gesagt oder gedacht, und alles, was er getan hat, ausspricht. Die anderen schweigen währenddessen, lauschen den Worten ohne Wertung. Nach der Aussprache folgt ein Rat oder Hinweis, der von den Mamos oder Sakas oder von anderen Autoritäten gegeben wird, oft in Form von Parabeln aus den Mythen der Kogi. Oft werden die ausgesprochenen Gedanken auch in Form von Baumwollfädchen eingesammelt und an einen entsprechenden Heiligen Ort gebracht.

Die Aussprache dient der Prävention von Krankheiten, sozialen Konflikten, Ehestreitigkeiten, Verbrechen und sozialem Zerfall. Die Tatsache, dass alles, was sich im Inneren des Einzelnen abspielt, hervorkommen kann, ohne bewertet zu werden, birgt eine enorme Erleichterung in sich, die Konflikten vorbeugt, bevor sie überhaupt entstehen. Trotzdem erfolgt eine Unterscheidung zwischen *positiven* und *negativen* Gedanken, ohne den Einzelnen dafür zu beschämen. Wenn zum Beispiel einer daran denkt, einem anderen etwas wegzunehmen, so wird dies als negativer Gedanke eingestuft, der als Kind der Väter und Mütter des Diebstahls diesen zurückgegeben wird. Der Einzelne hat zwar eine Verantwortung für die Gedanken, denen er in sich Raum gibt, trägt jedoch keine Schuld dafür, dass er sie denkt.

Diese Praxis funktioniert für die Kogi hervorragend. Auch hier wirkt das Prinzip der Annahme: Durch das wertfreie Zuhören verschwindet die Anhaftung an Gedanken und Emotionen, und sie können so einfach zurückgegeben werden, ohne ausagiert werden zu müssen. Es ist wichtig zu begreifen, dass dieses Zurückgeben kein abgetrennter, rein mentaler Akt ist, sondern ein energetisches Überlassen. Diese Unterscheidung ist sehr wichtig, denn eine rein mentale Handlung bedeutet in aller Regel eine Abspaltung im Sinne einer unterdrückenden Trennung, wie dies zum Beispiel bei Rationalisierung geschieht. Alle Gedanken haben ihren Platz und damit auch jede energetische Ladung eine Heimat, zu der sie zurückkehren kann.

Auf einer Ebene haben natürlich auch wir verstanden, dass Verdrängung keine Dauerlösung ist. Dennoch sind wir weit davon entfernt, bestimmten Emotionen über das Prinzip der Annahme eine wirkliche Heimat und einen Platz im Gefüge des Lebens zuzusprechen, ohne in eine Beliebigkeit und einen falsch verstandenen Begriff von Authentizität zu verfallen.

Mama Bernardo Simungama Mamatacan spricht:

Wenn wir unsere Aussprache halten, entscheidet das zhatukwa, worüber wir sprechen. Manchmal sprechen wir nur über das Negative, denn wir denken und tun viele negative Dinge. Die Frau nimmt alles auf, alles Positive und alles Negative. Deswegen reinigen wir regelmäßig unsere Gedanken. Wir sprechen auch über das Positive. Denn wenn das Haus gesäubert ist, dann fangen wir an, es zu schmücken, damit es wunderschön wird. Wenn ein Haus sehr hässlich ist, dann fühlst du dich dort nicht wohl, auch wenn es sauber ist. Deswegen ist es wichtig, die positiven Gedanken auszusprechen und das Haus schön zu schmücken. Ein neues Leben ist ein neues nuhué, ein neues Zeremonialhaus. Wenn wir als Eltern uns gedank-

lich säubern, unterstützen wir damit das Kind. Wir legen diese Gedanken in Baumwolle. Wir selbst kleiden uns auch in Baumwolle.

Gedanken stehen oft im Wettbewerb mit anderen Gedanken. Es gibt immer positive und negative Gedanken zu jedem Thema. Die Mamos wissen auch genau, welche unserer Urahnen am Ursprung der Welt welche Gedanken zu welchem Thema zuerst gedacht haben. Sie kennen die Geschichten. Zum Beispiel Nuanáse war auch ein Mamo, aber ein negativer. Er wandte sich gegen die Gemeinschaft und arbeitete nicht gut für das Leben. Er wandte sich sogar gegen die ganze Menschheit. Die Mamos wissen, woher diese Gedanken kommen.

Wenn wir zur Aussprache gehen, nehmen die Mamos die ausgesprochenen Gedanken, die nicht unsere eigenen sind, und übergeben sie denjenigen, von denen sie kommen, als Nahrung. Denn diese Gedanken gehören zu ihnen und nicht zu uns. Zuerst müssen wir sie jedoch annehmen und zu den Gedanken werden; so werden wir frei davon. Diese Gedanken werden befreit und zurückgegeben. Das ist die Arbeit, die die Mamos machen. Sie rufen die Urheber und geben ihnen zurück, was ihnen gehört. Manchmal rufen wir auch die Urheber des Positiven, aber nicht immer.

Die Mamos bringen nicht immer sofort die Gedanken zurück. Manchmal sammeln sie sie auch erst an einem Ort und melden sie spirituell bei den Besitzern an und sagen Bescheid, dass sie bald die Gedanken zurückbringen werden. Dann, wenn sie einiges an Gedanken zusammen haben, gehen sie zu dem Ort und übergeben alle diese Gedanken an denjenigen, dem sie gehören. Manchmal sagt das zhatukwa auch, dass es reicht, wenn wir spirituell die Gedanken übermitteln und nicht physisch an den Ort gehen. Oft gehen wir jedoch dorthin. Manchmal ist es sogar so, dass man selbst an den Ort gehen muss, von dem die Gedanken kommen, und sie dort mit Hilfe des Mamos selbst übergibt. Wenn ich dies nicht tue, kann es sein, dass die Gedanken nicht als Nahrung angenommen werden.

Leben ist Beziehung, und unsere Beziehungen entscheiden über Erfolg und Misserfolg. Im *nuhué*, dem Weltenhaus, erkunden die Kinder ab einem gewissen Alter die verschiedenen Kräfte und Emotionen in sich und erfahren die ausgleichende Qualität des *nuhué*. Viele Aussprachen finden dort statt. Eine soziale Institution wie die Aussprache stiftet ein so tiefes Vertrauen und Zugehörigkeitsgefühl, dass es den Kogi möglich ist, ohne soziale Sanktionen und Machthierarchien zu leben. Die oft gefürchtete Anarchie im negativen Sinne bleibt aus; ohne die umsichtige Pflege der zwischenmenschlichen Beziehung wäre sie allerdings möglich. Ohne die Pflege der Beziehungen zwischen den Menschen bedarf es einer Führung, um Mord und Totschlag zu verhindern. Im Falle einer individuellen sozialen und emotionalen Kanalisierung, leben Menschen jedoch in echten Beziehungen zueinander und zu allem Leben. Die Kogi wahren seit Jahrhunderten untereinander und mit ihren Nachbarstämmen den Frieden. Und das trotz vieler äußerer Zwänge wie dem Landraub durch die *colonos*, jahrzehntelangem Bürgerkrieg und der geographischen Nähe zu den Einflüssen der kolumbianischen Mehrheitsgesellschaft. Einige asiatische Philosophien erzählen von ähnlichen Prinzipien, Ideen und Ansätzen, jedoch werden sie in den seltensten Fällen im großen Stil von ganzen Völkern oder Volksgruppen gelebt. Dieser Mangel an Beispielen verleitet schnell dazu, ein Hobbsianisches Menschenbild anzunehmen und zu vermuten, dass wirklich *der Mensch des Menschen Wolf sei*. Die Kogi leben uns jedoch den Gegenbeweis vor und das ganz ohne leviathanisches Gewaltmonopol.[48]

Kapitel 9

Noch 80.000 Jahre

Beobachte das Schwimmen der Fische im Wasser,
und du wirst den Flug der Vögel in der Luft begreifen.
Leonardo da Vinci

Es ist der Tag unserer Abreise. Wir hatten unsere Hängematten abgehängt, unsere Rucksäcke gepackt und gingen eine letzte Runde durch das Dorf. Am Morgen hatten wir uns zum letzten Mal im glasklaren eiskalten Wasser des Flusses gewaschen. Ich hatte ein merkwürdiges Gefühl, denn unsere täglichen Wege waren uns so vertraut geworden. Der Ort war mir ans Herz gewachsen, und ich fühlte mich dort wohl und war angesichts unserer bevorstehenden Abreise fast ein bisschen melancholisch. Ich hatte mich so an die Ruhe und die gleichzeitige Lebendigkeit um uns herum gewöhnt. Wie würde es sein, wieder zurück in die sogenannte Zivilisation zu kommen?

Der Aufenthalt bei den Kogi hatte mich verändert, körperlich, aber vor allem gedanklich. Keine Abgase, keine künstlichen Geräusche, keine Hektik, stattdessen frisches Wasser, frische Luft und reinste Nahrung. Dies alles hatte eine angenehme Seite, und gleichzeitig merkte ich deutlich, dass ich nicht in die Sierra gehöre. Es ist ganz definitiv nicht mein Platz im Leben. Ich bin nunmal *de allá*, von der anderen Seite des Atlantiks, und nicht *de aquí,* aus der Sierra, wie Mama José Gabriel sagen würde.

Ich hatte viel erhalten und erfahren. Die Worte der Kogi hallten in mir nach. Ich hatte eine Vorstellung davon bekommen, wer sie sind, wie sie denken und die Welt sehen. Nun war es an mir, dieses

Buch zu schreiben, die Gedanken zu verbreiten und somit den Kogi etwas zurückzugeben. Und dann war da noch die Sache mit der Schule. Damals, bei der Abreise, hatte ich noch keine Ahnung, wie ich das alles umsetzen sollte.

Wir schlenderten mit Mama José Gabriel ein letztes Mal durch seinen Garten und schwiegen eine Weile. Dann begann der Mamo zu sprechen:

Die Leute werden sagen, dass ihnen das Buch gut gefällt und dass sie die Heiligen Orte respektieren werden. Wir haben viel zusammen gesprochen. Wir schreiben dieses Buch, und es wird die Gedanken verändern. So werden wir zurück zu uns kommen, zu dem, was uns hinterlassen wurde, zu Zhigoneshi, dem Einen Gedanken. Wir alle leben darin gut, ordnen gut und organisieren gut. Wir tun dies und werden in ein paar Jahren sehen, dass es wieder besseres Wasser gibt, dass Menschen einander besser behandeln und dass das Essen besser wird. Wir werden sogar glücklicher leben. Diese Gedanken hegen wir. Wie werden wir das tun? Ihr werdet nach dem Buch eine Schule gründen für diese Dinge. Wenn Ältere und Jüngere Brüder miteinander sprechen, dann wird sich etwas verändern. Es reicht nicht, wenn die Menschen sich die Gedanken anschauen und sagen: »Ah, das ist aber schön gedacht.« Nein, sie leben sie und werden selbst zu den Gedanken. Das werdet ihr in eurer Kwivi unterrichten. Wenn Jüngere und Ältere Brüder in dem Einen Gedanken arbeiten, dann leben wir noch 80.000 Jahre.

Wir gingen schweigend weiter. Der Mamo pflückte eine Orange vom Baum und reichte sie uns: »Hier, für euch. Ihr könnt sie auf dem Rückweg essen.«

Ich dachte über das Gesagte nach und fragte mich, wie der Mamo gerade auf 80.000 Jahre kam. 80.000 Jahre sind eine lange Zeit, ungefähr 2667 Generationen; 2667 mal 30 Jahre. Aber warum nicht 70.000 oder 100.000? Ich fragte den Mamo, und er antwortete einfach nur »historia dice asi«*. Für den Kogi war diese Antwort

* »So erzählt das unsere Geschichte.«

völlig plausibel und absolut ausreichend. Für mich war sie immer noch sehr unbefriedigend, und gleichzeitig spürte ich ein merkwürdiges Gefühl von Begreifen und Verstehen, fast Freude. In den vergangenen Monaten hatte ich mich daran gewöhnt, dass so oft beides da war: mein Verstand, der sich selbst erklärte, warum diese Informationen nicht vertrauenswürdig seien und sich sowieso jeglicher Art von Überprüfbarkeit entzögen, und eine starke Zuneigung zu der Lebendigkeit und Authentizität, die dieser Art zu denken und zu leben innewohnt. Wir verließen das Dorf der Kogi und machten uns auf den Heimweg in die sogenannte Zivilisation.

Meine Gedanken wanderten. Zwei Tage zuvor hatten wir noch ein Erlebnis der anderen Art gehabt. Es war früh morgens, vielleicht 7 Uhr 30 gewesen. Wir saßen wie immer mit dem Mamo und sprachen miteinander, als er plötzlich abrupt im Redefluss stockte und seine Augen konzentriert zusammenkniff. Ich sah ihn fragend an. Nach einigen Sekunden sagte er »helicóptero«* und lauschte weiter konzentriert. Ganz in der Ferne nahm ich das Geräusch eines Hubschraubers wahr, zuerst ganz leise, dann langsam lauter werdend, dann wieder etwas dumpfer, bevor es plötzlich aufhörte. »Quien será? El ejercito ya no viene aquí«,** sagte Mama José Gabriel. Ich weiß gar nicht, ob mir das Geräusch ohne den Hinweis des Mamo aufgefallen wäre. Ich bin daran gewöhnt, das Geräusch vorbeifliegender Rettungshubschrauber zu hören und verband damit absolut nichts Bedrohliches. Doch wir waren in Kolumbien.

»Bueno, continuamos«,*** sagte der Mamo. Wir wandten uns wieder unseren Gesprächen zu, und ich hatte den Vorfall schnell vergessen. Nach ungefähr zwei bis drei Stunden stand plötzlich ein Mann vor der Hütte. Er trat aus dem gleißenden Sonnenlicht durch den niedrigen Eingang ins Dunkle und bat unseren Mamo hinaus. Es war ein Kankuamo, den Mama José Gabriel zu kennen schien.

---

* »Hubschrauber!«

** »Wer könnte das sein? Die Armee kommt nicht mehr hierher.«

*** »Gut, lasst uns fortfahren.«

Sie unterhielten sich eine Weile, bevor der Mamo wieder unsere Hütte betrat und uns ernst anblickte: »Der Kankuamo hat mir gerade gesagt, dass im Nachbartal 150 Guerilleros zu einem Treffen zusammengekommen sind. Sie haben dem Militär einen Hubschrauber entwendet, und manche sind damit hergeflogen. Niemand hat sie kommen sehen und niemand wusste überhaupt, dass es hier in der Gegend noch so viele von ihnen gibt. Sie sind bis an die Zähne bewaffnet. Wir wissen nicht, was sie vorhaben.«

Ich übersetzte meiner Partnerin das Gesagte, und wir sahen einander fragend an. In Tarquilla war ein Posten der kolumbianischen Armee. Hatten sie es auf diesen abgesehen? Was sollten sie sonst hier mitten in der Sierra? »Was machen wir nun?«, fragte ich den Mamo. Er sah uns an und sagte klar und bestimmt: »Nichts. Wir tun, was wir sonst auch tun würden. Wir sitzen hier, sprechen gut und machen die Arbeit, für die ihr hier seid.« Also gut. Wir ließen uns darauf ein und setzten uns wieder hin und sprachen weiter. Kurz darauf waren wir wieder so in unsere Gespräche vertieft, dass wir nicht mehr an die Guerilla dachten. Und tatsächlich kam niemand.

Die größte Mittagshitze war bereits vorbei, als wir am frühen Nachmittag das Dorf verließen. Die Hütten der Kogi wurden immer kleiner und ich dachte wieder an den Hubschrauber und die Guerilla. Die Kogi hatten uns erklärt, wie man Guerilleros von regulären Soldaten unterscheidet: Guerilleros tragen Gummistiefel, die Armee Springerstiefel. Außerdem sind erstere in Kleingruppen von zwei bis fünf Leuten unterwegs. Sonst tragen sie Tarnuniform, genauso wie das kolumbianische Militär.

Wir vermuteten, dass sich noch Einheiten von ihnen in der Gegend aufhielten. Die Entführungen durch die beiden Guerillagruppen FARC und ELN waren in letzter Zeit zwar zurückgegangen, doch ein Zusammentreffen mit zwei allein wandernden Europäern könnte Lösegeldgelüste wecken. Ich wusste ja bereits, was die Kogi in unserer Lage machen würden: Schauen, ob ich selbst mit der Situation im Gleichgewicht bin. Habe ich eine Verstrickung mit einer Entführung? Steht das für uns an? Ich spürte in mich hinein.

Die Antwort war klar und erstaunlich beruhigend: Es steht nicht an. Wir gingen also weiter, entspannten uns und beschlossen, den Anblick der satten tropischen Landschaft zu genießen und langsam vom Land der Kogi Abschied zu nehmen. Während wir den schmalen Pfad entlangliefen, kam mir der Ausspruch von Goethe in den Sinn: »Nur wo du zu Fuß warst, bist du wirklich gewesen.« Das Dorf der Kogi war inzwischen mit den sanften Hügeln verschmolzen, und nur noch die von den Feuern aufsteigenden Rauchsäulen verrieten, dass dort Menschen leben.

Ich hing meinen Gedanken nach. Nach etwa einer Stunde führte der Weg um eine langgezogene Kurve. Der Wald wurde lichter, und bald liefen wir durch eine Art Savanne. Am Ende des leicht abfallenden Tales lag Tarquilla, und über dem Ort thronte der Posten der kolumbianischen Armee. Wir würden nun nach wenigen Kilometern wieder in der kolumbianischen Gesellschaft angekommen sein und damit in unserer Moderne.

Wir hatten Tarquilla durchquert und liefen die staubige Straße hinab, die wir damals mit den Motorrädern hinaufgefahren sind. Nach einer Weile hörten wir hinter uns das Geräusch eines fahrenden Autos und sahen gleich darauf auch einen Pick-Up, der an uns vorbeifuhr. Wir hoben den Arm, um zu signalisieren, dass wir gerne mitfahren würden. Das Auto hielt an, und das Beifahrerfenster wurde heruntergelassen.

»Fahrt ihr nach Altamira?« fragte ich.

»Ja«, antwortete mir die Stimme einer jungen Frau. Aus dem Inneren des Wagens drangen wieder die Klänge des Vallenato hervor.

»Dann springen wir auf, in Ordnung?«

»Ja klar«, kam es zurück und das Fenster ging auch schon wieder hoch.

Wir waren noch nicht ganz oben, als der Fahrer Gas gab, und wir hatten Mühe, uns festzuhalten. Ich hatte das Gefühl, dass der Fahrer genauso fuhr, also wäre niemand auf der Ladefläche. Es holperte und staubte wie wild. Wir waren heilfroh, als wir völlig verdreckt und durchgeschüttelt wieder absteigen konnten, um uns eine Transportmöglichkeit nach Valledupar zu besorgen. Dort angekommen, liefen wir durch die Straßen. Ich schaute mich um, sah die hupenden Autos und ließ die Szenerie auf mich wirken.

Was ist nötig, um noch 80.000 Jahre als Menschen gut auf diesem Planeten leben zu können? Die Kogi appellieren an uns, die Natur zu schützen und gesundzuerhalten, das gleiche fordern westliche Experten und ökologisch Bewegte. In beiden Fällen beruht dies auf der Grundlage, dass die Erde lebendig ist oder zumindest für den Fortgang des menschlichen Lebens unerlässlich. Doch wie ist eine solche Wertschätzung der Erde in einer von technischem Fortschritt geprägten Welt zu verankern? Wie sieht eine lebendige Technik aus, die, wie die Kogi sagen, freundlich zur Erde ist und unsere eigentliche Zuständigkeit darstellt? Wie sehen Organisationen und Unternehmen aus, die nach den Prinzipien des Lebendigen agieren? Was machen wir jetzt mit all diesen Impulsen? Was bedeutet lebendiger Erfolg für mich als Individuum, für uns in unseren Gemeinschaften und in unseren konkreten Lebensräumen?

Lebendige Technik – Biomimetik als Anfang

Meine umsetzungsorientierten Gedanken führten mich immer wieder zum Thema Technik und Unternehmen. An unserem Arbeitsplatz, der sich zumeist in Unternehmen oder anderen Organisationen befindet, verbringen wir die überwiegende Zeit unseres Lebens. Und es ist die derzeitige Technik, die den größten Teil dessen ermöglicht, wovon die Kogi höflich anmerken: »Das ist nicht lebendig.« Ich habe die Kogi zu diesem Aspekt befragt, und sie betonten, dass es die Aufgabe der Jüngeren Brüder sei, mit Technik und Maschinen zu arbeiten. Dabei sollte es sich jedoch um eine Art von Technik handeln, die der Erde und ihren lebendigen Prinzipien entspricht und nicht gegen sie arbeitet, anders als das heute mehrheitlich der Fall ist. Ich fragte mich ernsthaft, wie dies wohl aussehen könnte. Die Mamos beruhigten mich und erklärten, dass lebendige Technik durchaus möglich sei und sich bereits erste Anfänge entwickelten. Dies gelte es nun zu bestärken. Man muss dazusagen, dass Mama Bernardo, der mir das darlegte, noch nie die Sierra Nevada verlassen hatte. Er erklärte nur, er habe es in *Aluna* gesehen.

Zurück in Deutschland begann ich Nachforschungen dazu anzustellen, was der Mamo wohl mit lebendiger Technik gemeint haben könnte. Er hatte ja angedeutet, dass manches davon bereits existiert. Viele der Dinge, die mir zuerst in den Sinn kamen, etwa Elektroautos, Solarenergie und so weiter, erwiesen sich bei genauerem Hinsehen als gar nicht so lebensfreundlich, wie ich anfangs dachte, gerade was die Produktion und die Entsorgung anbelangt. Technische Entwicklung und Wirtschaftswachstum werden im allgemeinen mit der Erhöhung der Bequemlichkeit unseres Lebens verbunden. Angefangen von Transportmitteln, in denen wir schnell und ohne den Launen des Wetters ausgesetzt zu sein von A nach B kommen, Waschmaschinen, die uns die langwierige und anstrengende Handwäsche abnehmen, bis hin zu Smartphones, die uns über das Internet allgegenwärtigen Zugang zu enormen Mengen an Informationen bieten. Wir sehen diese Dinge als Bereicherung, weil sie uns Arbeit abnehmen und im Idealfall Freiheiten und Möglichkeitsräume eröffnen.

Nach einiger Recherche stieß ich schließlich auf einen Ansatz, der sich in Richtung einer lebendigen Technik bewegt. Es handelt sich dabei um die sogenannte Biomimetik oder auch Bionik genannt. Die Biomimetik[49] ist eine Wissenschaft, die sich auf der Suche nach Lösungen an der Natur orientiert und versucht, diese zu imitieren. Die grundsätzliche Frage bei jedem auftretenden Problem lautet: »Was würde die Natur in dieser Situation tun?« Daraus ergeben sich die drei Ebenen der Biomimetik: Die erste betrifft die Imitation der lebendigen Natur in der reinen Funktionalität eines Produkts oder Designs, die zweite betrifft die Art und Weise der Produktion und den Ablauf der Produktionsprozesse und die dritte die des Zusammenwirkens innerhalb des Ökosystems.

Schauen wir uns das genauer an. Was ist die Quelle der großen Erfindungen? Leonardo da Vinci, eines der größten Genies der Menschheitsgeschichte, sagte, dass alle seine zahlreichen Erfindungen aus der Natur kämen. Er verbrachte Stunden und Tage damit, die Anatomie und das Flugverhalten von Vögeln, die Wuchsformen von Pflanzen und das Verhalten von Wasser zu beobachten und zu skizzieren. Auf dieser Grundlage entwickelte er eine Fülle von Konstruktionsskizzen, die eine technische Nachahmung der Natur darstellen. Warum tat er das? Ganz einfach, weil die Natur genial ist und eine Fülle von technischen Problemen bereits in optimaler Weise gelöst hat: Dinge zusammenkleben, Dinge wasserfest und trotzdem atmungsaktiv machen, Salz aus dem Meerwasser filtern, Kohlendioxyd in Sauerstoff umwandeln, extrem harte und trotzdem biegsame Materialien herstellen und vieles mehr. Die Beispiele sind unzählig. Obendrein sind diese Lösungen der Natur anderen Lösungen nicht nur in der Substanz überlegen, sondern sie sind auch optimal energieeffizient und nachhaltig, und zwar nicht in zweiter Instanz und weil das gerade der Trend ist, sondern grundsätzlich und von Hause aus. Alles, was die Natur an Lösungen bereitgestellt hat, fügt sich nahtlos in die Kreisläufe und Bewegungen des Lebens ein und stellt sich nicht gegen sie. Von daher liegt es mehr als nahe, sich an der Natur als Vorbild für Problemlösungen zu orientieren und sie so genau wie möglich zu beobachten und ihre Prinzipien anzuwenden.

Die Natur ist jedoch schon etwas länger als wir mit technischen Herausforderungen konfrontiert, und zwar seit ihrem Ursprung. Um heute noch existieren zu können, braucht sie natürliche Lösungen, die immerwährend funktionieren. Dadurch haben wir, wie die Begründerin und Visionärin der modernen Biomimetik Janine Benyus schätzt, Zugang zu ungefähr 30-Millionen Lösungen. Teile der Wissenschaft gehen hierbei von einem evolutionären *trial and error* aus. Die Kogi hingegen berufen sich auf die geniale Intelligenz des Einen Gedankens als Grundlage von allem und gehen daher von einer Verwirklichung ursprünglicher Gedanken und Prinzipien in der materiellen Realität aus.

Oft scheint es in unseren täglichen Überlegungen und Versuchen, Lösungen und Innovationen hervorzubringen, als hätten wir vergessen, dass wir nicht die ersten sind, die etwas erschaffen. Wir sind nicht die ersten bei der Verarbeitung von Zellulose, bei der Herstellung von Papier, bei der Optimierung von Oberflächen, beim Imprägnieren von Material oder Erhitzen oder Kühlen von Strukturen. Wir sind nicht die ersten, die für ihre Kinder Häuser bauen. Doch es scheint, dass wir in der modernen Kultur vergessen haben, was wir früher wussten: dass wir in einem lebendigen Universum leben, dass wir Teil eines brillanten Planeten sind, dass wir von Genie umgeben sind und dass wir genau dieses Genie daher auch ganz natürlich in uns tragen. Die Tragweite dieses einfachen Gedankens ist enorm. Wir beginnen uns nun wieder zu erinnern, und das ist genau jenes Erinnern, von dem die Kogi sprechen. Wir beginnen die Dinge wieder so zu tun, wie sie alle anderen Lebewesen auch tun. Und wir sehen dabei die Natur als unsere Verbündete.

Die moderne Biomimetik begann mit einer reinen Imitation eines Produktes auf der funktionellen Ebene. Es geht dabei um eine konkrete Lösung eines technischen Problems. Ein Beispiel: Janine Benyus berichtet in ihren Vorträgen von einer Gruppe von Ingenieuren. Sie hatten sich gefragt, wie man am besten Rohre entkalken könne. Wasser und Kalk waren also die beiden Hauptbestandteile, um die es ging. Muschelschalen bestehen aus einem Proteingitter, in dem sich die Ionen aus dem Meerwasser kristallisieren und so die Schale formen. Kalkablagerungen in Rohren funktionieren nach einem ähnlichen Prozess, nur ohne die Proteine. Dies war den Ingenieuren zuerst nicht bewusst, und sie formulierten die Frage, die zur Grundlage für die Lösung der verkalkten Rohre wurde: Warum werden die organisch gebildeten Muschelschalen nicht unendlich groß? Was stoppt die Anlagerung von weiterem Kalk? Die Antwort fanden sie in einem Protein, das die Kristallbildung stoppt. Daraufhin wurde ein Produkt namens TPA entwickelt, das das Muschelprotein imitiert und Ablagerungen in Rohren verhindert, bevor sie überhaupt entstehen können. Dieses Protein ist ungiftig und biologisch abbaubar.

Diese Arten von Lösungen sind überall vorhanden, und manchmal bedarf es nur eines einfachen Umdenkens, um Zugang zu ihnen zu erhalten. CO_2-Emissionen werden als eines der größten aktuellen Probleme betrachtet. Aber nicht alle sehen dies als ein Problem: Für Pflanzen ist Kohlendioxyd nicht das größte Gift unserer Zeit, vielmehr sind sie viel zu sehr damit beschäftigt, lange Stärke- und Glukoseketten, also Nahrung, aus CO_2 herzustellen. Kohlendioxyd ernährt die Pflanzen, und dabei produzieren sie den Sauerstoff, den wir benötigen. Forscher der Cornell Universität haben daraufhin genau diesen Perspektivenwechsel vorgenommen und CO_2 als Geschenk betrachtet. Sie haben einen Weg gefunden, aus Kohlendioxyd Polykarbonat herzustellen, biologisch abbaubaren Kunststoff. Das »Problem CO_2« wurde zum Teil der Lösung.

Wie für Pflanzen ist auch für Korallen Kohlendioxyd ein Baustein. Jetzt gibt es in den USA ein Zementwerk, das sich das Rezept vom Korallenriff ausgeliehen hat. Die Ingenieure nutzen Kohlendioxyd als Baustein bei der Herstellung von Zement. Normalerweise fällt bei der Produktion auf jede Tonne Zement eine Tonne CO_2-Ausstoß an, doch sie haben es geschafft, die Gleichung einfach umzukehren. Jetzt wird stattdessen bei jeder Tonne Zement eine halbe Tonne CO_2 gespeichert. Das ist den Korallen zu verdanken.

Auch sind wir nicht die ersten, die bestimmte Räume frei von Bakterien halten müssen; die Natur steht vor der gleichen Herausforderung. Der Galapagoshai zum Beispiel hat keine Bakterien auf seiner Haut, keinen Bewuchs, keine Seepocken, gar nichts. Er benutzt keine Chemikalien, sondern dieselben Dentikel, die man auf Speedo-Badeanzügen findet, mit denen viele olympische Rekorde gebrochen wurden. Diese Hautzähnchen haben ein ganz bestimmtes Muster, das Bakterien davon abhält, sich an ihnen festzusetzen. Die Firma *Sharklet* hat dies adaptiert und benutzt es für Oberflächen in Krankenhäusern. Sehr viele Organismen werden heutzutage gegen Antibiotika oder scharfe Reinigungsmittel resistent, und mehr und mehr Menschen erkranken an multiresistenten Krankenhauskeimen. Dies kann bei Anwendung dieser Art von Dentikel-Oberflächen nicht geschehen.

Diese erste Ebene umfasst das, was wir als Menschen schon immer getan haben: Flugzeuge als Imitation der Vögel, Klettverschluss als Imitation der Klette und so weiter. Auf der zweiten Ebene gehen wir jedoch einen Schritt tiefer. Hier geht es um den Produktionsprozess, also darum, was wir über Herstellungsprozesse von der Natur lernen können. Ein Klettverschluss zum Beispiel besteht immer noch aus Plastik, was nicht gerade natürlich ist. Die Betrachtung lebendiger Herstellungsprozesse der Natur als Grundlage moderner Technologie ist für die Weiterentwicklung unumgänglich. Alles, was die Natur verwendet, wird biologisch hergestellt und ist biologisch abbaubar, wirklich alles.

Daher entsteht schnell eine Faszination für die Materialen, die die Natur einsetzt. Käfer nutzen zum Beispiel Chitin. Es ist wasserdicht, stark, atmungsaktiv und belastbar. Chitin erzeugt Farbe durch Struktur. Wenn eine Chips-Tüte beispielsweise sieben Materialschichten für all diese Eigenschaften braucht, braucht der Käfer genau eine. Die Natur nutzt dabei insgesamt nur fünf Polymere, um all dies zu ermöglichen, wir benötigen bisher rund 350 Polymere. Einer der notwendigsten Schritte, um die Fähigkeiten von Lebewesen nachahmen zu können, ist, die verwendeten Materialien in natürlichem Design und natürlicher Menge zu verwenden.

Dies hat auch direkte Verbindungen zur Botschaft der Kogi an uns. Wenn wir keinen Hartgesteinsbergbau mehr betreiben würden, sondern stattdessen Metall aus Abfallflüssen heraustrennen, wären die Kogi sehr glücklich. Die Lösung existiert bereits, denn Mikroben chelatisieren Metalle aus dem Wasser. Eine Firma in San Francisco ahmt Moleküle von Mikroben nach und baut sie in Filter ein, um Abfallflüsse zur Metallgewinnung zu nutzen.

In unseren Herstellungsprozessen verwenden wir, grob vereinfacht, Hitze, Schläge und chemische Bearbeitung, auf Englisch sagt man *heat, beat and treat*. Das ist das genaue Gegenteil dessen, was in der Natur stattfindet. Unsere Produktionsprozesse bearbeiten in vielen Fällen ein Ausgangsmaterial mit mehr als 95 % Abfall und weniger als 5 % Netto-Produkt. Das Material wird dabei erhitzt, unter Hochdruck gehämmert und mit Chemikalien modifiziert. So entsteht ein künstliches Endergebnis. Ein solches Maß an Verschwendung könnte und würde sich die Natur nie leisten. Kein Wunder also, dass wir uns angesichts dessen von Ressourcenknappheit bedroht fühlen.

Wie produziert im Unterschied das Leben? Indem es Informationen zu Materie hinzufügt und sie so ordnet (die Kogi nicken intensiv). Die Materie erhält dadurch eine völlig andere Funktion, als sie es ohne diese Information hätte. Die Art der Interaktion und des Zusammenwirkens erzeugen Materialien durch Selbstorganisation. Eine Muschelschale zum Beispiel ist ein selbstaufbauendes Material und doppelt so widerstandsfähig wie moderne High-Tech-Keramik. Das Interessante daran ist jedoch, dass Muschelschalen im Meerwasser entstehen, Keramik jedoch im Brennofen. Bei der Muschel erfolgt der Prozess des Ordnens in und um den Körper des Organismus. Muscheln lassen es einfach geschehen, während Keramik Unmengen an Energie in Form von Hitze zur Herstellung benötigt. Auf unsere Technik übertragen, würde das bedeuten, Keramik bei Raumtemperatur zu erzeugen, indem wir sie in eine Flüssigkeit tauchen und wieder herausheben, und die Verdunstung die Moleküle in der Flüssigkeit ordnen und wie ein Puzzle zusammenfügen zu lassen. Genauso geschieht Kristallbildung. Wie würde unsere Welt aussehen, wenn wir alle unsere harten Materialien so erzeugen würden, dass sie den Prinzipien der Natur entsprächen? Wir würden den Ausgangsstoff einer Solarzelle einfach auf ein Dach sprühen, und es würde sich selbst zu einer Schichtstruktur ordnen und anfangen, Licht einzufangen. Diese Dinge geschehen selbstverständlich, weil es in ihrer Natur liegt und nicht, weil wir sie dahin zwingen.

Aus diesen Erkenntnissen und Betrachtungen von Prozessen hat sich das entwickelt, was man Grüne Chemie nennt. Das Wasser ist der Beginn allen Lebens. Daher ist Grüne Chemie auch Chemie im Wasser. Grüne Chemie heißt, industrielle Chemie durch das Rezeptbuch der Natur zu ersetzen. Der große Unterschied dabei ist, dass das Leben nur eine Teilmenge der Elemente im Periodensystem nutzt, wir benutzen jedoch alle, sogar die giftigen. Genau dieses Vorgehen zu erforschen und die Eleganz und Genialität der Natur zu entdecken, bedeutet herauszufinden, welche Teilmenge des Periodensystems verwenden werden kann, um die Wundermaterialien herzustellen, aus denen das Leben aufgebaut ist.

Dabei spielt der Faktor Zeit eine zentrale Rolle. Die langen Halbwertszeiten vieler radioaktiver Abfallprodukte oder zum Beispiel die schiere Unzersetzbarkeit von Plastik kennen wir alle. Die Natur hat ihren Verpackungen hingegen einen zeitgesteuerten Abbauprozess eingebaut. Sie halten so lange, bis sie nicht mehr benötigt werden, und lösen sich auf Abruf auf. Die Fasern einer Muschel, die sie an einem Felsen festhalten, sind zeitgesteuert. Nach genau zwei Jahren beginnen sie, sich aufzulösen. Bis dahin sind die Fasern ein Superkleber, der an jeder Oberfläche, egal wie glatt oder nass, anhaften kann und härter als Kunstharzkleber haftet. Daraus wurde nun auch ein biologisch abbaubarer Superkleber entwickelt.

»Wenn der Wald und die Stadt funktionell nicht mehr zu unterscheiden sind, haben wir Nachhaltigkeit erreicht«, schreibt Janine Benyus. Die dritte und interessanteste Stufe der Biomimetik ist der Ansatz, dass alle unsere menschlichen Lebensprozesse nach organischen Prinzipien ablaufen und sich somit vollständig in die lebendige Biosphäre des Planeten eingliedern, anstatt ihr zu schaden. Hierbei geht es um die Imitation von Ökosystemen, Biotopen und größeren Naturzusammenhängen selbst. Die Kogi setzen auf dieser Ebene ihre Pflege des Territoriums an. Dies geht über die bloße Imitation eines Materials oder eines Herstellungsprozesses und sogar über Kybernetik hinaus. Die Ökosystem-Ebene der Biomimetik übersetzt die Beziehungen und Interaktionen von Lebewesen auf die menschliche Welt und ihr internes In-Beziehung-Treten wie auch das mit dem Rest der Welt.

Wir können uns bewusst machen, dass wir zum Beispiel in einem Wald nicht nur durch ein Naherholungsgebiet oder eine Ansammlung von Ressourcen laufen, sondern durch ein enormes Feld an gelebten Potentialen. Das ist letztendlich auch ökonomisch viel mehr wert, denn jedes Lebewesen hat für sich Lösungen für viele seiner Herausforderungen gefunden. Alle Lösungen der Natur stehen in einem größeren Sinnzusammenhang, in dem auch wir Menschen leben: der Erde. Einige Firmen haben sich diesem Gedanken bereits verschrieben. Biomimetische Beratungsgesellschaften arbeiten zum Beispiel mit Architektenbüros zusammen. Die Frage, die sich dabei die Planungsabteilungen beim Bau von ganzen Städten stellen, lautet: Wie können unsere Städte in Bezug auf die Ökosystemleistungen mindestens so gut abschneiden wie die nativen Systeme, die sie ersetzen? Wenn zum Beispiel eine Fabrik an irgendeinem Ort errichtet werden soll, an dem sich derzeit noch Natur befindet, so stellt sich die Frage: Was muss die Fabrik leisten, um die Funktionen des weggefallenen Landstrichs ökologisch zu übernehmen? Dabei würden zum Beispiel unter anderem die Umwandlung von Kohlendioxyd zu Sauerstoff, die Reinigung des Wassers und der Luft, der Lebensraum für Kleinlebewesen und Vögel berücksichtigt werden.

Doch genau hier gehen wir den nächsten und wirklich entscheidenden Schritt: Denn letztendlich geht es nicht nur um ein natürliches System, dass durch ein anderes menschengemachtes ersetzt wird, sondern um eine Wiedereingliederung von Menschenwelt und Technik in das Gefüge der Lebendigkeit, zu der auch die vielfältigen Anregungen der Kogi beitragen. Dieses Lernen von der Natur ist nämlich nur teilweise durch rein rationale Analyse möglich, sondern geschieht genauso durch eine innere Kontaktaufnahme, also unter Berücksichtigung des Unsichtbaren, der Energie und damit dem Gefühl für die Lebendigkeit. Für uns geht es dabei vor allem um eine gelingende Beziehung zur Natur. Diese Beziehung ist die

Voraussetzung dafür, unser Leben durch Technik bequem zu halten und gleichzeitig langfristig nicht die Grundlage unserer Existenz zu gefährden. In die Natur zu schauen und nur die Technik in ihr zu sehen, reicht nicht. Es geht vielmehr darum, ihre Lebendigkeit, das Subjekt, das Du in ihr, zu erkennen und damit in Kontakt zu treten. Hier beginnt wirkliche menschliche Kreativität nach den Prinzipien des Lebendigen, denn Kreativität ist ein Prozess des Kontaktes zu etwas, oft auch ein gemeinsamer Prozess zwischen Subjekten. Das gilt zwischenmenschlich wie auch zwischen Mensch und Natur. Dies bedeutet dann auch nicht mehr eine Imitation bestimmter natürlicher Lösungen, sondern wirkliche Innovation innerhalb lebendiger Grundsätze. Nur, wenn ich so denke, wie die Natur es tut, ist langfristig wirkliche Kreativität möglich.

Nach welchen Grundsätzen also arbeitet die Natur? Das vielleicht zentralste Naturprinzip lautet: »Minimaler Input, maximaler Output.« Die Natur spart Energie, wo sie nur kann, und macht sich erleichternde Prozesse, wie zum Beispiel den Kapillareffekt, zu eigen, bei dem Flüssigkeiten durch feine Adern ohne Zutun einer Pumpe aufsteigen. Dies bedeutet zum Beispiel den Verzicht auf Kontrolle (nicht zu verwechseln mit Strukturlosigkeit) und gestattet im Gegensatz zu uns, den Lebewesen im Rahmen ihrer natürlichen Prioritäten Selbstregulation.

Stellen wir uns nur einmal kurz vor, den Frühling rational planen zu wollen. Stellen wir uns die Inszenierung, das Timing und die Abstimmung vor. All dies geschieht ohne hierarchische Gesetze oder Richtlinien, Fünf-Punkte-Pläne, Shortcuts, Life-Hacks oder Klimawandelprotokolle und das jedes Jahr. Es wäre für uns nicht möglich, alles Relevante vorauszusehen, zu kontrollieren und durch einen Computer zu steuern, egal wie viel Rechenkapazität er hat. Diese Leistung ist nur möglich, weil dem Lebendigen eine ausgleichende Dynamik innewohnt, die zu Ordnung tendiert. Die Kogi würden dies den Einen Gedanken nennen, der allem Leben zugrunde liegt. Diese Dynamiken kann man sich zunutze machen.

Die oben genannten Beispiele zeigen, was die Kogi meinen, wenn sie sagen, dass die Mutter am Ursprung alles perfekt hinterlassen hat. Das heißt nicht, dass es keine Veränderung gibt oder geben sollte. Es gab immer Veränderungen und wird sie auch immer geben. Es geht jedoch darum, dass der Wandel von lebendigen Gedanken und Prinzipien getragen ist, die ordnend einwirken. Alle Organismen, die wir in der Natur sehen, tragen durch ihr Sosein in irgendeiner Form zum Leben ihrer Biotope bei, während diese Biotope dies wiederum für ihre Nachkommen tun. Das geschieht unter anderem durch eine Steigerung der Fertilität. Organismen erzeugen durch ihre Lebensprozesse mehr Fruchtbarkeit und damit mehr Möglichkeiten für das Leben. Letztendlich geschieht dabei die Steigerung beziehungsweise der Erhalt der Lebendigkeit. Nichts anderes tun gesunde Ökosysteme, nichts anderes tut die Kultur der Kogi.

Ihr Narrativ des Lebendigen regt dazu an, in materieller und gedanklicher Form etwas an die Erde zurückzugeben für das, was sie entnehmen. Sie schaffen dadurch immer mehr Möglichkeiten für das Leben. Die Organismen, die nicht herausgefunden haben, wie sie ihre Orte verbessern und mit noch mehr Leben füllen können, sind nicht mehr hier, um uns über ihre Fehler zu berichten. Die Kultur der Kogi existiert seit über 4000 Jahren. Janine Benyus beendet einen ihrer Vorträge mit den Worten: »Das Leben kreiert Bedingungen, die das Leben fördern. Es baut Böden, es reinigt die Luft, es reinigt das Wasser, es mischt einen Cocktail an Gasen, die wir alle brauchen, um zu leben. Und es macht all das während der Erfüllung unserer Bedürfnisse. Es schließt sich also gegenseitig nicht aus.«[50] Der Eine Gedanke im Sinne der Kogi bedeutet, diese Prozesse wieder zuzulassen und uns als Menschen in den Zyklus der Lebendigkeit einzufügen. Dies gilt besonders für unsere Technik

Angesichts der Folgen unserer Geisteshaltung merken wir schnell, dass wir bestimmte Dinge nicht besser wissen als die Naturvölker, deren Kulturen, wie die Kogi, in einem Nachdenken über und einer Kontaktaufnahme mit den inneren Prinzipien der Natur als Ganzer wurzelt. In diesem Zusammenhang haben sie einen Wissensvorsprung, ganz gleich, mit wie vielen Maschinen wir aufwarten. Man kann kein Naturvolk sein, ohne tiefere Zusammenhänge im eigenen Ökosystem erkannt zu haben, das die eigene Lebensgrundlage bietet. Diese Völker sind fundamental darauf angewiesen, Ökosysteme zu lesen, und auch hier wird der Eine Gedanke sichtbar. Mit jeder Art, die durch den künstlichen Einfluss ausstirbt, geht ein Bündel an Lösungen verloren. Und mit jedem Naturvolk, das verschwindet, geht eine Gruppe von Menschen verloren, die diese spezifischen Lösungen bereits seit Jahrtausenden beobachtet, beschrieben und darin gelebt hat.

Lebendige Organisation

»Wie leben wir gut?« Oft hat Mama José Gabriel diese Frage gestellt. Es scheint, dass auch wir uns oft mit dieser Frage befassen, doch wir merken schnell, dass unsere Fragen in der Realität vielleicht eher folgendermaßen lauten: »Wie funktioniert etwas gut? Wie schaffen wir das? Macht es Spaß? Was müssen wir machen?« Die Frage des Mamo klingt erst einmal banal, enthält jedoch genau jene subtile Lebendigkeit, mit der wir uns, den Kogi und ihrer Botschaft folgend, der Wirtschaft, den Unternehmen und Organisationen zuwenden. Paul Hawken schreibt: »Business and industry is the only institution that is large enough, pervasive enough and powerful enough to lead humankind out of this mess.«* Menschen zu Unternehmen zusammengeschlossen sind gegenwärtig die treibende Kraft von Innovation, Fortschritt und materiellem Wohlstand, aber ebenso von Ausbeutung und Raubbau. Unternehmen sind die primären Quellen von finanziellem Einkommen der meisten Menschen.

---

* »Die Unternehmen und die Industrie sind die einzigen Institutionen, die groß genug und allgegenwärtig genug sind, um die Menschheit aus dieser Unordnung zu holen.«

Veränderung in Organisationen, Unternehmen und deren Kulturen sind im 21. Jahrhundert unumgänglich. Viele Unternehmen stoßen bereits jetzt mit ihrer derzeitigen Arbeitsweise an ihre Grenzen. Einen 4 oder 5k Fernseher zu einem 8k Fernseher weiterzuentwickeln, ist für das menschliche Auge schlicht nicht mehr wahrnehmbar. In einer immer schnelleren und volatileren, störungsanfälligeren Welt werden andere Qualitäten hervortreten als bisher. Durch das Ausmaß an Reizüberflutung und Oberflächlichkeit wird sich Wertschaffung und Wertentwicklung in den nächsten Jahren grundlegend wandeln. Dieser Wandel geht sowohl von Kunden als auch von Mitarbeitern und Führungskräften aus. Menschen, die in lebendigen Unternehmen lebendige Produkte und Dienstleistungen herstellen, werden immer mehr Beachtung finden, da das generelle Bedürfnis nach Echtheit und Lebendigkeit zunehmend nach Ausdruck verlangt. Es mag scheinen, dass wir immer weiter in reinen Konsum geraten, doch ist es so, dass gleichzeitig das Bedürfnis nach echtem Kontakt zu unserem Wesen immer bedeutungsvoller wird. Unternehmen können es sich schlicht und einfach nicht mehr leisten, dies der Freizeit-Spiritualität zu überlassen. Es wird jedoch nicht darum gehen, daraus ein Geschäft zu machen, sondern es wird zwangläufig die Grundlage jedweder wirtschaftlichen Interaktion werden.

Wir Menschen sind individuelle Gemeinschaftswesen. Wir haben schon immer in Gemeinschaften gelebt und gearbeitet und werden es vermutlich auch immer tun. Gerade an unseren Arbeitsorten birgt dies sehr viel Potential. In der Natur gibt es keine Trennung von Arbeit und Leben, keine Work-Life-Balance, weder bei Pflanzen noch bei Tieren noch bei Naturvölkern. Alle leben, wo sie arbeiten, und arbeiten, wo sie leben. Natürlich gibt es trotzdem überall Phasen der Aktivität und Phasen der Ruhe. Wie kann also ein lebendiges Unternehmen aussehen? Was wäre eine biomimetische Unternehmensorganisation? Welche Fragen würde sich so ein Unternehmen stellen?

Der Zukunftsforscher John Naisbitt erklärte: »Die größten Durchbrüche des 21. Jahrhundert werden nicht durch Technologie geschehen, sondern durch ein erweitertes Konzept davon, was es bedeutet, Mensch zu sein.« Genau hierbei sind die Naturvölker im allgemeinen und die Kogi im besonderen eine große Inspiration und wahrhaft wertvoll für uns. Dieser Wandel im Bezug darauf, was es bedeutet, Mensch zu sein, beginnt damit, ein Individuum zu sein, aber eben auch ein Unternehmen als Organismus (oder sogar als Wesen, wie es die Kogi tun) und nicht als Maschine. Wird ein Unternehmen als Maschine gedacht, ist es meist nur unter großem Kontroll- und Motivationsaufwand langfristig zu betreiben. Der Mensch darin ist zum Objekt geworden und zermürbt. Als Organismus hingegen sorgt ein Unternehmen selber wieder dafür, die Bedingungen für sein eigenes Aufblühen zu erschaffen. Eine Maschine kann *smart* sein und von hoher technischer Intelligenz, ein Organismus ist weise, präsent, spürbar und bezieht damit immer die Lebendigkeit ein.

Die große Frage des »Warum«, die sich Unternehmen stellen und die momentan in aller Munde ist, spricht genau dies an. Ein »Warum« kann man jedoch nicht konstruieren oder erfinden, man kann damit nur in Kontakt treten. Daraus entsteht dann zwangläufig ein lebensfreundliches Umfeld, das nicht nur die Bedürfnisse der Kunden erfüllt, sondern worin die Mitarbeiter auf Augenhöhe mitgestalten und ihre Kreativität einbringen. Eine solche Einbindung ist nicht konstruierbar, aber sie kann erspürt und gefunden werden. Eine Verzweckung des Menschen mit dem Ziel, den Profit zu maximieren oder Marktführer zu werden, berührt niemanden in seinem Wesen. Daher wundert es auch nicht, wenn es sehr energieaufwendig ist, diese Ziele zu erreichen. Wenn sich jedoch Zugang zum Sinn öffnet, entsteht gelebter Wert, und diesem Wert folgt dann auch Umsatz. Sinn existiert jedoch immer nur in einem Kontext und dieser Kontext ist in unserem Fall der gleiche wie für den Rest der Natur: die Erde. Wie das Wort Erde bereits ausdrückt, ist dabei sowohl der Planet als auch die unmittelbare physische Grundlage unserer Fruchtbarkeit und damit Kreativität und Entfaltung gemeint. Die Kogi würden dies das Territorium nennen.

Wenn die Frage: »Wie leben wir gut?« wahrhaft gestellt wird, entsteht eine lebendige Kultur. Durch den Kontakt zu etwas für uns Wesentliches entsteht Wechselseitigkeit, Wertschätzung und Ausgleich, jedoch aus einem Gefühl der Selbstverständlichkeit und nicht aus Gründen der Kompensation oder weil es so im Management-Handbuch steht. In genau dieser Weise werden die Kogi nicht von Häuptlingen oder Anführern, sondern von ihrer Kultur geführt. Lebendigkeit ist auch die Grundlage für echtes Gleichgewicht. Beutet die Biene etwa die Blume aus, deren Nektar sie sammelt? Oder benutzt die Blume die Biene für die Bestäubung? Nicht wirklich. Beide profitieren und geben einander das, was gebraucht wird und was in ihrer Natur liegt, jedoch nicht, weil sie es müssen. Es herrscht ein lebendiges Gleichgewicht, denn es fällt der Biene leicht, als reine Nebentätigkeit andere Blüten zu bestäuben, während sie dabei ist, sich wirklich um sich zu kümmern.

Wenn wir also Unternehmen und Organisationen erschaffen, in denen Lebendigkeit das führende Prinzip ist, schaffen wir einen sich gesunderhaltenden und gedeihenden Organismus, beziehungsweise lassen ihn entstehen. Dafür bedarf es eines lebendigen Denkens. In der Natur gibt es keinen Abfall und kein energetisches Defizit. Es existiert nicht einmal der Gedanke daran, würden die Kogi sagen. Jede Redundanz* in einem organischen Zusammenhang ist eine Ressource, genauso ist es jeder Überschuss in einem Unternehmen. Die Schönheit und Eleganz der Natur besteht einerseits aus einer enorm effizienten Verwendung von dem, was vorhanden ist, und der Abwesenheit von Energieverschwendung, andererseits aus der absoluten Fülle und Großzügigkeit in Bezug auf die Lebendigkeit. Wenn zum Beispiel die Kirschen reif sind, dann sind auf einmal so viele vorhanden, dass sie kaum alle gegessen werden können. Auch trägt eine Frau ein Vielfaches mehr an Eiern in ihren Eierstöcken als sie in ihrem gesamten Leben Perioden haben wird. Es gibt mehr Wasser, als ein Ökosystem jemals verwenden könnte.

---

* Vorhandensein doppelter und somit scheinbar überflüssiger Ressourcen.

Lebendige Organisationen zeichnen sich dadurch aus, absolute Energiesparer zu sein und weder in überflüssige Meetings, Prestigekonflikte, zu lange Arbeitszeiten noch Machtspielchen unnütz Energie zu verschwenden. Gleichzeitig zeichnen sie sich durch Überfluss und Verschwendung in die Lebendigkeit aus, also in die Menschen und die Orte, an denen sie arbeiten. Dabei entspricht die Organisation insofern einem Organismus, dass sie etwas aus der Umgebung nimmt, es verwendet und etwas zurückgibt. Unternehmen, die im Einen Gedanken mit der Natur arbeiten, werden nicht nur überleben, sondern aufblühen. Die Kogi würden sagen: Die Erde unterstützt sie. Derart in die Natürlichkeit eingebundene Unternehmen werden intern gar nicht mehr die Entscheidungen treffen, die der Natur massiv schaden, da dies aus ihrem Denken heraus nicht vorgesehen ist.

Dabei spielt die Führung eine natürliche Rolle. In der Natur folgt jeder seiner Bestimmung, und es bedarf nicht einmal der Lenkung oder Kontrolle oder gar eines Planes, nur einer Ordnung. Eines der beeindruckendsten Beispiele dafür sind Termitenhügel: Sie haben die besten Belüftungssysteme, die wir kennen, und keine Kontrollinstanz hat einen Plan dafür geschaffen. Ist es nicht genau diese Intelligenz, die sich viele Unternehmen wünschen? Diese Art des mühelosen Zusammenarbeitens ohne Wollen, Kontrollieren-Müssen und Zwang?

Auch wir haben genau jene Impulse und Anlagen in uns, die für unsere Tätigkeit als Mensch notwendig sind. Dies ist jedoch keineswegs mit einer genetischen Programmierung im mechanisch platten Sinne gleichzusetzen, sondern entspricht viel eher dem wesenhaften Naturverständnis der Kogi. Wenn wir am Ort unserer Arbeit einen Platz haben, an dem wir dies ausleben können, entsteht eine gesunde Organisation, eine, in der jeder an der gemeinsamen lebendigen Vision mitarbeitet und jeder einzelne gleichzeitig seine eigene Vision lebt. Das Gemeinsame und das Individuelle widersprechen sich dann nicht, sondern nähren sich gegenseitig. Genauso halten es die Kogi.

In der Natur wird Stärke oft durch Verminderung von Struktur erreicht. Die Struktur, die es gibt, ist so aufgebaut, dass sie Bewegung bestmöglich unterstützt. Dies können wir in einem Blatt beobachten. Seine Struktur existiert fast nur durch das Wasser, das hindurchfließt. Ein Blatt knickt in keinem Sturm ein, ein großer fester Baum allerdings schon. Gänse fliegen auf ihren Wanderungen in einer V-Formation. Man hat festgestellt, dass dadurch sehr viel Energie gespart wir, weil jede Gans Auftrieb für die nachfolgende produziert. Dadurch erhält die Formation eine um über 70 % größere Reichweite. Jede Gans spürt sofort, wenn sie die Formation verlässt, weil es bedeutend anstrengender ist, alleine zu fliegen. Wenn die Gans, die die Formation anführt, müde wird, lässt sie sich zurück in das V fallen und eine andere Gans übernimmt die Führung. Woher wissen die Gänse wohin sie fliegen? Es liegt in ihnen selbst. Ihre Flugroute ist, wer sie sind.

Die Mamos der Kogi sind die Begleiter und Visionshalter ihres Volkes. Sie stärken damit aber nicht nur ihr Volk, sondern auch die Natur, also das größere Netzwerk. In einer starken Natur leben auch stärkere Kogi. Was können wir davon für unsere Zyklen der Kooperation, Innovation und Wertschöpfung lernen? In vielen Firmen sind Ideen wie Führungsverzicht, Verantwortung, flache Hierarchien, Vertrauen, Kommunikation und so weiter Teil der Unternehmensleitbilder. Für die Kogi sind dies jedoch keine Plastikwörter, sondern gelebte Praxis. Ein natürlicher Führer ist genau wie ein Mamo inspiriert und inspirierend. Dabei geht es als einem der zentralen Punkte um Prozesse und nicht um Ziele.

Viele Naturvölker haben diesen Führungsstil nie verlassen. Natürlich gibt es auch Ausnahmen. Die Kogi leben heute bereits das, wohin viele lebendige Unternehmen in der Zukunft sich hinbewegen werden. Sie sind so dezentral, nicht-linear und daher tief verbindend wie das Leben selbst. Wenn wir uns trauen, indigenes Wissen und ihre Lebensweisen wieder als Teil der Wissensökonomie zu begreifen, können wir viel lernen. Die Natur hat sehr viel Erfahrung im Lösen von organisatorischen Herausforderungen, und die Naturvölker beobachten dies seit Jahrtausenden. Um wieder ein Ökosystem lebendiger Ideen zu schaffen, können wir die Naturvölker um Rat fragen. Viele von ihnen haben für sich das geschaffen, was man eine biomimetische Organisation nennt. Damit ist jedoch nicht gemeint, die Natur oder gar die Naturvölker zum Objekt unserer Studien zu machen, sondern sich mit ihr und mit ihnen zu verbinden. Es geht nicht um eine bestimmte Spezies oder ein bestimmtes Volk, sondern um lebendige Prinzipien, die in dem Einen Gedanken lebensbejahende Bedingungen schaffen. Damit können wir vielleicht wirklich unserem uns selbst gegebenen wissenschaftlichen Namen *Homo Sapiens* Respekt erweisen und als wissende und weise Menschen leben. Schutz und Achtung der Natur im Sinne der Kogi entsteht somit von ganz alleine.

Die Akademie

Mama José Gabriel hat mir im Namen des Volks der Kogi den Auftrag gegeben, dieses Buch zu schreiben. Doch nicht nur das, der nächste Schritt sei es, eine Schule, beziehungsweise eine Akademie zu gründen. Die Kogi meinen damit einen Ort lebendigen Lernens und Erinnerns im Sinne des Einen Gedankens.

Mama José Gabriel erklärt:

Wir arbeiten hier viel mit esuamas und Heiligen Orten. Der Jüngere Bruder arbeitet viel mit Papier. Er kann Buchstaben lesen. Er hat auch viele Büros, wo er Konferenzen und Besprechungen abhält und über Geld entscheidet. Dieses Buch wird auf diese Konferenzen kommen, und viele werden es lesen und begreifen, was wir Kogi sagen und leben. Das, was wir hier erzählen, ist nichts, was wir uns ausgedacht haben. Es wurde uns vom Ursprung an hinterlassen. Wir haben erklärt, warum wir dem Einen Gedanken folgen. Die Menschen werden verstehen, dass sie der Erde, ja dem ganzen Kosmos schaden, wenn sie das nicht tun. Wir hüten alles, nicht nur unser Haus oder unser Grundstück. Alles, was uns von Sezhankua überlassen wurde, hüten wir: Alle Berge, alle Heiligen

Orte, und das Wasser hüten wir auch. Überall dort, wo Wasser entspringt, ist ein Heiliger Ort. Daran werden sich die Menschen wieder erinnern.

Mit diesem Buch werdet ihr anfangen, eine Akademie zu gründen. Dort wird es Lehrer geben, die den Menschen über den Einen Gedanken erzählen. Mein Freund und seine Gefährtin hier werden den Anfang machen. Dort werden die Menschen hinkommen. Sie werden wieder lernen, dass das Leben nur eins ist und dass wir deswegen auch nur Einem Gedanken folgen und nicht vielen. Wir werden wieder gemeinsam in Einem Gedanken denken. Ihr kümmert euch dort um diese Dinge und hütet sie, und wir tun es hier.

Wir Kogi werden wieder echte Partner haben, um mit ihnen in zhigoneshi zusammenzuarbeiten. Die Kwivi wird an all das erinnern, und die guten Gedanken für unsere Arbeit werden wieder zu uns kommen. Wir haben auch keine andere Wahl, denn sonst werden wir noch weiter vergessen. Die Bäume sind wie die Haare eines Kopfes. Wenn sie ausfallen, funktioniert der Kopf trotzdem weiter, also die Gedanken, die darin sind. Deswegen beginnt unsere Arbeit immer an dem, was drin ist, dem, was in uns ist, und nicht beim Äußeren. Wir Indianer werden unser Territorium wiedererlangen, und wenn wir dies erreicht haben, dann sind wir in der Lage, dieses Territorium nach unserer Vision zu pflegen und zu hüten, sowohl innerhalb als auch außerhalb, alles den Prinzipien des Einen Gedanken folgend.

Wir sprechen viel. Das ist wichtig, und ich mag es gerne, aufzuklären und den Menschen vom Wind, vom Wasser, von den Bäumen, von den Tieren und von der Sonne zu erzählen. Die Sonne war nicht immer da oben, sie war mal hier. Die Sonne denkt nicht, dass sie die schlechten Menschen nicht erwärmen wird, sie erwärmt alle. Genauso werden wir es mit dem Buch, das du schreiben wirst, und mit der Schule machen. Die Sonne selbst zeigt uns, wie wir gemeinsam arbeiten werden. Das Buch reicht aber nicht. Wir werden eine Schule gründen, und ihr werdet sie organisieren.

Wir werden das Buch in vielen verschiedenen Ländern verkaufen und mehr und mehr Leute werden davon erfahren. Wir werden es den Ältesten der Welt geben, damit auch sie das verstehen und es den anderen weitergeben. Ein Buch sind nämlich Gedanken, und ein gutes Buch enthält viele gute Gedanken. So werden wir gut leben. Wir werden nicht mehr den Worten von Nuanase folgen. Nuanase hat negativ gedacht, und er ist verschwunden. Wenn wir weiter seine Gedanken denken, dann werden wir auch verschwinden. Yemá, Kasauki waren auch negativ. Wir werden arbeiten wie Mukuakukui, die Sonne. Ich werde mich sehr über die Schule freuen, die ihr dort bei euch gründet. Erst wird sie klein anfangen, aber dann werden sie schnell mehr und mehr Leute kennenlernen und von ihr erfahren, und dann wird sie wachsen. Jaba Senekun hat das so festgelegt. Damit gehen auch keine Gedanken mehr verloren. Wir werden aber nicht nur Wissen weitergeben, sondern auch in die Anwendung gehen und alles umsetzen.

Lebendiges Wissen ist etwas, dass ich letztendlich nur durch Spüren erleben kann. Es existiert nie nur theoretisch in einem mentalen Sinne, ohne dass ein direkter Bezug zum eigenen Kontext klar wäre. Auch ist lebendiges Wissen ganzheitlich in dem Sinne, dass es in verschiedenen Bereichen des Lebens Wirkung zeigt und sich entfaltet. Es geht dabei nicht um die oft gegebene Antwort: »Kenn ich schon«, sondern um die eigentliche Frage: »Kannst du's auch schon?« Dies gilt in unserem eigenen Leben genauso wie in Unternehmen, Organisationen und anderen Gemeinschaften.

Mama José Gabriel schwieg einen Moment. Dann sprach er weiter und formulierte den Gedanken seiner Einschätzung der Zukunft. Lange schon hatte er diesen Gedanken, und nun sprach er ihn in seiner ruhigen Art aus:

In fünfzig Jahren werden wieder alle Menschen vollständig die Heiligen Orte respektieren. Alle werden das Wasser hüten, und wir werden wieder gutes Wasser haben und genug davon. Um mehr geht es nicht. Wir fragen uns nicht, wer das alles tun wird, denn wir selbst werden alles respektieren. Wir sind unterschiedlich, und wenn wir zusammen sind, tragen wir viele Früchte, alleine nicht. Wenn wir zusammen sind, braucht es auch keine Chemie, denn dann gibt es auch keine Krankheiten. Wenn ihr bei euch seid, ruft mich zu euch und zeigt mir, wie gut ihr das macht. Dann komme ich und werde sehen, wie gut ihr arbeitet und wo es noch etwas zu tun gibt. Ich bin mir sicher, dass wir genau gleich arbeiten werden. Das ist zhigoneshi, um nichts anderes geht es. Baut nicht auf die Regierung, wir selbst werden das Wasser hüten, wir selbst werden der Jaba Senekun die pagamientos machen. Denn wir alle haben Gedanken, gute Gedanken. So werden wir vollständig denken und gut leben.

Die Schule, die ihr bauen werdet, nennen wir hier kwivi. Ihr werdet allerdings euren eigenen Namen für sie finden. Dort unterrichten die Mamos. Es ist wie ein großes nuhué, und dort sprechen wir über alles. Bei uns unterrichten die Mamos die Männer und die Sakas die Frauen. Manchmal sind wir dort vier oder sogar neun Tage lang. Und das jeden Monat. Ihr werdet auch eine Schule wie das kwivi gründen, dort kommen Erwachsene hin und später auch Kinder.

Unsere größte Herausforderung ist es die vermeintlichen Widersprüche unserer Moderne zu integrieren. Für viele Menschen stellen sich Fragen nach scheinbar ausschließenden Werten wie Leistung oder Gesundheit, Umwelt oder Profit, Karriere oder Familie, Arbeitgeber- oder Arbeitnehmerinteressen, Erfolg oder Erfüllung. Viele dieser Trennungen existieren jedoch nur in unserer Sicht der Welt und geben uns ein Gefühl der Alternativlosigkeit. Es gibt jedoch Alternativen, individuelle wie unternehmerische, von denen mein Freund Mama José Gabriel sagen würde: So können wir noch 80.000 Jahre gut leben.

Deshalb bietet die von mir und uns zu gründende Akademie Seminare, Kurse, Vorträge und Veranstaltungen unterschiedlicher Referentinnen und Referenten sowie Seminarleiterinnen und Seminarleitern an. Sie sind auf den drei Ebenen individuell, gemeinschaftlich und territorial angelegt, und das Angebot findet sowohl derzeit offline, demnächst an besonderen Orten, als auch zukünftig online statt und ist für Individuen ebenso geeignet wie für Unternehmen und Organisationen. Es geht darum, die Lebendigkeit wieder unserem Denken und Handeln zugrundezulegen und der Selbstorganisationsfähigkeit des Lebens einen Raum zu öffnen. Wir Menschen können uns dann wieder in unserer ganzen Wesenhaftigkeit entfalten.

Epilog

Paris 2018. Das kleine weiße Auto fuhr vor und parkte ein. Die Tür ging auf und heraus stiegen eine Französin und zwei weiß gekleidete Kogi. Einer war Mama José Gabriel, der andere Arregoces Coronado. Wir hatten uns eine ganze Weile nicht mehr gesehen. Der Mamo lächelte, als er mich sah, kam sichtlich erfreut auf mich zu und gab mir die Hand. »Hola Amigo!«

Es ist nicht leicht, die Freundschaft eines Kogi zu erlangen, aber wenn man sie erhält, ist sie ein großartiges Geschenk.

Kontakt & Unterstützung

Die Kogi und wir freuen uns über Unterstützung, sei es zum Landrückkauf der Kogi, für die Akademie oder was auch immer ansteht. Sie können mir diesbezüglich und bei Fragen eine Email schreiben:

kogi@lucasbuchholz.com

Glossar

Kogi-Begriff	deutsche Bedeutung
Ältere Brüder	Die vier indigenen Völker der Sierra Nevada de Santa Marta (Kogi, Wiwa, Arhuaco & Kankuamo)
Jate Aluawikuu	mythische Figur, die Sezhankua half, die schwarze Erde wiederzufinden
Aluna	Die Welt der Gedanken und die Intelligenz hinter der Natur
alúnayiwási	Aussprache der Kogi, bei der alles Positive und alles Negative, was gesagt, gedacht oder getan wurde, offenbart wird
Arhuacos (Wintukwa)	Bruderstamm der Kogi
Altamira	Dorf im Süden der Sierra, Zentrum dessen, was von der Kultur der Kankuamo übrig geblieben ist
Cabildo Governador	Leiter der Organización Gonawindua Tayrona
Ciudad Perdida	siehe Teyuna
Colono	Mestizen, Bauern ohne indigene Kultur
dake	spezifische weibliche Abstammungslinie
damana	Dialekt des kággaba, ähnlich der Sprache der Wiwa. Es heißt zum Beispiel Sezhankua auf kaggaba und Serankua auf damana.
esuama	Ort der Macht und des Wissens
Gonawindua	Berg im Zentrum der Sierra. Gon bedeutet geboren werden oder bauen und Gonawin bezeichnet die Bewegungen eines Kindes im Bauch seiner Mutter. Du wird das Leben für viele tausende oder Millionen Jahren genannt, Dua bedeutet der erste Samen der Materie.
Tarquilla	Ort in der Sierra Nevada
gunama	Kogi ohne spirituelle oder soziale Führungsposition
jaba	Mutter
Jaba Nikuitzi	Mutter des Wassers

Jaba Sé	Mutter allen Seins
jate	Vater
Jate Kalashé	Vater des Waldes
Jate Teikú	mythische Figur der Kogi
Jate Teyuna	Vater der Winde
Jüngere Brüder	Alle Angehörigen von Nicht-Naturvölkern, im engeren Sinne alle Menschen, die nicht Teil der vier Stämme der Sierra Nevada sind.
kággaba	Sprache der Kogi und Name der Kogi für sich selbst
kaguí agzáin	siehe nujwákala
Kankuamo	Bruderstamm der Kogi
Kasauki (auch Kasouggi)	mythische Figur der Kogi
kwalama	Kreisläufe, die das Leben selbst erhalten, Lebensmittelsicherheit, Zeremonie der Fruchtbarkeit für Kinder und Samen
Kwivi	Schüler eines Mamo, Namen für die Schule
la loma	Hügel oder Erhebung, neutraler Ort
Ley de Sé	Prinzipien (Gesetz) des Ursprungs
Linea Negra	Äußere Begrenzung des ursprünglichen Territoriums der Kogi am Fuße der Sierra Nevada de Santa Marta. Auf dieser Linie liegen viele Heilige Orte.
Machukúmake	Dorf in der Sierra
máku	Meister, oft auch in Namen wie Alimáku
mamo (mama)	Weiser Mann der Kogi (man sagt mama, wenn ein bestimmter gemeint ist und mamo wenn man gegenrell darüber spricht)
moro	siehe kwivi
Mukakukui	Sonne, Wort wird hauptsächlich von den Mamos verwendet. Die anderen Kogi sagen nui
ñikuma	Gemeinschaft
nuakwiwi	siehe kwivi
Nuanase	Unhold aus der Mythologie der Kogi
nuhué	Zeremonialhaus der Kogimänner

nujwákala	Heilige Orte (auch kaguí agzain genannt)
Organización Gonawindua Tayrona	politische Vertretung der Kogi, Wiwa und Arhuaco nach außen mit Zweigstellen in Santa Marta und Valledupar
pagamiento (zabiji)	wird in gedanklicher und materieller Form an die Erde oder bestimmte Aspekte von ihr dargebracht und gleicht aus, was wir Menschen von ihr genommen haben
paramo	Höhenlage der Sierra Nevada jenseits der Baumgrenze
Parque Tayrona	Nationalpark am Fuß der Sierra an der Karibikküste
poporro	Hohler Flaschenkürbis der Kogimänner, in dem sich Muschel-Kalk als Katalysator für die gekauten Kokablätter befindet und an denen sie mit Holzstäben reiben
saka	Weise Frau der Kogi
Samarios	Einwohner von Santa Marta
Machukúmake	Dorf in der Sierra Nevada
Sé	Die geistige Ursuppe aller Möglichkeiten, aller Potentialitäten und aller Existenzen
Senekun	Mutter Erde
sewá	Erlaubnis, Schutz, Sicherheit, Befähigung
sezhagawi	Gerechtigkeit
Sezhánkua (Seránkua)	Schöpfer
shibuglama	Geschichte
Sierra Nevada de Santa Marta	Gebirge im Norden von Kolumbien an der Karibikküste und Heimat der Kogi. Es ist das Herz der Welt für sie.
Tairona (auch Tayrona)	Hochkultur vor Ankunft der Spanier und Vorfahren der Kogi
Teyuna	Ciudad Perdida, die »verlorene« Stadt, die heute Ziel des Abenteuertourismus ist
tüke	generelle männliche Abstammungslinie

Vallenato	typische Musik dieses Teils von Kolumbien
Wayúu	Nachbarstamm der Kogi auf der Guajira Halbinsel
Wiwa (Arsario)	Bruderstamm der Kogi
Yemá	Unhold aus der Mythologie der Kogi
yulúka	Gleichgewicht
zhigoneshi	Der Eine Gedanke, er hat viele Übersetzungen, je nach Kontext

Endnoten

1 Die Kogi nennen sich selbst *kággaba*, was »Mensch« bedeutet. Da sie jedoch international unter der Bezeichnung Kogi bekannt sind, habe ich mich entschieden, es in diesem Buch dabei zu belassen.

2 Die Tairona waren eine indianische Hochkultur bei Ankunft der Spanier und sind die direkten Vorfahren der Kogi.

3 Die meisten der in diesem Buch zitierten Texte habe ich selbst aufgenommen und transkribiert. Die restlichen hat mir Arregoces Coronado-Zarabata freundlicherweise zur Verfügung gestellt.

4 Poporros sind hohle Kürbisse, die die Kogimänner bei sich tragen und an denen sie mit Holzstäben reiben (siehe Glossar).

5 www.urwaldkaffee.de

6 Leo Tolstoi

7 Jaba Sé ist die Mutter allen Seins.

8 Sezhankua (oder auch Serankua) ist der Schöpfer der Erde.

9 Die Kogi nennen alle Nicht-Indianer Jüngere Brüder.

10 Ein *pagamiento* ist ein Ausgleich, der zum Beispiel an die Erde gegeben wird.

11 Mamos sind weise Älteste der Kogi. Wenn man von einem konkreten spricht, sagt man *mama*.

12 Auf dem Hut eines Mamo befinden sich verschiedene Linien, die verschiedene Klimazonen anzeigen.

13 Für weitere Informationen zu Wasserkreisläufen siehe den Kogi-Film *Aluna* von Alan Ereira.

14 Denken beinhaltet bei den Kogi nicht nur einen rein mentalen Aspekt, sondern auch immer Empfindungen.

15 Linea Negra bedeutet »Schwarze Linie«, die das Territorium der Kogi umfasst.

16 Jate Teikú ist eine Gestalt der Kogi-Mythologie.

17 Es wundert also nicht, dass die Kogi auch den Wind als lebendig ansehen.

18 Siehe dazu auch von James Lovelock: *Unsere Erde wird überleben: GAIA, eine optimistische Ökologie.* Piper, München 1982; *Das Gaia-Prinzip: die Biographie unseres Planeten.* Artemis & Winkler, München 1991; *GAIA – Die Erde ist ein Lebewesen.* Scherz, München 1992; *GAIAS RACHE – Warum die Erde sich wehrt.* List 2007. Sowie von Lynn Margulis: *Symbiotic Planet: A New Look at Evolution.* Basic Books, sowie *Die andere Evolution*, 1999.

19 siehe: Die Bibel, Genesis 1,28

20 *The Great Mother and the Kogi Universe: A Concise Overview* von G. Reichel-Dolmatoff, University of California, Los Angeles, JOURNAL OF LATIN AMERICAN LORE Page 112, Volume 13, Number 1, Summer 1987

21 www.couchsurfing.com ist eine weltweit agierende Website, über die man Locals treffen und kostenfrei bei ihnen übernachten kann.

22 siehe Wade Davis, *Dreams from endangered cultures.*

23 http://news.bbc.co.uk/2/hi/south_asia/4181855.stm
http://www.telegraph.co.uk/technology/3337851/Did-they-sense-the-tsunami.html
https://www.theguardian.com/global-development/2014/dec/10/indian-ocean-tsunami-moken-sea-nomads-thailand

24 Ein Kogi, der kein Mamo oder Cabildo ist

25 Lehrling eines Mamo

26 unterhalb von 1000 Höhenmetern

27 das K wird tief im Rachen ausgesprochen, ähnlich dem arabischen Buchstaben qaf.

28 auf Damana, nicht auf Kággaba

29 auf Damana, nicht auf Kággaba

30 bis ich ein Mann wurde, ungefähr im Alter von 18 Jahren

31 Éric Julien. *Kogis – Le message des derniers hommes*. Albin Michel 2004. S. 255

32 *kwivi* ist auch ein Name für eine Mamo- beziehungsweise Saka-Schule.

33 Wenn die Kogi Spanisch sprechen, benutzen sie das Wort *pagamiento* als Übersetzung ihres Wortes *zabiji. Pagamiento* bedeutet Bezahlung, und damit ist eine Bezahlung im Sinne eines Ausgleichs gemeint, genau wie wir für ein erworbenes Produkt im Laden Geld bezahlen. Wenn dieses Geld, dieser Ausgleich nicht bezahlt wird, hat man Verbindlichkeiten, die noch beglichen werden müssen. Die Kogi benutzen auf Spanisch sogar das Wort *deuda,* also Schulden. Dieser Begriff ist sowohl bei uns als auch im Sprachgebrauch der Kogi, die ihre Spanischkenntnisse leider oft von Missionsversuchen haben, teilweise stark christlich-religiös eingefärbt. Daher habe ich mich entschieden, von Ungleichgewichten oder Verbindlichkeiten zu sprechen, da das, was die Kogi meinen, nicht ansatzweise etwas mit unserem Konzept von Schulden oder Schuld zu tun hat.

34 Mama José Gabriel bezieht sich auf eine zu dem Zeitpunkt aktuelle Situation: Wayúu Indianer verhungerten und verdursteten auf der Guajira Halbinsel, da absoluter Wassermangel herrscht.

35 Kommentar von Arregoces: »Was ich nicht weiß ist, wie die Mamos wissen, dass, wenn es hier Nacht ist, es woanders Tag ist. Sie haben nie ihren Berg verlassen, sie waren sogar noch nicht einmal hier in Santa Marta. Sie sehen diese Dinge in der Dunkelheit in sich selbst. Die Mamos haben riesiges uraltes Wissen. Mama Shibulata hat gesagt, dass unsere Welt eine einzige ist. Ganz am Anfang der Welt gab es auch nur einen Kontinent, aber dann hat er sich geteilt und das Meer floss dazwischen. Als ich in Europa war vor kurzem, haben sie mir genau das bestätigt.«

36 Anmerkung des Übersetzers Juan Carlos Mamatacan: Das ist wie im Internet bei Google, da stellt man eine Frage und bekommt auch eine Antwort, manchmal auch mehrere.

37 *Panela* ist ein zuckerähnliches Produkt, das durch Verkochen der Zuckermelasse gewonnen und in quaderförmige Formen gegossen und dann getrocknet wird.

38 https://www.youtube.com/watch?v=ysa5OBhXz-Q

39 https://www.youtube.com/watch?v=M18HxXve3CM&t=5s

40 Nicht zu verwechseln mit richtig und falsch

41 Gerardo Reichel-Dolmatoff. *Training for the priesthood among the Kogi of Colombia. Enculturation in America. An Antology.* (Johannes Wilbert, editor) pp. 265-288. University of California, Los Angeles

42 Auf *Kággaba Mukuakukui*

43 Die Urwaldkaffee GmbH vertreibt den Kogi-Kaffee in Deutschland. Er kann unter www.urwaldkaffee.de erworben werden.

44 Gerardo Reichel-Dolmatoff. *The Kogi. A Tribe of the Sierra Nevada de Santa Marta*. Columbia. Volume II. Bogotá 1951. p. 94

45 ebd.

46 Éric Julien. *Kogis – Le message des derniers hommes*. Albin Michel 2004. S. 126

47 Wort aus der Sprache der Wiwa.

48 vgl. Thomas Hobbes, *Der Leviatan*

49 Zu den folgenden Beispielen in diesem Unterkapitel siehe Janine Benyus mit ihren beiden Vorträgen bei TED »Biomimicry's surprising lessons from nature's engeneers« und »Biomimicry in action«.

50 Janine Benyus »Biomimicry: Innovation inspired by nature« & TED Talk »Biomimicry in action«

Über den Autor

Lucas Buchholz studierte Friedens- und Konfliktforschung und arbeitete in internationalen Organisationen in Mosambik, Jordanien und Pakistan. Auf Einladung eines Kogi-Ältesten verbrachte er mehrere Monate bei diesem indigenen Volk in Kolumbien. Die Kogi-Ältesten baten ihn, das vorliegende Buch zu schreiben.

Heute ist er als Berater, Speaker, Autor und Filmemacher tätig und arbeitet zum Wandel hin zu einer regenerativen Wirtschaft und Gesellschaft. Er hält Vorträge, gibt Seminare und berät Unternehmen, die sich regenerativ aufstellen möchten. Auch arbeitet er an eigenen Gründungen für regenerative Unternehmen und an einem Filmprojekt. Ihm geht es darum, Wege zu finden und umzusetzen, die uns eine für Mensch und Natur gleichermaßen erfolgreiche und lebenswerte Zukunft bescheren. Die Weisheit indigener Völker nimmt dabei eine wichtige Rolle ein.

Weitere Informationen zu Lucas Buchholz, zur im Buch erwähnten Akademie und seinen weiteren Projekten gibt es unter:

www.lucasbuchholz.com
kogi@lucasbuchholz.com

Lucas Buchholz hat für die Zusammenarbeit mit dem Volk der Kogi den Verein »Lebendige Zukunft e.V.« gegründet. Auch der Aufbau der im Buch erwähnten Akademie ist eines der Arbeitsbereiche des Vereins. Weitere Informationen dazu finden sich auf der Homepage unter:

www.lebendigezukunft.org
office@lebendigezukunft.org

Der Verein und die Kogi freuen sich über Spenden an den Verein. Spenden bitte an:

Empfänger: Lebendige Zukunft e.V.
Bank: Sparda Bank
IBAN: DE86 5009 0500 0006 0845 45
BIC: GENODEF1S12

Im Jahre 1985 unternahm der französische Geograph und Alpinist Éric Julien eine außergewöhnliche Expedition in die Berge Kolumbiens, wo er jedoch lebensgefährlich erkrankte. Angehörige der Kogi retteten und heilten ihn. Zehn Jahre später kehrte Julien in die Berge zurück, um den Kogis zu helfen, ihr angestammtes Land zurückzubekommen.

In diesem Buch teilt Éric Julien seine Erfahrung, dass die Kogis mit ihren Zeremonien das Gleichgewicht der Erde bewahren helfen und dass es ein für das gesamte Ökosystem nicht mehr gutzumachender Verlust wäre, würden sie ausgerottet und ihre Kultur zerstört.

Éric Julien

Der Weg der neun Welten

Die Kogi-Indianer und ihr Urwissen vom Leben im Einklang mit Himmel und Erde

Paperback, 346 Seiten

ISBN 978-3-89060-322-3

Die Vorstellung vom Menschen als dem denkenden Wesen und vom Rest der Welt als der unbewussten Biosphäre ist noch relativ jung – und völlig falsch. In ihrer Rückschau in die Menschheitsgeschichte, durch ihre Fragen, was Geist, Gehirn und Denken eigentlich sind, und in ihrer Betrachtung der Lebensstufen des Menschen legt Dolores LaChapelle überzeugend dar, dass nur-menschliches Wissen allein nicht ausreicht, um ein globales ökologisches Gleichgewicht zu erreichen. Vielmehr muss sich unser menschlicher Geist wieder dem Geist-im-Großen, der Weisheit der Erde anschließen.

Dolores LaChapelle

Weisheit der Erde

Von der Erde lernen heißt leben lernen

Paperback, 384 Seiten, mit 25 s/w-Fotos

ISBN 978-3-89060-610-1

Hier kann man sich zum **Neue Erde-Newsletter** anmelden:
newsletter.neueerde.de/anmeldung

NEUE ERDE im Buchhandel

Neue Erde ist ein kleiner unabhängiger Verlag, und der unabhängige Buchhandel ist unser natürlicher Partner.

Sollte es Lieferschwierigkeiten bei den Büchern von NEUE ERDE geben, lassen Sie immer im VLB (Verzeichnis lieferbarer Bücher) nachsehen, im Internet unter **www.buchhandel.de**

Alle lieferbaren Titel des Verlags sind für den Buchhandel verfügbar.

Sie finden unsere Bücher auch auf unserer Homepage **www.neue-erde.de** oder in unserem Gesamtverzeichnis, welches Sie gerne hier anfordern können:

NEUE ERDE GmbH
Cecilienstr. 29 · 66111 Saarbrücken
info@neue-erde.de

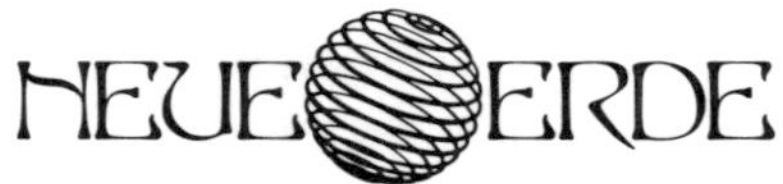